新时代高校实践育人的探索

吴莎 王亚君 著

北方联合出版传媒（集团）股份有限公司

辽宁科学技术出版社

图书在版编目（CIP）数据

新时代高校实践育人的探索 / 吴莎，王亚君著.
沈阳：辽宁科学技术出版社，2024. 6. -- ISBN 978-7
-5591-3696-1

Ⅰ. G641

中国国家版本馆 CIP 数据核字第 20245FS864 号

出版发行：辽宁科学技术出版社
　　　　　（地址：沈阳市和平区十一纬路 25 号　邮编：110003）
印　刷　者：济南大地图文快印有限公司
经　销　者：各地新华书店
幅面尺寸：170mm×240mm
印　　张：19.5
字　　数：360 千字
出版时间：2025 年 4 月第 1 版
印刷时间：2025 年 4 月第 1 次印刷
策划编辑：王玉宝
责任编辑：刘翰林　于　芳
责任校对：李　红

书　　号：ISBN 978-7-5591-3696-1
定　　价：85.00 元

前　言

随着社会的快速发展和变革，高校实践育人成为教育改革的重要方向。实践育人强调培养学生的实践能力、创新精神和综合素质，使他们能够更好地适应社会需求和未来发展。在新时代，高校需要积极探索实践育人的路径和方法，以满足社会的需求和学生的发展。

《新时代高校实践育人的探索》是一本系统研究高校实践育人的专业著作。全书共分7章，内容涵盖了新时代背景下高校育人的理论与实践，以及组织管理、评价与质量保障等关键要素。

本书首先介绍了新时代高校育人的任务与挑战，强调实践育人的重要性。接着详细阐述了实践育人的概念、特点、功能和要求，并揭示其理论基础。在目标与途径方面，本书明确了高校实践育人的目标和原则，并重点讨论了创新创业能力培养、社会实践与实践动手能力培养、团队协作与领导能力培养，以及跨学科学习与综合素质培养等核心要素。组织与管理方面，本书探讨了实践育人组织模式的构建与优化，以及管理体系的建立与完善。同时，强调了实践育人指导与辅导机制的重要性，以及评价与质量保障体系的建设。最后，本书还展望了实践育人的未来发展趋势。并通过案例分析和经验总结分享了成功案例背后的经验与教训。本书旨在为高校教师、教育管理者和研究者提供理论指导和实践借鉴，推动高校实践育人工作的创新与发展，培养适应新时代需求的优秀人才。

新时代高校实践育人的探索具有重要意义。首先，实践育人能够帮助学生将理论知识应用到实际生活中，从而提升实际操作能力。其次，实践育人能够培养学生的创新精神和实践能力，通过面对挑战和解决问题，激发学生的创造力和解决问题的能力。再次，实践育人能够促进学生综合素质的全面发展，包括团队合作、沟通协调和自主管理等方面的能力。最后，实践育人有助于学生就业和社会适应能力的提升，让学生更好地了解职业领域和社会需求，提前接触职场环境，并提高沟通、协作和问题解决的能力，使其更好地适应社会环境。

因此，新时代高校实践育人的探索具有重要意义，可以培养出具备实践能力、创新精神和综合素质的人才。当前，新时代高校实践育人的探索已经取得了一定的成果。许多高校积极推行实践教学，开设了各类实践课程和实践项目，为学生提供了广阔的实践平台。一些高校还与企业、社会组织等合作，开展校企合作项目，加强学生的实践能力培养。

然而，仍存在一些问题需要解决。首先，实践育人在高校中的地位和重要性还不够突出。传统的考试评价体系仍然占主导地位，对实践教学的支持不足。其次，实践育人的内容和形式还有待进一步丰富和完善。目前的实践教学主要集中在专业实践和社会实践方面，其他领域的实践活动相对较少。同时，实践教学模式也需要创新，更注重培养学生的实际操作能力和解决问题的能力。

未来，新时代高校实践育人的探索将进一步深化和拓展。高校将加强与企业、社会组织等的合作，提供更多实践机会和资源支持。实践教学模式将更加多样化和个性化，结合先进技术，创造更丰富的实践场景。同时，注重培养学生的创新思维和跨学科能力，引导他们参与解决社会问题和社会创新。通过这些努力，新时代高校实践育人将为培养具有创新精神、实践能力和社会责任感的高素质人才做出更大贡献。

本书由吴莎（河北科技大学）、王亚君（河北工艺美术职业学院）共同撰写。在撰写过程中，对书中所讨论的新时代高校实践育人的探索问题慎之又慎，唯恐出现纰漏。然而，限于学识，书中表述可能有不当之处，欢迎各位读者不吝批评、指正，以使得本书更加完善。对于参阅的大量文献，未能全部列出，特向同行表达深深的歉意。

本书为教育部高校思想政治工作创新发展中心（武汉东湖学院）2023年度专项研究课题。课题名称：新时代高校大学生爱国主义教育体系化建设研究。课题立项编号 WHDHSZZX2023068。本书也是河北科技大学 2023 年大学生思想政治教育研究项目。项目名称：加强新时代大学生爱国主义教育研究。项目编号：KDSZ202402。

目　录

第一章　新时代背景下高校育人的任务与挑战

第一节　新时代背景下的高校育人使命

一、高校育人使命的内涵

（一）高校育人使命的概念

高校育人使命是指高等学校在培养学生方面所承担的责任和发挥的功能。高校是培养人、造就人的重要供给主体，其肩负的重要使命包括人才培养、科学研究、社会服务、文化传承创新、国际交流合作 5 个方面。其中，人才培养是其首要职能，也是本质职能。新时代高校必须坚持以立德树人为根本任务，以为党育人、为国育才为根本目标，努力培养一代又一代德智体美劳全面发展的社会主义建设者和接班人。

育人是高校作为教育机构所特有的使命，旨在通过教育和培养，为社会培养合格的专业人才、全面发展的个体和具备社会责任感的公民。高校育人使命是高校实现自身价值和社会使命的核心内容之一。

高校育人使命的内涵包括多个维度。首先，高校育人使命强调了高等教育机构的教育功能，即为学生提供知识和技能的传授，促进其个人成长和专业发展。其次，高校育人使命也包括了塑造学生成为积极参与社会事务、具备社会责任感和创新精神的公民的任务。此外，高校育人使命还关注学生的综合素质和人文精神的培养，以及对国家和社会发展的贡献。

（二）高校育人使命的内涵与基本要素

1.高校育人使命的内涵

（1）思想引领。

高校在育人过程中，思想引导和塑造是非常重要的一项任务。它涉及培养学生的独立思考能力、创新精神和社会责任感，以及塑造他们的价值观和道德观念。以下是高校在思想引领方面的一些主要目标和措施。

①培养独立思考能力：高校应当鼓励学生勇于质疑和思考，培养他们的批判性思维能力和逻辑推理能力。通过开展讨论、辩论和研究活动，激发学生对知识的探索和思考，帮助他们形成独立的见解和观点。

②培养创新精神：高校应当鼓励学生积极参与科学研究、技术创新和社会实践，培养他们的创新思维和实践能力。通过提供创新创业的平台和资源，鼓励学生勇于尝试、勇于创新，培养他们解决问题和面对挑战的能力。

③培养社会责任感：高校应当注重培养学生的社会责任感和公民意识。通过开展志愿者活动、社会实践和社区服务等，让学生亲身体验社会问题和需求，增强他们对社会发展和社会公益的关注，并激励他们为社会做出积极贡献。

④塑造正确的价值观和道德观念：高校应当注重培养学生的正确价值观和道德观念，引导他们树立正确的人生观、价值观和行为准则。通过开设伦理道德教育课程、组织道德讲座和讨论等方式，引导学生思考道德问题，培养他们的道德判断能力和道德行为意识。

（2）知识传授。

高校育人的重要组成部分之一是向学生传授知识。高校应当提供广泛而深入的学科知识，培养学生的专业素养和学术能力，使他们能够具备扎实的学科基础。

高校通过开设各种专业课程，为学生提供系统、全面的学科知识。教师在教学过程中，应注重理论与实践相结合，将抽象的学科知识联系到实际问题和案例中，引导学生深入理解和应用。

此外，高校还可以开展研究性学习和实践项目，让学生参与到科学研究、创新设计和实践活动中。这样可以培养学生的科研思维和实践能力，提升他们的学术水平和创新能力。

同时，高校也应鼓励学生积极参与学科竞赛、科技创新等活动，为学生提供展示自己学科能力的机会。这样可以激发学生的学习兴趣和动力，促进他们在学科领域的深入学习和发展。

（3）个性发展。

①尊重多样性：高校应当尊重学生的多样性，包括文化背景、性别、兴趣爱好等方面。通过开设丰富多样的课程和活动，满足不同学生的需求和兴趣，为他们提供展示自我的舞台。

②引导兴趣培养：高校应当引导学生发现和培养自己的兴趣。通过提供丰富的选修课程和俱乐部组织，鼓励学生积极参与各种活动，发展他们的兴趣爱好，培养他们的兴趣广泛性和深度性。

③激发创造力：高校应当激发学生的创造力和创新精神。通过提供研究项目、实践实习和创业支持等机会，鼓励学生勇于尝试、勇于创新，培养他们解决问题和创造价值的能力。

④提供全面发展机会：高校应当提供丰富的课外活动和社团组织，为学生提供广泛的发展机会。例如，开展体育运动、艺术表演、科技竞赛等活动，让学生在不同领域中展示自己的才华和能力。

⑤培养综合素质：高校应当注重培养学生的综合素质，包括领导力、团队合作、沟通能力等方面。通过开设相关的课程和项目，培养学生的综合素质，使他们具备成为未来社会需要的复合型人才的能力。

（4）社会服务。

①培养担当精神：高校应当注重培养学生的社会责任感，使他们认识到自己作为大学生的特殊身份和社会角色，并承担起应有的社会责任。通过开设相关的课程和讲座，引导学生关注社会问题和社会发展，并激励他们为解决这些问题做出积极贡献。

②引导参与社会实践：高校应当鼓励学生积极参与社会实践活动。通过与社会组织合作，为学生提供参与志愿者活动、社区服务、实习就业等机会，让他们亲身体验社会问题和需求，增强对社会发展的关注和理解。

③推动科技创新服务社会：高校应当鼓励学生将所学知识和技能应用于社会服务和创新创业。通过开设科技创新项目、技术咨询服务等，引导学生将科技成果转化为社会价值，为社会发展提供技术支持和解决方案。

④开展公益活动：高校应当组织和支持学生参与各种公益活动。例如，开

展义教活动、环保行动、扶贫帮困等，让学生通过实际行动关爱他人，传递正能量，同时也培养他们的团队合作和领导能力。

⑤建立社会合作伙伴关系：高校应当积极建立与社会各界的合作伙伴关系，促进校企合作、校地合作等。通过与社会机构、企业和政府部门合作，共同开展社会服务项目，提供更广阔的平台和资源，为学生的社会服务提供更多机会和支持。

（5）国家建设。

高校在育人过程中与国家的发展和建设密切相关。它应当培养具有国际竞争力和创新能力的人才，为国家的科技创新、经济发展和社会进步提供支持。以下是高校在国家建设方面的一些主要目标和措施。

①科技创新：高校应当注重培养学生的科技创新能力。通过开设创新创业课程、科研项目和实践实习，激发学生的创新潜能，培养他们的科研能力和创新思维，为国家的科技创新提供源源不断的人才支持。

②产业支持：高校应当与产业界建立紧密的合作关系，促进校企合作、科技成果转化等。通过共享资源和知识，推动科技成果的转化应用，支持国家的经济发展和产业升级。

③社会服务：高校应当积极参与社会服务和公益活动。通过开展科技咨询、技术服务、社区发展等，为国家的社会发展和民生改善提供支持，帮助解决社会问题和需求。

④国际交流与合作：高校应当积极开展国际交流与合作，加强与其他国家和地区的教育机构、科研机构的合作。通过引进优秀的教育资源和先进的科研成果，提升学生的国际竞争力和全球视野，为国家的发展和建设注入新的动力。

⑤人才培养：高校应当注重培养具有国际竞争力和创新能力的人才。通过全面素质教育和个性化发展计划，培养学生的领导能力、团队合作能力和跨文化交流能力，使他们具备适应国家发展需求的综合能力。

2.高校育人使命的基本要素

（1）教育目标。

高校在育人过程中，确定教育目标是非常重要的一项任务。这些目标应当明确培养什么样的人才，具体要求学生具备哪些知识、能力和素养。以下是高校确定教育目标的一些原则和内容。

①与社会需求契合：高校应当关注社会的需求和发展趋势，确定教育目标与之相契合。这包括行业就业需求、国家发展需要和社会问题等方面的考虑，使学生所学的知识和能力能够适应社会的需求，为社会的进步和发展做出贡献。

②全面发展：高校的教育目标应当注重学生的全面发展，包括知识、能力和素养等多个方面。不仅要注重学科专业知识的传授，还要培养学生的创新思维、实践能力、团队合作和领导能力等，使他们具备更广泛的能力和素养。

③学科特点：不同学科具有不同的特点和要求，高校应当根据各学科的特点确定相应的教育目标。例如，理工科专业强调科学严谨性和技术应用能力，人文社科专业注重人文素养和批判思维能力等。目标要与学科特点相契合，促进学生在各自领域的专业发展。

④终身学习能力：高校应当培养学生的终身学习能力，使他们具备持续学习和适应变化的能力。随着社会的快速发展和知识的更新换代，学生需要具备自主学习、信息获取和批判思考等能力，以适应不断变化的社会环境。

⑤个性发展：高校应当尊重学生的个体差异，鼓励并支持他们的个性发展。教育目标应当给予学生一定的自由度和选择空间，让他们能够发现和发展自己的兴趣、潜能和特长，实现个性化的成长与发展。

（2）课程设置。

高校在育人过程中，科学合理的课程设置是实现教育目标的重要手段。根据教育目标，高校应当设计符合学科规律和时代需求的课程体系，提供丰富多样的学科内容和实践机会，以满足学生的知识需求和个性发展。以下是高校在课程设置方面的一些原则和内容。

①学科基础课程：高校应当设立学科基础课程，为学生提供扎实的专业基础知识。这些课程应当覆盖学科的核心概念、理论框架和基本方法，为学生打下坚实的学科基础，提供专业发展的起点。

②专业课程：高校应当设置与专业需求相契合的专业课程。这些课程应当包括专业核心知识和技能培养，使学生具备适应专业要求的能力和素养。同时，

还可以设置选修课程，让学生根据自己的兴趣和发展方向进行选择，实现个性化的专业发展。

③综合素质教育：高校应当注重综合素质教育，设计跨学科的综合素质课程。这些课程涵盖人文社科、自然科学、艺术体育等多个领域，培养学生的创新思维、团队合作、领导能力和跨文化交流能力等综合素质。

④实践教育：高校应当注重实践教育，提供实践机会和实践课程。通过实习、实验、项目研究等形式，让学生将所学知识应用到实际情境中，锻炼解决问题和应对挑战的能力。

⑤个性发展课程：高校应当设置个性发展课程，鼓励学生发现和发展自己的兴趣和潜能。这些课程可以包括选修课程、创新创业课程、职业规划课程等，帮助学生全面发展和实现个性化的成长。

（3）教学方法。

有效的教学方法是教育过程中的实现途径。以下是一些常见的教学方法和策略，可以激发学生的学习兴趣和积极性，培养他们的创新思维和问题解决能力。

①讲授：通过讲授基本理论知识，向学生传授必要的基础知识。这种方法适用于知识传递和概念解释，但需要注意与学生的互动和参与，避免单向的灌输式教学。

②实践：实践是培养学生实际操作能力和解决问题能力的重要方式。通过实验、实地考察、实习等形式，让学生亲身体验和应用所学知识，加深对理论的理解和运用。

③讨论：鼓励学生参与讨论和交流，促进思想碰撞和观点交流。通过小组讨论、辩论等形式，培养学生批判性思维和表达能力，帮助他们更好地理解和吸收知识。

④研究：引导学生进行独立的研究项目，培养他们的科研能力和创新思维。通过指导学生进行科学研究、撰写论文等方式，提高学生的问题解决能力和学术素养。

⑤多媒体技术：运用多媒体技术辅助教学，增加教学内容的多样性和趣味

性。利用影音、动画、图表等形式展示知识点，激发学生的兴趣和注意力。

⑥小组合作：鼓励学生在小组中合作学习，促进彼此之间的互动和合作。通过小组项目、讨论和分享，培养学生的团队合作精神和沟通能力。

⑦反馈评估：及时给予学生反馈和评估，帮助他们了解自己的学习情况，并提供改进建议。通过作业批改、考试评分和个人辅导等方式，帮助学生更好地掌握知识和提升能力。

（4）师资队伍。

①专业知识：优秀的教师应当具备扎实的专业知识，对所教学科有深入的了解和研究。他们应不断更新自己的知识，紧跟学科发展的最新动态，并能将这些知识有机地融入教学中。

②教育理念：优秀的教师应当有明确的教育理念和教学目标。他们应该了解学生的需求和特点，能够制订适合学生发展的教育方案，并通过激发学生的学习兴趣和培养学生的创新思维能力来促进其全面发展。

③教学能力：优秀的教师应当具备良好的教学能力。他们应能够灵活运用多种教学方法和手段，激发学生的学习热情和主动性。同时，他们还应具备良好的组织、管理和沟通能力，能够有效地组织教学活动并与学生、家长等各方进行有效的沟通和合作。

④榜样和引路人：优秀的教师应该成为学生的榜样和引路人。他们应当具备高尚的道德品质，言传身教地引导学生树立正确的价值观和人生观，并通过自身的行为和言论影响和激励学生向着正确的方向发展。

（5）教育环境。

①学习氛围：高校应当营造积极向上、开放包容的学习氛围。学校可以通过组织各类学术讲座、学术研讨会、文化艺术活动等，促进学生的学术交流和思想碰撞，激发学生的学习兴趣和创新能力。

②教育条件：良好的教育条件是开展教育的保证。这包括配备先进的教学设施和设备，如实验室、图书馆、计算机中心等，为学生提供学习和研究的场所和资源。此外，学校还应提供良好的校园网络环境，方便学生获取学习资料和进行在线学习。

③教育资源：丰富的教育资源能够有效提升教育的效果。这包括优秀的师资队伍、丰富的图书馆藏书、多样化的教学课程等。学校可以通过引进国内外优秀的教师和学者，加强与其他高校和研究机构的合作交流等方式，丰富学生的学术资源，提高教育质量。

④支持与保障：高校应当为学生的学习和成长提供支持与保障。学校可以设立辅导中心、就业指导中心、心理咨询中心等机构，提供学术辅导、心理咨询、职业规划等服务，帮助学生解决学习和生活中的问题，促进其全面发展。

（三）高校育人使命的历史沿革与演变

高校育人使命的历史沿革与演变是一个长期的过程。在传统教育观念中，高等教育主要强调学术研究和学科传承，重视培养学术精英和专业人才。随着社会的发展和变革，高校育人使命逐渐从知识传授向全面发展转变。

高等教育是国家发展和社会进步的重要引擎，而高校育人使命作为高等教育的核心任务之一，在不同的历史时期经历了多次演变和调整。

1.育人使命的形成

学校育人使命的形成与发展可以追溯到古代文明时期。中国古代时期的高校主要是指书院和学宫，其育人使命主要体现在培养士人、传承文化和培养政治人才上。

在培养士人方面，他们通过讲授儒家经典，包括《四书五经》等经典著作，培养学生的道德品质、文化素养和思辨能力。这种以儒家经典为核心的教育模式深刻影响了中国古代的育人理念和教学方法。

在传承文化方面，书院和学宫作为知识的聚集地，承载着传统文化的重要责任。他们通过教授经典著作、举办讲座和文化活动等方式，将古代文化知识传承给学生，并培养他们对中华传统文化的热爱和认同。这种文化传承的使命不仅有助于保护和弘扬优秀的传统文化，也为学生提供了广阔的思想空间和精神滋养。

在培养政治人才方面，一般通过选拔优秀的学生，培养他们具备行政管理和决策能力，以应对相应的政治需求。这种政治人才的培养使命为政权的延续和社会的运转提供了支撑。

2.近代高校育人使命的转型与更新

近代高校育人使命的转型与更新主要是受到现代教育观念和国家发展需要的影响。随着科学技术的迅猛发展和社会经济结构的变革，育人使命逐渐从培养官员和士人转向培养各类专门人才，包括工程技术人才、医学人才、农业人才等。

第一，工业革命的兴起和现代化建设的需求，使得工程技术成为国家发展的关键领域。高校加强对工程技术教育的投入，培养了大量的工程师和技术人才，为国家的工业化进程提供了重要支持。

第二，随着医学科学的不断进步和医疗服务的提升，国家对医学人才的需求日益增长。高校设立医学院、医学系等专业，并注重临床实践和医疗技术的培养，为国家的健康事业做出了积极贡献。

第三，农业是国民经济的基础，随着农业现代化的推进和粮食安全的重要性，高校开始注重培养农业科学、农业技术和农村发展方面的专门人才，为农业现代化和农村经济的发展提供智力支持。

3.当代高校的育人使命

当代高校育人使命的拓展与多元化是应对全球化和信息时代的挑战的必然结果。新时代我国高等院校首先要把"德"摆在更加重要的位置，高校立身之本在于立德树人，要坚持正确政治方向，把思想政治工作贯穿育人始终，加强社会主义核心价值观教育，坚持全员、全过程全、方位育人，担负起为党育人、为国育才的职责使命，为全面建成社会主义现代化强国、实现中华民族伟大复兴中国梦提供源源不断的高质量人才支撑。

随着新时代的发展要求，高校在学生培养过程中还需要加强学生创新思维和实践能力的培养。当前，创新能力已成为当代社会发展的核心竞争力。高校应该注重培养学生的创新思维、问题解决能力和实践经验，鼓励学生勇于探索、敢于创新，依托项目研究、实践活动、学术交流等形式载体，在实践中锻炼能力，提升综合素质。同时，需要关注和培养学生的国际化视野和跨文化交流能力。全球化已经使得国际交流和合作成为常态，高校应该积极推动国际化教育，开设相关课程，通过课程内容的讲授及实践活动的参与，培养学生的跨文化沟通能力和全球视野，使他们具备适应国际环境和参与全球竞争的能力。

4.新时代高校学生培养面临的现实问题与挑战

当前高校学生培养面临着技术创新和社会变革对育人模式的影响以及就业压力和人才培养需求差异化等问题和挑战。随着大学生规模的不断扩大，就业市场的竞争日益激烈，高校育人面临着如何提高毕业生的就业竞争力和适应就业市场需求的现实问题。同时，由于各行各业的发展和变化，人才需求也在不断变化，高校需要密切关注产业发展动态，调整专业设置和教学内容，以培养适应时代需求的复合型、创新型人才。同时，随着科技的迅猛发展和信息技术的普及，面对技术创新带来的挑战，高校的教学方式方法也需要不断与时俱进，适应发展要求，不断更新教育理念、优化教学方法。

面对这些现实问题和挑战，高校需要积极采取措施来应对。首先，高校应加强与企业和社会的合作，建立产学研结合的人才培养模式，提供更多的实践机会和专业历练，增强学生就业竞争力。其次，高校应加强教师队伍建设，提升教师的教学水平和科研能力，为学生提供优质的教学资源和指导。此外，高校还应注重开展综合素质教育，培养学生的创新能力、团队合作精神和跨文化交流能力，使他们能够适应未来社会的发展和变化。

因此，为更好地适应社会发展对人才的要求，完成高校育人使命，可以从以下几个方面不断加强。

第一，高校要不断加强大学生思想政治教育，培养学生的道德品行和社会责任感。不断丰富思想政治教育的内容和形式，采取多样的方式方法，在连续性、协同性和教育完整性方面下功夫，构建符合新时代要求的育人体系，明确育人主体、教育程序、实施载体等体系要素来进一步完善体系建设内涵，促进育人要素的有机统一，提升育人效果。

第二，高校需要加强与社会的紧密联系。紧跟社会发展和产业结构调整、行业发展需求，加强产学研融合发展，以高校的研究创新助力行业企业发展，同时为学生参与科学研究、参加实习实训搭建平台，提供机会。为学生顺利就业和创业奠定基础，同时发挥高校服务社会经济发展的作用。

第三，高校应注重培养学生的创新精神和实践能力。创新是推动社会进步和经济发展的核心驱动力。高校应鼓励学生自主学习和探索，培养他们的创新意识和创新思维，提升学生的问题解决能力、团队合作能力等。通过开设创新创业课程、组织科技竞赛和创业活动，激发学生的创新创业潜能，培养他们成为具有创造力和创新意识的人才。

第四，高校育人使命还需要关注学生的全面发展和身心健康。提供全方位的教育资源和支持，注重学生的学术、文化、艺术等多个领域的培养。同时，高校应加强心理健康教育和咨询服务，关注学生的心理健康问题，帮助他们解决困惑和缓解压力，促进身心健康发展。

二、新时代背景下高校育人使命的特点和要求

（一）新时代高校大学生群体的特点

1.多元化

（1）地域多元化：高校招生范围广泛，吸引了来自全国各地的学生。他们具有不同的地域背景和文化传统，带来了丰富的地方特色和多元的思维方式。

（2）背景多元化：高校大学生来自不同的家庭背景。有些学生来自农村家庭，有些来自城市家庭，他们的成长环境、教育资源和生活经历都存在一定的差异。

（3）文化多元化：在大学校园中，不同地区、不同民族甚至不同国籍的学生汇聚一堂，彼此交流、相互学习。这种文化的碰撞和融合使得大学生具有开放包容的心态和跨文化的理解力。

（4）兴趣爱好多元化：高校大学生的兴趣爱好涵盖了广泛的领域，包括文学艺术、科技创新、体育健身、社会公益等。他们在校园中积极参与各种社团、俱乐部和志愿者组织，追求个人兴趣和发展。

（5）专业选择多元化：随着高等教育的普及，大学生的专业选择也变得更加多样化。他们可以选择自己感兴趣的专业领域，不再局限于传统的学科门类，因此高校涌现出各种新兴的交叉学科和跨学科专业。

2.知识更新快速

在新时代，高校大学生的知识更新快速是一个显著的特点。这主要得益于信息技术的迅猛发展和互联网的普及应用。

首先，互联网为高校大学生提供了广泛的知识和信息资源。通过搜索引擎、在线图书馆、学术数据库等工具，他们可以方便地获取各种学科领域的最新研究成果、学术论文、专业课程等内容。这使得他们可以更加深入地了解自己感兴趣的领域，并不断跟进相关领域的最新动态。

其次，社交媒体的普及促进了高校大学生之间的知识交流和学习互动。通过微信、微博、知乎等平台，他们可以与同学、老师以及领域内的专家进行实时的沟通和讨论。这种开放式的交流环境鼓励着他们分享学习心得、参与学术讨论，并从中获取新的知识和观点。

此外，新时代的高校大学生更加注重自主学习和独立思考。他们愿意投入更多的时间和精力来学习和探索，而不仅仅依赖于课堂上的教学。他们乐于参与学术研究、科技创新项目和实践活动，通过实际操作和实践探索来巩固和拓展自己的知识。

3.具有一定的创新精神

新时代的高校大学生具有勇于尝试和积极探索的精神。他们不满足于传统的知识传授和理论学习，愿意尝试新事物、接受新挑战，他们思路开阔、想法多样，具有一定的分析问题、解决问题的能力。他们做事情不愿意墨守陈规，喜欢寻找创新性的解决方案，但由于实践经验缺乏，缺少一定的理论与实践的结合。此外，他们也具备创业意识，对于创业和创新型企业有着浓厚的兴趣，并具备一定的创业能力。

4.有团队合作意识

第一，新时代的高校大学生注重团队合作和协作能力的培养。但与此同时，他们的个性特点比较鲜明，有一定的自我意识，多数学生能够认识到团队合作的重要性，懂得通过合作来实现共同的目标，乐于与他人合作，愿意分享自己的知识和经验，以促进团队的共同成长，但个别也会出现缺乏此能力意识的问题。

第二，高校大学生善于沟通和协调。他们具备良好的沟通技巧，能够有效地表达自己的观点，并倾听他人的意见和建议。他们善于理解不同人的需求和想法，从而更好地协调团队内部的关系，保持团队的凝聚力和合作效率方面还有待提升。

第三，高校大学生懂得在集体中发挥自己的优势。他们意识到每个人都有独特的才能和潜力，能够在团队中发挥自己的特长和优势。他们能够积极参与团队的工作，为团队的成功做出贡献。

5.有社会责任感

新时代的高校大学生具有一定的社会责任感。他们关注环境保护、困难救助等社会问题，热心参加志愿服务活动，能够积极为社会发展做贡献。他们了解并尊重法律法规，遵守社会道德规范，有较强的维权意识，喜欢利用网络平台表达自己的想法。他们积极参加社会实践活动，愿意通过实践历练本领、提升综合能力。

6.国际视野较开阔

随着网络媒体的快速发展，大学生获取信息的渠道更加丰富也更加便捷，这对于扩宽他们的视野起到了积极的促进作用。同时，新时期的大学生具有较强的跨文化交流能力，他们具有开放的心态和包容的态度，愿意接触和了解不同的文化。喜欢与来自不同国家和地区的人进行交流，通过跨文化的互动和合作，增加彼此的理解和友谊。

（二）新时代背景下高校育人使命的特点分析

1.多元化的需求

新时代社会的发展对人才提出了更加广泛和多元化的需求。除了专业知识和技能的培养，还需要注重学生的创新能力、实践能力、综合素质等方面的培养。高校育人使命需要适应社会需求的变化，培养具备多样化能力的人才。

2.开放性与国际化

新时代背景下，全球化和信息技术的快速发展使得世界各国之间的交流与合作更加频繁。高校育人使命需要培养具备跨文化交流能力和国际视野的人才，使他们能够适应全球化时代的发展需求。

3.创新与实践导向

新时代的社会变革和科技进步对创新能力提出了更高要求。高校育人使命需要注重培养学生的创新思维、实践能力和问题解决能力，引导学生通过实践探索、创新实践等方式培养创新精神。

4.全面发展和人格塑造

新时代高校育人使命注重培养学生的全面发展和人格塑造。除了专业技能，还需要注重学生的道德品质、社会责任感、公民素养等方面的培养，关注学生的身心健康和综合素质的提升。

（三）新时代背景下高校育人使命的具体要求

1.以德为先，立德树人

党的二十大报告强调："全面贯彻党的教育方针，落实立德树人根本任务，培养德智体美劳全面发展的社会主义建设者和接班人。"完成高校育人使命就是要坚定理想信念、厚植爱国主义情怀、加强品德修养、增长知识见识、培养奋斗精神、增强综合素质。高校要加强课程建设，充分发挥第一课堂和第二课堂有机融合的作用；坚持"三全育人"的教育理念，围绕十大育人体系建立健全高校育人模式，不断丰富德智体美劳"五育并举"的教育内容。

2.加强育人队伍建设

高校育人工作是一项全员参与全方位全过程的育人系统工程，要确保育人使命的达成，必须有一支政治素质高、专业能力强、教育水平高、对教育事业全身心投入教师队伍。

3.适应社会需求

高校育人工作需要与社会需求相契合，紧密对接产业发展和社会需求，培养符合时代要求的人才。高校应加强与企业、政府等合作，了解掌握行业发展动态，依托产学研合作加深与企业的融合发展，通过实习实训、校企合作等方式提供实践机会，增强学生的职业能力和就业竞争力。

4.营造良好的育人环境

坚持以文化人，以文育人，重视"软"环境、"硬"环境和"虚拟"环境建设，寓教于境、寓教于景、寓教于情、寓教于美，点滴积累、久久为功，最终达到濡染、熏陶的效果。在"硬"环境方面，高校要通过校园环境的主题打造，校史馆、党建室等活动场所的氛围营造，发挥环境育人的作用。在"软"环境方面，可通过打造品牌化工程、品牌化文化项目根植于学生心中，营造良好氛围。

三、高校育人使命与国家发展需求的关系

（一）国家发展需求对高校育人使命的影响

国家发展需求是指一个国家在经济、社会、科技、安全等各个领域中所面临的发展要求和挑战。高校育人使命与国家发展需求之间存在着紧密的关系。

第一，国家发展需求决定着高校育人的使命。随着时代的不断变化和社会的快速发展，国家对高素质人才的需求也日益增长。高校作为培养人才的重要阵地，其育人使命必须与国家的发展需求相契合。比如，在经济转型升级的背景下，国家需要大量具备创新创业能力的人才，因此高校的育人目标应该注重培养学生的创新意识和创新创业能力。国家发展的需要也影响着高校的专业设置等方面，以适应社会经济的快速发展和科技进步的要求。

第二，国家发展需求也对高校的教育内容和方法提出了更高的要求。为了适应国家发展的需要，高校应该关注培养学生的综合素质和实践能力，而不仅仅注重传授理论知识。国家需要具备扎实专业知识、创新思维和团队协作能力的人才，高校育人使命应当致力于培养这些方面的能力，并通过教学改革和实践教育等手段来实现。

第三，国家发展需求也对高校师资队伍提出了要求。高校育人的效果很大程度上依赖于优秀的教师团队。为了满足国家对高层次、复合型人才的需求，高校应当加强师资队伍建设，大力弘扬教育家精神，引进和培养一批有理想信念、有道德情操、有扎实学识、有仁爱之心的"四有"好老师，以提供高质量的教育资源和指导。

（二）落实高校育人使命对国家发展的积极作用

1.人才贡献

党的二十大报告明确指出："教育、科技、人才是全面建设社会主义现代化国家的基础性、战略性支撑。"国家发展人才是关键，而高校是人才的"蓄

水池"，不断优化教学环节，深化教学方法改革，系统开展实践活动，着力加强育人队伍建设，积极发挥学生主动性，加强育人平台建设等系列举措促进了人才培养质量的提升。高校培养出的专业人才和创新人才为国家的产业升级、科技创新和现代化建设提供了坚实的人才基础，为国家发展提供源源不断的人力资源。

2.促进高质量发展

高校是科技（第一生产力）、人才（第一资源）、创新（第一动力）的结合点，高校科技创新工作是主动服务国家战略的历史使命、服务区域经济社会发展的时代责任，要主动服务国家重大战略需求，积极融入区域经济社会发展。

科技创新引领现代化产业体系建设，而高校在科技创新中发挥着生力军的作用，要加强科技领军人才的培养，推进科技成果的转化，实现教育、科技、人才的良性循环，以科技创新、人才培养促进高质量发展。

3.社会稳定和谐发展

高校育人使命关注学生的思想道德素质和社会责任感的培养，为国家社会稳定和文化传承提供保障。高校通过教育引导，培养具有良好道德品质、积极进取的公民，来促进社会的和谐稳定和国家文化的传承。

4.提升国际影响力

高校育人使命的履行能够提升国家在国际舞台上的影响力。高校培养出的优秀人才成为国家的形象代表和外交窗口，推动国际间的学术交流、文化交流和经济合作。此外，通过国内外学习交流，能够进一步拓展人才的国际化视野，促进科技技术交流合作。

（三）实现高校育人使命的实现路径与策略

高校育人使命是高等教育的核心任务，对国家发展具有重要意义。下面将从教育内容、教学方法、师资队伍和社会合作等方面探讨实现高校育人使命的路径与策略。

1.教育内容的创新与优化

（1）强调全面素质培养。

①设计多元化的课程体系，包括学科基础课程和通识教育课程。通过通识

教育课程，拓宽学生的学科边界，培养他们的跨学科思维和综合分析能力。

②注重核心素养的培养，如创新性思维、实践能力、团队协作和沟通能力等。通过第一课堂授课和第二课堂活动之间的相互促进、互为补充，培养提升学生的综合素质和能力。

（2）注重创新创业教育。

①开设创新创业教育课程，涵盖创新思维、创新方法和创新管理等内容，培养学生的创新意识和创业精神。

②建立创新创业实践平台，提供创新创业项目的孵化和支持服务。鼓励学生参与科研项目、创业比赛和创新创业实践，培养他们的实践能力和创新创业能力。

③与企业、产业园区等开展合作，提供创新创业资源和导师支持，搭建学生与企业交流合作的桥梁。

（3）强化实践教育。

①加强实践性课程的设置，例如课程设计、实习实训和课程实践等，使学生能够通过实际操作提升专业技能。将理论与实际相结合，做到知行合一。

②加强校企合作，与企业合作开展产学研结合的项目，为学生提供更多实践机会和实践基地。提供与实际工作场景接轨的实习机会，让学生在真实环境中锻炼能力，并了解职业发展路径和要求。

③开展内容丰富的社会实践活动，培养学生的社会责任感、志愿服务精神以及团队合作等综合素质。

2.教学方法的改革与创新

（1）引入问题导向教学。

①以问题为核心，激发学生的学习兴趣和主动性。通过提出挑战性的问题，引起学生的思考和好奇心。

②引导学生思考和解决实际问题，培养他们的批判性思维和创新能力。通过案例分析、讨论和实践活动等方式，让学生在解决问题的过程中掌握知识和技能。

③提供支持和指导，帮助学生理清问题思路、收集相关信息、制订解决方

案，并鼓励他们勇于尝试、不断反思和改进。

（2）推行项目式学习。

①鼓励学生参与真实世界的项目，培养他们的团队协作和解决问题的能力。通过与企业、社区或其他组织合作，让学生亲身参与项目的策划、执行和评估。

②提供实际项目资源和指导，让学生在真实情境中应用所学知识。通过项目的实践活动，学生能够深入了解行业或领域的实际情况，并掌握解决问题的实际技能。

③设计明确的项目目标和评估标准，激发学生的学习动力和责任感。通过及时反馈和评价，帮助学生不断提升自己的能力和表现。

（3）提倡个性化教学。

①关注每个学生的个体差异，采用灵活多样的教学策略和评估方式。通过了解学生的学习风格、兴趣和能力，有针对性地进行教学设计和安排。

②为学生提供个性化的学习支持，例如一对一辅导、小组合作学习等。根据学生的需求，提供不同层次和难度的教学材料和活动，帮助他们充分发展自己的潜力。

③创造多样化的学习环境，鼓励学生发展自己的特长和兴趣。通过开设选修课程、俱乐部活动和实践机会等，满足学生个性化学习需求，培养他们的特长和爱好。

3.师资队伍建设与培养

（1）招聘高水平教师。

积极引进国内外优秀人才，通过广泛的招聘渠道和专业网络平台，吸引具有丰富教学经验和专业知识的教师加入高校教师团队。同时，注重教师队伍的国际化水平，鼓励引进具有海外学习或工作经历的教师，以提供多元化的教育背景和全球视野。

（2）多元化教师队伍。

除了引进高水平教师外，还应鼓励优秀毕业生和企业专家等加入教师队伍。这些人员具有丰富的实践经验和行业背景，能够为学生提供实用的知识和技能培养，并且可以促进学校与企业的深度合作，提升教学的实践性和针对性。

（3）教师培训与发展。

开展多样化的教师培训，以提升教师的教学能力和创新意识。定期组织教育教学研讨会、专题培训和学术交流活动，邀请国内外知名教育专家和学者分享最新的教育理论和教学方法。此外，鼓励教师参与科研项目和学术交流，激发他们的学术热情和专业能力。

（4）教师评价体系。

为了确保教师的教学质量和教学效果，建立科学合理的教师评价体系。通过对教师的课堂观察、学生评价和同行评估等方式进行全面评估。评价结果将为教师提供反馈和改进的机会，促进其个人教学发展，并且可以作为晋升和奖惩的依据。

4.加强校企合作

（1）深化产学研合作。

建立校企合作基地，与各类企业建立长期稳定的合作关系。通过与企业共同开展科研项目、技术转移等活动，学生能够参与实际的项目实践，提升他们的实践能力和就业竞争力。同时，与企业密切合作，根据市场需求调整课程设置，确保教学内容与实际应用相结合。

（2）拓展社会资源。

积极与政府、社会组织、行业协会等建立合作关系。与政府部门合作，可以获得政策支持和项目资助，推动学校发展。与社会组织和行业协会合作，可以开展专业实践活动、举办行业研讨会和培训班，提供更多实践和学习的机会。同时，鼓励学生参与社会实践和志愿服务，通过与社会的互动，拓宽他们的视野和社会经验。

（3）建立校友网络。

注重与校友的联系与交流。通过建立校友网络平台，可以为学生提供职业指导和就业资源，帮助他们更好地规划职业发展。同时，积极利用校友资源支持学校的发展，邀请校友回校进行讲座、分享经验，并开展校际交流和合作。校友的成功经验和资源不仅对当前学生有启示作用，也为学校的发展提供了重要的支持。

第二节　新时代高校实践育人的重要意义

实践育人是高校育人工作中的一项重要内容，关注学生实践能力的培养和综合素质的提升，为高校育人提供了重要的实践支撑。通过参与社会实践、科研项目、创新创业等实践活动，学生能够将所学知识应用于实际问题的解决中，并且在实践中不断锤炼和提升自己的能力和素质，其教育形式丰富多彩。

一、新时代高校实践育人的意义与价值

《教育部等部门关于进一步加强高校实践育人工作的若干意见》中指出，进一步加强高校实践育人工作，是全面落实党的教育方针，把社会主义核心价值体系贯穿于国民教育全过程，深入实施素质教育，大力提高高等教育质量的必然要求。党和国家历来高度重视实践育人工作。坚持教育与生产劳动和社会实践相结合，是党的教育方针的重要内容。坚持理论学习、创新思维与社会实践相统一，坚持向实践学习、向人民群众学习，是大学生成长成才的必由之路。进一步加强高校实践育人工作，对于不断增强学生服务国家服务人民的社会责任感、勇于探索的创新精神、善于解决问题的实践能力，具有不可替代的重要作用；对于坚定学生在中国共产党领导下，走中国特色社会主义道路，为实现中华民族伟大复兴而奋斗，自觉成为中国特色社会主义合格建设者和可靠接班人，具有极其重要的意义；对于深化教育教学改革、提高人才培养质量，服务于加快转变经济发展方式、建设创新型国家和人力资源强国，具有重要而深远的意义。

（一）塑造正确价值观

1.增强社会责任感

参与社会实践或志愿者活动可以增强学生的社会责任感。当学生意识到自己在社会中扮演的角色和所承担的责任时，他们会意识到自己应该为社会做出贡献，并积极参与到有益于社会的活动中去。这种责任感和义务意识的培养有

助于塑造学生正确的价值观。

2.培养公民意识

实践活动可以培养学生的公民意识。通过参与社会实践或志愿者活动，学生将更加深入地了解社会问题的复杂性和多样性。他们将认识到自己作为公民的责任和义务，并学会尊重和包容不同的观点和背景。这种公民意识的培养有助于塑造学生正确的价值观。

3.亲身体验社会现实

通过实践活动，学生可以亲身感受到社会的现实情况和问题。他们可能会接触到不同社会群体、环境状况或社会挑战。这种亲身体验可以让学生更加深入地了解社会的需求和他人的困境，从而引发他们对社会问题的关注和思考。

4.学会关心和关爱他人

通过参与实践活动，学生将接触到需要帮助的人群。在这个过程中，他们会体验到关心和关爱他人的重要性。学生将学会帮助他人、关注弱势群体，并意识到自己的行为对他人的影响。这种关心和关爱他人的观念将有助于培养学生正确的道德观念和价值取向。

（二）培养创新思维

1.直面实际问题和挑战

实践活动可以为学生提供实际问题和挑战，鼓励他们主动思考和寻找解决方案。通过面对真实的问题，学生要学会运用自己的观察、分析、推理和创新能力来找到解决方案。

2.鼓励探索和实践

实践活动通常涉及实际的操作和实践。学生可以通过尝试不同的方法和做法来解决问题，鼓励他们勇于尝试和创新。这种实践性的探索过程有助于培养学生的创造力和创新思维。

3.提供交流机会

实践活动往往需要学生进行团队合作和交流。在这个过程中，学生可以分享和交流彼此的观点和想法，从而激发出更多的创新思维。团队合作也可以促进学生的协作能力和集体智慧的发挥，培养学生的组织协调能力和团队配合能力。

（三）提升实践能力

1.促进理论实践相结合

实践活动通常会将理论知识与实际情境相结合，让学生直接面对真实的问题和挑战。通过将所学的理论知识应用于实际情境中，学生能够更好地理解和掌握知识，并将其转化为实际操作和解决问题的能力。

2.提供实践机会和实际操作

实践活动提供了学生进行实际操作的机会，例如实验、模拟演练、实地考察等。这些实践机会使学生能够亲身参与并实际操作，从而加深对所学知识的理解和应用，并提高实际操作的技能。

3.培养问题解决能力

实践活动常常涉及解决实际问题的过程。学生需要运用所学的知识和技能来分析问题、找出解决方案，并进行实际操作和验证。通过这样的实践过程，学生能够提高解决问题的能力，培养独立思考和创新的能力。

4.促进实践与反思的结合

实践活动结束后，学生可以进行反思和总结。通过对实践过程和结果的反思，学生能够发现问题所在，并提出改进的措施。这种实践与反思相结合的过程有助于学生不断完善和提升自己的实际应用能力。

（四）培养团队合作精神

1.培养集体意识

实践活动中的团队合作可以培养学生的集体意识。帮助学生认识到个人的利益与整个团队的利益之间的关系，并学会为团队的共同目标而努力。这种集体意识的培养不仅有助于团队的成功，也为学生今后的职业发展和社会生活打下坚实基础。

2.培养团队精神

团队合作可以培养学生的团队精神，即相互支持、互助合作的精神。在实践活动中，学生能够切实感受团队成员之间的互动和相互配合。这种团队精神的培养有助于学生发展良好的人际关系、增强团队凝聚力，并提高协作和解决问题的能力。

3.锻炼沟通表达能力

沟通表达能力是团队合作中必不可少的，成员之间要进行有效的配合，需要彼此之间积极有效的沟通，在此过程中，学生要学会倾听他人观点、准确表达自身想法，以达到团队合作事半功倍的效果。

4.分工与合作

在团队中，学生需要根据各自的优势和专长进行任务分工，相互协作，共同完成团队目标。这种分工与合作的过程培养了学生的组织和协调能力，使他们理解和体验到团队合作的重要性。

二、高校实践育人的重要性和紧迫性

《教育部等部门关于进一步加强高校实践育人工作的若干意见》中指出，进入本世纪以来，高校实践育人工作得到进一步重视，内容不断丰富，形式不断拓展，取得了很大成绩，积累了宝贵经验，但是实践育人特别是实践教学依然是高校人才培养中的薄弱环节，与培养拔尖创新人才的要求还有差距。切实改变重理论轻实践、重知识传授轻能力培养的观念，注重学思结合，注重知行统一，注重因材施教，以强化实践教学有关要求为重点，以创新实践育人方法途径为基础，以加强实践育人基地建设为依托，以加大实践育人经费投入为保障，积极调动整合社会各方面资源，形成实践育人合力，着力构建长效机制，努力推动高校实践育人工作取得新成效、开创新局面。

（一）社会需求

1.实践能力是学生发展的必备能力

社会的发展和科技的进步对高校大学生的实践能力提出了更高的要求。在大学生的求职应聘过程中，招聘人员会通过学生参与的社会实践活动、实习实训、创新创业活动等经历，判断学生的实践能力高低。高校通过实践育人，可以有效地指导学生提升实践能力并为其发展提供锻炼平台，不断增强学生的核心就业竞争力。

2.社会适应能力的培养

实践育人可以帮助学生更好地适应社会环境。通过参与实践活动，学生将接触到真实的社会情境，并与各种不同背景和需求的人进行交流与合作。这种社会适应能力的培养使学生能够更快速地适应工作环境，理解社会规则和价值观，并与他人建立良好的人际关系。

3.探索职业兴趣和定位

实践育人为学生提供了机会去实际体验不同的职业领域和工作环境。通过实践活动，学生可以更好地了解自己的兴趣和潜能，并探索适合自己的职业定位。这有助于学生在就业市场中做出明智的职业选择，满足社会对多样化人才的需求。

4.培养创新和创业能力

实践育人激发学生的创新思维和创业精神。通过实际操作和解决问题的过程，学生可以锻炼自己的观察、分析、推理和创新能力。这种创新和创业能力的培养使学生能够适应不断变化的社会环境，为社会的进步和发展做出贡献。

（二）推动教育体制和教学模式的改革

1.实践教学创新

实践教学是学校教学工作的重要组成部分，是深化课堂教学的重要环节，是学生获取、掌握知识的重要途径。各高校要结合专业特点和人才培养要求，分类制订实践教学标准，增加实践教学比重。通过实践课程的引入，可以提高学生的综合能力。

2.综合素质培养

传统的教育注重学生的知识获取和考试成绩，实践育人强调学生的实际操作和解决问题的能力，注重学生的综合素质发展，包括创新思维、团队合作、领导能力、沟通能力等。

3.理论与实践相结合

实践育人将理论学习与实践操作相结合，让学生在实际操作中应用所学的知识。这种将理论与实践结合的教学方法能够加深学生对知识的理解和记忆，并帮助他们将所学的知识应用于实际问题中。实践育人不仅注重学生对知识的掌握，更注重学生对知识的实际运用能力的培养。

4.强调学生主体性和自主学习

实践育人鼓励学生主动参与实践活动,培养他们的主体性和自主学习能力。学生在实践活动中扮演主动者的角色,通过自己的实际操作和解决问题的过程来探索和学习。这种自主学习的方式能够激发学生的学习兴趣,提高他们的学习动力和学习效果。

5.促进跨学科融合和终身学习

实践育人强调跨学科融合和终身学习的重要性。通过实践活动,学生可以接触到不同学科领域的知识和技能,并将它们整合应用于解决实际问题。这种跨学科的学习方式培养了学生的综合能力和终身学习的意识,使他们具备适应快速变化的社会需求的能力。

（三）全面促进学生发展

1.自信心增强

参与实践活动需要学生主动思考、做出决策并付诸行动。在实践中,学生不断面对挑战和困难,逐渐克服恐惧和犹豫,从而增强自信心。实践经验的积累以及获得成果的喜悦也能够提升学生的自我价值感和成就感。

2.自主能力培养

实践活动鼓励学生主动参与并承担责任。在实践中,学生需要独立思考、做出决策和解决问题,培养自主能力和创新精神。这种能力对学生未来的职业发展和面对生活中的各种挑战都至关重要。

3.综合素质提升

实践活动提供了学生运用所学知识解决实际问题的机会,使他们能够将理论知识与实践相结合。通过亲身实践,学生能够更深入地理解和掌握知识,并培养批判性思维和问题解决能力。

4.职业发展基础

通过实践活动,学生可以了解不同行业的工作内容和要求,提前积累相关技能和经验,为未来的就业做好准备。同时,实践活动也提供了与企业和专业人士交流的机会,帮助学生建立人际网络并拓展职业机会。

三、实践育人对学生综合素质发展的重要影响

1.知识与能力

实践活动对学生的知识与能力的提升具有重要作用。通过将理论知识与实际操作相结合，实践育人可以帮助学生更好地掌握和应用所学的知识。

首先，实践活动可以加深对理论知识的理解。在传统的课堂教学中，学生通常只是被动地接受知识的灌输，难以真正理解其内涵和应用。而通过实践活动，学生可以亲自参与到实际操作中去，深入感受和体验所学知识的具体应用场景，从而加深对知识的理解。

其次，实践活动能够培养学生的实际应用能力。纸上得来终觉浅，通过实际操作和实践活动，学生可以将抽象的理论知识转化为实际技能，并在实践中不断磨砺和提升这些技能。例如，在科学实验中，学生需要亲自动手进行实验操作、数据收集和分析，从而培养出实际应用科学知识的能力。

最后，实践活动还能够提高学生的问题解决能力。在实践过程中，学生可能会面临各种挑战和问题，需要运用所学的知识和技能进行解决。通过实践中的反复尝试、调整和改进，学生可以培养出独立思考和解决问题的能力，提高他们的创新思维和解决实际问题的能力。

2.创新与思维

实践活动在激发学生的创新思维和创造力方面发挥着重要作用。通过实践，学生可以培养问题分析和解决问题的能力，提高他们的创新能力和创造力。

首先，实践活动为学生提供了探索和尝试的机会。在实践中，学生不再只是被动地接受知识，而是积极参与实际操作，面对各种情境和挑战。这样的实践环境鼓励学生勇于探索和尝试，促使他们去思考如何解决问题、改进方法，从而培养出敢于创新的精神。

其次，实践活动可以鼓励学生进行反思和总结。在实践过程中，学生会遇到各种问题和困难，需要不断调整和改进自己的方法。这时，学生需要进行反思和总结，思考问题产生的原因，寻找解决的方法。通过反思和总结，学生可以深入分析问题的本质和原理，提高解决问题的能力。

最后，实践活动可以培养学生的团队合作和交流能力，促进创新思维的碰

撞和融合。在团队合作中，学生可以通过分享和交流自己的观点和想法，激发出更多创新的灵感。团队成员之间的互动和合作，能够帮助学生从不同的角度思考问题，提高思维的广度和深度。

3.价值观与人格

实践活动对学生的价值观和人格发展具有重要意义。通过参与社会实践或志愿者活动，学生能够亲身感受社会的现实情况，从而更好地理解社会的需求和问题。这种亲身经历有助于培养学生正确的价值观和人格品质。

首先，实践活动可以增强学生的责任感。当学生参与社会实践时，他们将意识到自己所承担的责任和义务。无论是关心环境保护、帮助弱势群体还是推动公益事业，学生都会明白自己在社会中的角色和责任，并且努力去履行这些责任。这种责任感的培养将使学生具备为社会做出贡献的意识和行动能力。

其次，实践活动能够培养学生的奉献精神。通过参与志愿者活动，学生将接触到需要帮助的人群。在实践中，他们将学会关心他人、乐于助人，并主动投身于社会服务中。这种奉献精神的培养不仅让学生感受到帮助他人的快乐，也使他们明白自己的价值和意义在于为他人谋福利。这种积极的态度将成为学生人格发展中的重要组成部分。

最后，实践活动有助于培养学生的公民意识。通过参与社会实践，学生将更加深入地了解社会问题的复杂性和多样性。他们将接触到不同的文化、价值观和生活方式，并学会尊重和包容不同的观点和背景。这种公民意识的培养将使学生成为具有社会责任感和全球视野的公民，能够积极参与到社会事务中，推动社会的进步和发展。

4.团队与合作

团队与合作是实践活动中不可或缺的重要元素。在实践活动中，学生通常需要与他人一起合作完成任务或项目。这种团队合作的经历对学生的人际关系和合作能力的培养具有积极影响。

首先，团队合作培养学生的沟通和协作能力。在团队中，学生需要与其他成员进行有效的沟通，明确任务分工和目标，并协调各个成员之间的工作。通过与团队成员的交流和合作，学生将学会倾听、表达自己的观点，并且学会妥善处理冲突和解决问题。这些沟通和协作的技巧将在学生日后的工作和生活中发挥重要作用。

其次，团队合作促进学生的人际关系发展。在团队中，学生将与来自不同背景和专业的人合作。通过共同努力和互相支持，学生将建立起良好的人际关系。这种合作关系不仅有利于实现团队目标，也有助于学生的个人成长。学生将学会尊重他人、理解他人的观点和需求，并且学会与他人和谐相处。

最后，团队合作培养学生的领导能力。在团队中，学生可能会有机会担任领导角色，负责协调和组织团队的工作。通过实践活动中的领导经验，学生将学会制订计划、分配任务，并激励团队成员积极参与。这种领导能力的培养不仅有助于学生在团队中发挥作用，也为他们未来的职业发展打下坚实基础。

第三节　新时代高校实践育人面临的新挑战与问题

一、新时代高校实践育人的现状

（一）实践教育重视程度不断提升

实践教育重视程度的提升是新时代高校育人的一个显著特点。随着社会对高等教育需求的不断变化，传统的理论教学已不能满足学生全面发展的需要，因此实践教育成为了高校育人的重要组成部分。

第一，学校更加注重培养学生的实践能力和创新精神。在过去，学生主要通过课堂学习获取知识，而现在，学校开始意识到知识的应用和实践能力的重要性。因此，学校应鼓励学生积极参与各类实践活动，如实习、实训、社会实践等，以提升他们的实践技能和解决问题的能力。

第二，学校积极推动实践教育与学科教学相结合。传统上，实践教育往往被视为理论教学的附属品，缺乏与学科教学的紧密联系。然而，在新时代，学校开始将实践教育与学科教学有机结合，通过将实践案例引入课堂、开设实践课程等方式，让学生能够将所学的理论知识应用到实际问题中，增强他们的综合素质和创新能力。

第三，学校还加强了与企业和社会的合作，为学生提供更多的实践机会。学校积极与企业合作开展实习项目，使学生能够接触真实的工作环境，并将所学知识应用于实际工作中。同时，学校也鼓励学生参与社会实践活动，如志愿者服务、社会调研等，培养他们的社会责任感和公民意识。

（二）实践教学模式不断创新

随着社会的发展和教育理念的变革，高校实践教育模式正逐渐从传统的实习、实训模式向更加灵活多样的实践教学模式转变。这种转变是为了更好地满足学生的需求，培养他们的实际能力和创新精神。学校积极探索各种形式的实践教学，包括社会实践、科研实践、创新创业实践等，为学生提供更广阔的实践平台和机会。

第一，社会实践已经成为高校实践教育的重要组成部分。学校鼓励学生参与社会实践活动，通过与社会接触和互动，培养学生的实际操作能力、团队合作能力和社会责任感。社会实践可以是学生到企事业单位实习，也可以是参与社会公益活动，甚至是赴国外交流学习。通过社会实践，学生能够更好地了解社会，增长见识，锻炼自己的能力，并将所学知识应用到实际中去。

第二，科研实践也成为高校实践教育的重要组成部分。学校鼓励学生积极参与科研项目，培养他们的科学研究能力和创新思维。学生可以在导师的指导下进行科研实验、文献调研、数据分析等活动，深入了解学科领域的前沿知识和研究方法。通过科研实践，学生能够提升自己的学术素养，培养批判性思维和解决问题的能力，为将来的学术研究或职业发展打下坚实基础。

第三，创新创业实践也受到越来越多的关注。学校鼓励学生参与创新创业项目，培养他们的创新意识和创业能力。学生可以参加创业训练营、创业比赛，或者开展自己的创业项目。通过创新创业实践，学生能够锻炼自己的创新思维、团队合作能力和市场竞争意识，为未来的创业之路做好准备。

（三）校企合作日益紧密

（1）实践教育机会：通过与企业合作开展实践项目和实习就业，高校为学生提供了更具实践性的教育内容和环境。学生能够在真实的工作场景中应用所学知识，提升实际操作技能，为未来的就业做好准备。

（2）产学融合：校企合作促进了高校与企业之间的产学融合。高校可以更加深入地了解产业需求，及时调整教育内容和培养目标，以适应不断变化的市场需求。企业也能够从高校获取最新的科研成果和人才储备，推动自身的创新发展。

（3）就业机会增加：与企业合作的实践项目和实习就业为学生提供了更多的就业机会。学生能够通过与企业的合作建立良好的职业网络，并且在实习期间展示自己的能力和潜力，有望得到企业的长期雇佣。

（4）职业规划指导：企业合作伙伴可以为学生提供职业规划指导和就业咨询。他们能够分享自己的经验和行业见解，帮助学生更好地了解职业发展路径，为他们提供实际的职业建议。

（四）创新创业教育重视程度极大提升

（1）培养创新创业精神：高校注重培养学生的创新思维和创业精神，鼓励他们勇于尝试、积极创新。通过创新创业教育，学生能够锻炼自己的创造力、团队合作能力和解决问题的能力。

（2）创新创业基地和孵化器：学校设立创新创业基地和孵化器，为有创业意愿的学生提供良好的创业环境和资源支持。这些基地和孵化器不仅提供办公场所和设备，还提供创业培训、导师指导、项目资助等支持服务，帮助学生更好地开展创业活动。

（3）创业课程和实践项目：高校积极推出创业相关的课程和实践项目，将创新创业理论与实际操作相结合。学生可以通过这些课程和项目了解创业的基本知识、技能和经验，培养创新创业的能力和素质。

（4）创业导师和专家支持：学校邀请创业导师和行业专家为学生提供指导和支持。他们可以分享自己的创业经验，为学生提供实际的创业建议和行业见解，帮助学生更好地理解创业的机会和挑战。

（5）创业比赛和项目评选：学校组织创业比赛和项目评选活动，激发学生的创新创业热情。这些比赛和评选活动不仅是学生展示自己创新创业成果的平台，也是学生获取项目资金和资源支持的重要途径。

（五）实践育人的形式逐渐丰富

社会实践是新时代的高校实践育人的主要载体，其形式主要包括以下几种。

（1）志愿服务活动：参与志愿服务互动既是对学生综合能力的锻炼，也培养了学生的责任意识和担当精神。很多高校将志愿服务活动的参与情况作为学生评优的参考方面。大学生可参加的志愿服务项目很多，如"翱翔之翼"大学生科技志愿服务项目，是由中国科协、教育部、共青团中央联合开展，采用申报立项制，2023年资助100个左右的项目，每个不超过6万元；大学生西部计划项目由团中央、教育部、财政部、人力资源和社会保障部联合实施，每年招募一定数量的普通高等学校应届毕业生或在读研究生，到西部基层开展为期1～3年的志愿服务工作，鼓励志愿者服务期满后扎根当地就业创业。除此之外，大学生也可围绕环境保护、科普宣传、敬老爱老、关爱儿童等方面内容，自行设计志愿服务活动形式和内容，并定期开展。

（2）社会实践项目：学校组织社会实践项目，使学生能够深入社区、企事业单位等社会组织，了解社会运行机制和面临的问题。通过实践，学生能够加深对社会现象的认识，培养社会意识和责任感。

（3）社会调查：学校鼓励学生关注社会问题并开展研究。学生可以选择感兴趣或关注的社会议题，进行调研和分析，提出解决方案，并通过报告、论文等形式进行分享。这种研究能够培养学生的批判思维和问题解决能力，激发他们关注和解决会问题的动力。

（4）专业实践：学生选择与自身专业相关的行业领域，开展实习实践，创新创业活动等，锻炼专业动手能力，提升实践能力，进而促进专业理论学习。

三、新时代高校实践育人存在的问题

随着我国高等教育的不断发展，实践育人逐渐开辟了新领域，发挥了新实效，取得了显著进步，但仍存在一些问题，需要进一步优化以提升育人实效。

1.实践机会不均衡

实践机会不均衡是新时代高校实践育人面临的一个现实问题。由于资源分配不均和地区之间的差距，高校所拥有的实践条件和实践机会有较大差别。这导致一部分学生无法获得充分的实践锻炼，影响了他们综合素质的提升。为解决这个问题，需要加强资源配置，加大地方高校的教育投入，缩小不同高校之间的差距，确保每个学生都能够享受到平等的实践机会，促进其全面发展。

2.实践内容单一化

实践内容单一化是新时代高校实践育人的另一个问题。随着一届届学生特点的变化，学生对实践活动形式的需求也逐渐多样化，传统形式的活动很难吸引学生积极参与。因此要采取与时俱进，选择适合学生特点的、学生喜闻乐见的形式开展实践活动，这样更能够发挥实践的育人实效。

为解决这个问题，高校应该注重多元化的实践活动。除了专业实训和实习，还应该提供更广泛的实践体验，包括科研、社会服务、志愿者等领域。通过开设多样化的实践课程和项目，以及不断创新的活动形式，培养学生不同领域的综合素质和技能。

此外，高校还应鼓励学生参与创新创业项目，提供创新实践的平台和资源支持。通过与企业、科研机构等合作，将理论知识与实践应用相结合，培养学生的创新意识和实践能力。

3.实践评价不够科学

实践教育在培养学生综合能力和应用能力方面具有重要作用，然而当前大部分高校在实践评价方面存在一些问题。首先，评价标准常常模糊不清，缺乏明确的指导和评价办法，导致评价结果难以客观准确。其次，现有的量化指标往往无法全面评估学生的实践能力，只注重知识的掌握程度，而忽视了创新思维、团队协作、问题解决等关键能力的培养。

针对这些问题，我们需要建立科学有效的实践评价体系，以促进实践育人的有效实施。

第一，评价标准应该具备明确的目标和指标，包括实践成果的质量、影响力、创新性等方面的评估。这样可以使评价结果更加客观准确，并为学生提供明确的发展方向。

第二，评价体系应该采用多元化的评价方法，既包括定性评价，也要结合定量指标进行评估。除了传统的考试和论文评价外，还可以引入项目评估、实践报告、口头演示等方式，全面评估学生的实践能力。

第三，评价过程应该注重学生的个性化发展和差异化需求。通过个体化辅导，指导学生设置个人目标和反思机会，可以帮助学生更好地发挥自己的优势和潜力。

第四，评价结果应该及时反馈给学生，并与实践教育的课程设置和教学改革相结合。学校应该根据评价结果进行调整和改进，不断优化实践教育的内容和方式，为学生提供更有针对性的和更有效果的实践机会。

4.缺乏有效指导

在实践育人中，一些高校存在着缺乏有效指导和支持的问题。高校应该加强对学生的指导和辅导，提供良好的实践指导机制，帮助学生充分利用实践活动的作用。

第一，高校可以建立专门的实践指导团队或实践教育中心，负责为学生提供实践指导和支持。这些团队或中心可以由具有丰富实践经验和专业知识的教师组成，他们能够给予学生针对性的指导，帮助他们明确实践目标、规划实践路径，并解答他们在实践过程中遇到的问题。

第二，高校可以开设实践教育相关的课程或讲座，帮助学生了解实践教育的意义、目标和方法，并提供实践技能培训。这样可以提高学生的实践意识和实践能力，使他们更好地参与和完成实践活动。

第三，高校还可以建立实践导师制度，为学生分配实践导师。实践导师可以是专业教师、行业专家或校友等，他们能够为学生提供个性化的指导和建议，引导他们进行实践探索，并在实践过程中提供及时的反馈和支持。

第四，高校可以鼓励学生参与实践项目和社会实践活动，并提供相应的资金支持和资源保障。这样可以为学生提供更多的实践机会，让他们在实践中学习和成长，并将理论知识应用到实际问题中。

三、新时代高校实践育人面临的新挑战

（一）科技创新与产业升级对高校实践育人的挑战

科技创新与产业升级对高校实践育人带来的挑战是多方面的。

第一，随着科技的快速发展，传统的教学模式已经难以满足现代社会对人才的需求。高校需要积极拥抱科技创新，将其应用于实践育人的过程中。例如，可以利用虚拟现实、增强现实等新技术手段，创造更加真实和生动的实践环境，提升学生的实践能力和创新意识。

第二，产业结构的升级对高校实践育人提出了更高要求。随着产业的转型和升级，对复合型、创新型人才的需求日益增加。高校需要及时调整专业设置和教学内容，注重培养学生的创新思维、实践能力和团队合作精神，以适应产业升级的需要。例如，可以开设创新创业类课程，组织学生参与科研项目或实践活动，培养他们的创新意识和实际操作能力。

第三，科技创新与产业升级也给高校实践育人带来了知识更新速度加快的挑战。科技的发展日新月异，高校需要不断跟进最新的科技成果，为学生提供前沿的实践机会和培训资源。这就要求高校教师要保持自身的学习和研究能力，及时更新教学内容，引导学生接触和应用最新的科技成果。

第四，产业升级还要求高校加强与企业、科研机构等实践主体的合作。高校需要搭建更加紧密的校企合作平台，与企业开展联合培养计划、科研合作等，使学生能够接触真实的工作环境和项目需求，提升他们的实践能力和创新意识。同时，高校也可以与科研机构合作开展科研项目，让学生参与其中，培养他们的科研能力和创新精神。

（二）人才培养模式转变对高校实践育人的挑战

高校实践育人面临人才培养模式转变的挑战，这种转变是为了适应社会发展和教育理念的更新。传统的人才培养模式注重知识传授和考试评价，而现代社会对人才的要求更加多元化和综合性。因此，高校需要转变人才培养模式，注重培养学生的综合素质和实践能力。

第一，高校应注重培养学生的创新思维和实践能力。传统的教学模式过于注重理论知识的灌输，缺乏对学生创新能力和实践能力的培养。高校可以通过开设创新创业类课程、组织科研实践活动等方式，引导学生主动参与创新实践，培养他们的创新意识和实际操作能力。例如，鼓励学生参与科研项目或创业比赛，提供实践机会和资源支持，帮助他们将理论知识应用到实际问题中，并培养解决问题的能力。

第二，高校还需加强对学生综合素质的培养。传统的人才培养模式注重学生的学科专业知识，但现代社会对人才的要求更加注重学生的综合素质和能力。高校可以通过开设通识教育课程、组织社会实践等方式，培养学生的人文素养、沟通能力和团队协作能力，使他们具备更广泛的知识视野和综合素质。例如，开设人文科学、社会科学等通识教育课程，帮助学生了解社会、历史、文化等方面的知识；组织社会实践活动，让学生参与社区服务、公益活动等，培养他们的社会责任感和团队合作能力。

第三，高校还可以与企业、行业建立紧密的合作关系，提供实习、就业机会，让学生在实际工作中锻炼和应用所学知识，增强他们的实践能力和职业素养。这种产学合作可以帮助学生更好地适应职场需求，提高就业竞争力。

（三）社会需求变化对高校实践育人的挑战

随着社会发展和经济进步，社会对高校实践育人的需求也在发生变化。这种变化给高校带来了一系列挑战，需要适应并应对。

第一，社会经济的快速发展导致各行各业对人才的需求也在不断变化。高校需要与社会各界保持密切联系，了解不同行业和领域的发展趋势和人才需求。通过与企业、行业协会等实践主体的合作，高校可以获取最新的行业信息和专业要求，及时调整专业设置和教学内容，以培养更符合社会需求的人才。例如，高校可以邀请行业专家参与课程设计，组织企业实地考察和交流活动，使学生与实际工作环境接轨，并了解行业的最新发展动态。

第二，社会对人才的要求越来越多样化和综合性。传统的教学模式注重理论知识的灌输和考试评价，而现代社会更加注重学生的实践能力、创新能力和综合素质。高校需要加强实践教学，提供更多的实践机会和项目实训，使学生能够将所学知识运用到实际工作中，并培养他们的创新意识和实际操作能力。例如，在课程设置上增加实践环节，引入案例分析、实验研究和项目实施等教学方法，让学生参与实际问题解决和创新实践，培养他们的动手能力和创新思维。

第三，社会对人才的综合素质要求也越来越高。除了专业知识，高校还需要注重培养学生的人文素养、沟通能力、团队协作能力和跨文化交流能力等综合素质。为此，高校可以开设通识教育课程，涵盖人文科学、社会科学、艺术和体育等领域，拓宽学生的知识视野，提升综合素质。同时，高校应组织社会实践活动和团队项目，培养学生的实际应用能力和团队合作精神。高校还可以提供国际交流与合作机会，帮助学生增强跨文化交流和国际竞争能力。

第二章　新时代高校实践育人概述

第一节　新时代高校实践育人的内涵

一、新时代高校实践育人的概念

新时代高校实践育人是指在新时代背景下，通过组织和开展一系列实践活动，以培养学生的实践能力、创新精神、团队合作意识和社会责任感为核心目标，促进学生全面发展和适应社会发展需求的育人过程。

新时代高校实践育人强调将学生置于实践环境中，让他们通过亲身参与实践活动来获取知识、锻炼能力，并在实践中形成正确的人生观、价值观和世界观。这些实践活动包括但不限于社会实践、科研项目、创新创业、志愿服务、实习实训等。

新时代高校实践育人注重以下方面。

（1）实践能力培养：通过实践活动，培养学生的实际操作能力、解决问题的能力和创新思维，使他们能够将所学理论知识与实践技能相结合。

（2）创新精神培养：鼓励学生勇于尝试新思路、新方法，培养创新意识和创业精神，激发学生的创造力和创新能力。

（3）团队合作意识：通过团队项目、社会实践等活动，培养学生的团队合作和协作能力，让他们在集体中发挥自己的优势，共同完成任务和达成目标。

（4）社会责任感培养：通过参与社会实践、志愿者服务等活动，培养学生的社会责任感和公民意识，使他们关注社会问题、关心弱势群体，并主动为社会发展做出贡献。

（5）跨学科交叉融合：鼓励学生跨学科学习，参与跨学科的实践活动，促进不同学科之间的交流与融合，培养学生的综合素质和解决复杂问题的能力。

二、新时代高校实践育人的理论基础

(一)问题导向理论

问题导向理论是新时代高校实践育人的重要理论基础之一。该理论强调实践活动应以解决实际问题为导向,促使学生通过实践去发现、探索和分析问题,并提出创新的解决方案。

在问题导向理论中,实践活动被看作是学习的有效途径和手段,通过面对和解决实际问题,学生能够深入了解问题的背景和本质,锻炼问题分析和解决的能力,培养创新思维和创造力。

问题导向的实践活动通常具有以下特点:

第一,实际问题:实践活动围绕具体的实际问题展开,这些问题可以是社会、经济、科技等领域的现实问题,也可以是学科领域内的理论和应用问题。

第二,探索性学习:学生通过实践活动进行探索性学习,积极主动地寻找问题的解决方案,通过实践中的观察、实验、调研等方法来获取知识和经验。

第三,创新解决方案:问题导向的实践活动鼓励学生提出创新的解决方案,培养他们的创新思维和创造力。学生可以通过整合不同领域的知识和方法,提出新颖的解决方案。

(二)经验学习理论

经验学习理论强调通过实践经验的积累和反思,促进学生的个人成长和专业发展。

根据经验学习理论,学生通过亲身参与实践活动,从实践中获取具体的经验,并通过反思来加深对知识的理解和运用。这种经验学习是一种主动的、个体化的学习方式,能够更有效地激发学生的学习兴趣和动力。

在实践活动中,学生可以通过以下方式进行经验学习。

(1)亲身体验:学生通过实际参与实践活动,亲自感受和体验实践过程中的各种情境和挑战,从而获得直接的经验。

(2)反思总结:学生在实践活动结束后,对所经历的内容进行反思和总结,分析自己在实践中的表现、遇到的问题以及取得的成果,从中提取出有价值的经验和教训。

（3）知识应用：学生将通过实践获得的经验与所学的理论知识相结合，掌握并应用于实际问题的解决中，从而加深对知识的理解和运用能力。

（三）社会构建主义理论

社会构建主义理论认为学生的知识和能力是在社会实践中共同构建的，注重学生与他人的互动与合作，通过社会实践培养学生的社会责任感和团队合作意识。

根据社会构建主义理论，学生的学习和发展是通过与他人的互动与合作来实现的。社会实践活动提供了一个学生与社会、与他人进行交流、合作和共同建构知识结构的平台。通过参与社会实践，学生能够体验和理解不同社会环境和文化背景，增强社会责任感和公民意识。

在社会构建主义理论的指导下，实践活动通常具有以下特点。

（1）互动与合作：学生在实践活动中与他人进行互动与合作，共同探讨问题、分享经验和解决方案，通过集体智慧来促进个人和团队的发展。

（2）社会责任感培养：通过参与社会实践，学生能够关注社会问题、了解社会需求，并积极参与社会事务，培养社会责任感和公民意识。

（3）团队合作意识：社会实践活动强调团队合作，学生需要在团队中发挥自己的优势，倾听他人的意见，共同完成任务和达成目标。

三、新时代高校实践育人的基本要求

（一）遵循育人规律，把握学生特点

育人首先要把握学生的特点，不同时段、不同群体、不同诉求的学生的发展需要不同，教育遵循的规律也不同。我们要遵循学生成长规律，使实践育人的内容、载体、形式更容易为学生所感知、所认同、所接受，学生才能积极主动地参与，因此实践育人要做到因事而化，因时而进，因势而新。这样才能在育人实效性上不断提升。

（二）培养社会责任感

通过参与社会实践、志愿服务等活动，培养学生的社会责任感和公民意识，使他们关注社会问题、关心弱势群体，并主动为社会发展做出贡献。

（1）参与社会实践：学生可以参与到社区服务、环境保护、扶贫帮困等实践活动中，亲身体验社会问题并积极探索解决方案。这些经历可以提高他们的社会意识和责任感。

（2）志愿服务：学生可以参与志愿者组织或学校举办的志愿活动，为弱势群体提供支持和帮助。通过与受助者的接触，学生能够更深入地了解社会问题，从而更加关心和尊重他人。

（3）社会调研：学生可以选择一个特定的社会问题进行调研，并撰写报告或展示。这样的活动可以激发学生对社会问题的思考和研究，提高他们的分析和解决问题的能力。

（4）讲座和沙龙：学校可以邀请专家学者、社会活动家等来校开展讲座和沙龙活动，向学生介绍社会问题和面临的挑战。通过交流，可以帮助学生拓宽视野，激发他们的思考和行动。

（5）社会责任感教育课程：学校可以设置社会责任感教育课程，通过学习相关知识和案例，培养学生的社会意识、公民意识和责任感。这些课程可以涵盖社会伦理、公益事业、可持续发展等内容。

（三）培养实践能力

实践能力培养是新时代高校实践育人的目标之一。通过实践活动，学生可以获得更多的实际操作经验，提升解决问题的能力，提高创新思维和实践动力，并能够将所学的理论知识与实践技能相结合。

第一，通过参与实践活动，为学生提供实际操作的机会，让他们亲自动手进行实践，从中获得宝贵的实际操作经验。无论是在实验室里进行实验操作，还是在社会实践中应用所学知识，这些实践经验都能够锻炼学生的实际操作能力，提高他们的技能水平。

第二，通过实践活动帮助学生提升面对和解决各种问题的能力。学生面临现实中的挑战和问题，需要运用所学知识和技能进行分析和解决。在这个过程中，学生不仅能够提升解决问题的能力，还能培养批判性思维和创新思维，寻找创新的解决方案。

第三，通过实践活动激发学生的实践动力和积极性。在参与实践活动过程中，学生能够体验到实践的乐趣和意义，感受到实践对个人成长和社会发展的重要性。这种实践动力将激发学生不断学习、不断尝试的积极态度，促使他们持续进行实践探索和创新实践。

（四）培养创新精神

在培养学生的创新精神方面，应当鼓励他们勇于尝试新思路和新方法。创新是推动社会进步的重要驱动力，而学生作为未来社会的中坚力量，必须具备创新意识和创新精神。

第一，我们可以通过开设创新课程和组织创新活动来激发学生的创造力和创新能力。这些课程和活动可以涵盖不同领域的知识和技能，例如科学、技术、艺术等。通过实践和探索，学生可以自主地思考问题，提出解决方案，并付诸行动。这样的学习环境能够培养学生的创新思维和实践能力，让他们从小就具备解决问题的意识。

第二，可以邀请成功的创业者或创新者来校园分享他们的经验和故事。这样的经历可以激发学生对创新的热情，并且让他们了解到创新并非只存在于理论上，而是需要实践和坚持。通过与成功人士的交流和互动，学生可以获得启发和指导，更加深入地了解创新的价值和意义。

第三，可以鼓励学生参加创新竞赛或创业项目。这样的活动提供了一个展示自己创新能力的平台，并且可以锻炼学生的团队合作和解决问题的能力。同时，参与这些活动也能让学生体验到创新的过程和挑战，从而更加深入地理解创新的本质。

（五）培养团队合作意识

团队合作意识对于学生的发展和成功起着至关重要的作用。通过团队项目、社会实践等活动，学生能够接触到真实的团队工作环境，培养并提升他们的团队合作和协作能力。

第一，团队合作可以帮助学生学会倾听和尊重他人的意见。在一个团队中，每个成员都有自己独特的观点和想法。通过团队合作，学生需要学会倾听他人的意见，并且尊重不同的观点。这种倾听和尊重的能力对于解决问题和达成共识非常重要，也是学生日后职业生涯中所必需的。

第二，团队合作还可以培养学生的沟通和协调能力。在团队中，成员之间需要相互交流和协调，以便更好地完成任务和达成目标。通过与团队成员的互动，学生可以学会有效地沟通和表达自己的想法，同时也能够学会倾听和理解他人的需求。这种沟通和协调的能力在学生日后的工作中将会发挥重要作用。

第三，团队合作可以培养学生的领导和组织能力。在一个团队中，学生有机会扮演不同的角色，包括领导者和组织者。通过团队合作，学生可以学会带领团队并有效地分配任务和资源，同时也能够学会协调团队成员的工作，以便更好地完成团队的目标。

（六）拓展跨学科交叉融合内容

跨学科交叉融合是一种教育模式，鼓励学生在学习过程中涉足多个学科领域，并参与到跨学科的实践活动中。这种模式旨在促进不同学科之间的交流与融合，培养学生的综合素质和解决复杂问题的能力。

跨学科学习可以帮助学生打破学科边界，拓宽知识面，并培养综合思维能力。通过学习不同学科的知识和方法，学生能够更好地理解和应用知识，从而提高解决问题的能力。

参与跨学科的实践活动可以让学生将所学知识应用到实际情境中，培养实践能力和团队合作精神。在这些实践活动中，学生可能需要结合多个学科的知识和技能来解决复杂问题，这对他们的创新思维和问题解决能力提出了更高的要求。

跨学科交叉融合还可以促进不同学科之间的交流与合作。通过与其他学科的学生和教师互动，学生可以了解不同学科的观点和方法，拓宽自己的视野。这种交流与合作有助于培养学生的团队合作能力和跨学科思维能力，使他们更好地适应日后的工作和生活。

为了鼓励学生跨学科学习和参与跨学科实践活动，学校可以提供相关课程和项目，并建立跨学科团队和研究中心。此外，教师也应该在教学中注重跨学科的融合，引导学生将不同学科的知识和方法相互关联起来，培养他们的综合素质和解决复杂问题的能力。

四、新时代高校实践育人的特点

实践育人通过实践类课程、实践活动来培养学生的综合素质和能力，使其在实践中获得知识、技能的提升。这一理念强调了学生在实际操作和实践中的学习与成长，而不仅仅是理论知识的传授。

实践育人的核心理念是将学生置于真实的社会环境中，让他们亲身参与，认真感受，积极探索和实践，从中获取经验、知识和技能。通过实践活动，学生能够巩固并应用所学的理论知识，培养分析问题、解决问题的能力，并在实践体验中增强社会责任感，培养担当精神。

实践育人是教育改革的重要内容之一，它与传统的以教师为中心的教育模式有所不同。传统课堂教育模式注重知识的讲授，而实践育人更加注重学生学以致用，锻炼实际操作能力，积累实践经验，使学生从被动的接受者转变为主动的参与者，通过实践来深化对知识的理解和应用。

实践育人的目标是培养具有创新能力、实践能力和社会责任感的综合型人才。通过实践活动，学生能够积极参与团队合作，锻炼解决实际问题的能力，培养创新思维和实践能力。实践育人还能够帮助学生更好地了解社会、认识自我，提高他们的社会适应能力和职业发展竞争力。

实践育人的重要性不仅体现在培养学生个人能力方面，也体现在满足社会需求和推动教育改革方面。随着社会的快速发展和科技的不断进步，对人才培养也提出了更高的要求。他们不仅需要掌握扎实的理论知识，还要不断提升创新能力和实践应用能力，要有较高的综合素质，有理想、敢担当、能吃苦、肯奋斗，这样才能更好地为中国现代化建设做出贡献。

（一）面向综合能力培养的特点

1.综合素质培养

高校实践育人注重培养学生的全面素质，涵盖了知识、技能、思想品质、创新能力和团队合作能力等方面。通过实践活动，学生能够在实际操作中应用并巩固所学的理论知识，提高解决问题的能力，培养创新思维和实践能力。

第一，实践育人通过将学生置于真实的社会环境中，让他们亲身参与实践活动。这种实践经验能够帮助学生巩固并应用所学的理论知识，从而加深对知识的理解和掌握。例如，在科学实验中，学生通过亲自进行实验操作，可以更好地理解科学原理，并将其应用于解决实际问题。

第二，实践育人强调学生的技能培养。通过实践活动，学生能够锻炼各种实践技能，如实验技能、实际操作技能、研究方法和数据分析技能等。这些技能的培养使得学生能够更好地适应未来工作和生活的需求，并具备解决实际问题的能力。

第三，实践育人还注重培养学生的思维品质和创新能力。实践活动通过激发学生的创造力和创新意识，促使他们提出新的观点、方法和解决方案。在实践中，学生面临各种挑战和问题，需要运用批判性思维、逻辑思维等思维品质来分析和解决问题。这些思维品质的培养不仅提高了学生的学术能力，也为他们未来的职业发展和社会参与打下基础。

第四，实践育人强调团队合作能力的培养。在实践活动中，学生通常需要与他人合作，共同完成任务和解决问题。通过与他人合作，学生学会有效沟通、倾听他人意见、协调分工和处理冲突等团队合作技能。这种团队合作能力的培养不仅能够提高学生的综合素质，也有助于他们更好地适应团队工作和社会合作的环境。

2.跨学科融合

跨学科融合是实践育人的重要特点之一。实践活动鼓励学生在实践中进行跨学科的交叉学习与应用，通过综合运用不同学科的知识和技能，提升学生综合分析和解决问题的能力。

实践活动往往涉及多个学科领域的知识和技能，例如，一个社会调研项目可能需要社会学、经济学、心理学等多个学科的知识和方法来分析和解决问题。通过跨学科的融合，学生能够从不同学科的角度来审视问题，并将不同学科的知识和技能相互结合，形成更全面的思考和分析能力。

跨学科融合的实践活动能够帮助学生拓宽视野，超越单一学科的局限性。通过接触和应用多个学科的知识，学生能够了解不同学科的概念、理论和方法，丰富自己的学科知识体系。这有助于学生形成综合性的思维模式，能够从多个角度去分析和解决问题。

跨学科融合的实践活动还能够培养学生的综合分析和解决问题的能力。在实践活动中，学生需要综合运用不同学科的知识和技能，进行全面的思考和分析。通过跨学科融合，学生能够将多个学科的知识相互关联，形成系统性的思维模式，提高综合分析和解决问题的能力。

此外，跨学科融合的实践活动也有助于培养学生的创新能力。当学生能够将不同学科的知识和方法相结合，形成创新的思维和解决问题的方式时，他们往往能够产生更具创造性的想法和解决方案。跨学科融合激发了学生的创新意识和创新能力，使他们能够更好地应对复杂和多样化的问题。

3.实践与理论相结合

实践与理论相结合是教育中一种重要的教学方法和教育理念。它强调知行合一，将理论知识与实际操作有机地结合起来。这种方法可以帮助学生更好地理解和应用所学的知识，提高他们的实际应用能力。

在实践活动中，学生不仅能够应用所学的理论知识，还能够通过对实践的反思和总结来深化理论的理解。通过实践，学生可以亲身体验和探索问题，加深对理论的印象和认识。同时，实践中的反思和总结也能够帮助学生发现自己在实践中的不足和错误，进一步完善和修正自己的理论认识。

实践与理论相结合的特点使学生能够更好地将所学的知识转化为实际应用能力。通过实践，学生可以将抽象的理论知识转化为具体的操作技能，培养实际解决问题的能力。同时，通过对实践的反思和总结，学生可以更好地理解理论知识的内涵和适用范围，提高对知识的综合运用能力。

4.多样化的实践形式

实践育人注重多样化的实践形式，以满足学生的不同层次和需求，为其提供更广泛的实践机会和平台。这些实践形式包括实习、实训、社会实践和科研实践等。

实习是一种常见的实践形式，通过在企事业单位或组织中进行一定时间的工作实践，学生能够将课堂上学到的理论知识应用到实际工作中，并获得相关工作经验。实习不仅有助于学生了解真实工作环境和行业要求，还能培养他们的职业素养和社交能力。

实训则是通过模拟实际工作环境和情景,进行一系列有针对性的训练活动。例如,工程类专业的学生可以进行实际操作的实训,提升自身的技术能力和实践动手能力。实训能够加深学生对专业知识的理解和掌握,同时也能培养他们的团队合作意识和问题解决能力。

社会实践是学生主动参与社会公益活动、社区服务等实践活动的形式。通过社会实践,学生能够增强社会责任感、团队合作能力,同时也能够了解社会问题和发展趋势。社会实践不仅提供了机会让学生服务社会、回馈社区,还能培养他们的领导才能和社交技巧。

科研实践是学生在导师的指导下,参与科学研究项目或课题研究的过程。通过科研实践,学生能够培养创新思维和科学研究能力,掌握科学方法和实验技巧。科研实践不仅能够提高学生的问题分析和解决能力,还有助于他们深入了解所学专业的前沿知识和发展动态。

这些多样化的实践形式为学生提供了广泛的实践机会和平台,使他们能够全面发展并更好地适应未来工作和社会的需求。通过参与不同形式的实践活动,学生能够结合自身特长和兴趣,培养各方面的能力,并拓宽自己的视野和人际网络。因此,实践育人注重多样化的实践形式,以满足学生的个性化发展需求。

5.长期性与系统性

实践育人是一个长期而系统的过程,它要求高校建立完善的实践教学体系,并将实践活动融入课程设置和教学计划中。通过连续的实践活动,学生能够逐步积累实践经验,不断提升自身的能力和素质。

第一,高校需要在课程设置上注重实践的安排。实践活动应与理论课程相结合,形成理论与实践相互渗透、相互促进的教学模式。例如,在工程类专业中,可以设置实验课程来让学生亲自操作和实践所学知识,以加深他们对理论的理解和掌握。此外,还可以开设案例分析课程或项目研究课程,让学生参与真实的案例或项目实践,锻炼他们的问题解决能力和团队合作能力。

第二,高校应该提供多样化的实践机会和平台,确保学生能够参与到实践活动中。这包括与企事业单位合作开展实习项目,与社区组织开展社会实践活动,以及与科研机构合作进行科研实践等。学校可以与外部合作伙伴建立紧密的联系，提供实践岗位和项目，让学生能够在真实场景中应用所学知识，提升实践能力。

第三，高校还应该加强对实践活动的指导和评估。教师和导师在实践过程中扮演着重要角色，他们需要引导学生制订实践计划、指导实践操作，并及时给予反馈和评价。通过评估实践活动的成果和效果，高校能够了解学生的实践表现，为其提供进一步的指导和支持。

（二）强调知行合一的特点

1.理论指导实践

高校实践育人注重理论知识对实践的指导作用，这是实践教育的基本原则之一。学生在实践活动中能够运用所学的理论知识，通过理论指导实践，提高问题解决的效果和质量。

第一，理论知识为实践提供了坚实的基础。学生通过在课堂上学习各种学科的理论知识，掌握了相关的概念、原理和方法。这些理论知识可以被运用于实践活动中，帮助学生更好地理解和分析实际问题，并找到解决问题的途径。

第二，理论指导实践可以提高问题解决的效果和质量。当学生在实践过程中遇到问题时，他们可以回顾并运用所学的理论知识，进行问题的分析和解决。理论知识能够帮助学生更全面地把握问题的本质和关键因素，从而制订出更有效的解决方案。此外，理论知识还可以引导学生在实践中注意细节、避免错误，并确保实践活动的顺利进行和成果的达成。

第三，理论指导实践也有助于学生的专业发展和能力提升。通过将理论知识运用于实践中，学生能够加深对所学专业的理解和掌握，培养扎实的专业素养。同时，他们也能够不断积累实践经验，提升问题解决能力、创新思维和团队合作能力。

2.实践反馈理论

实践育人强调实践经验对理论的反馈作用，这是一个重要的教学原则。通过实践活动，学生能够亲身参与并获得实践经验，而实践的反思和总结则可以深化他们对理论的理解和应用。

第一，实践经验为学生提供了直接的感知和体验。在实践活动中，学生能够亲自参与具体的工作任务、项目或实验，与现实情境进行交互。这种亲身经历可以让学生更加深刻地感受到理论知识在实践中的应用和作用，加深他们对理论的认识和理解。

第二，实践的反思和总结是将实践经验转化为理论知识的重要环节。学生通过对实践活动的反思，回顾和分析所经历的实践过程、遇到的问题和取得的成果。这样的反思过程可以帮助学生从实践中提取出关键经验和教训，并将其与相应的理论知识进行对照和补充。通过总结实践经验，学生能够加深对理论知识的理解和应用，形成更加系统和完整的知识结构。

第三，实践经验的反馈还可以促进学生的自主学习和发展。通过对实践活动的反思和总结，学生不仅能够更好地理解和应用理论知识，还能够发现自己在实践中的不足和需要提升的方面。这样的反馈机制激励学生主动进行自我评估和学习调整，促使他们在实践中不断成长和发展。

3.知识与技能的统一

实践育人将知识和技能的培养相结合，是一种综合性的教育方法。它强调通过实际操作来提升学生的实践能力，并将理论知识应用到解决问题之中。

在传统的教育模式中，重点常常放在了知识的传授上，学生只需掌握理论知识即可。然而，在现实生活中，仅仅掌握理论知识是远远不够的。实践育人的方法认为，知识和技能应该相辅相成，通过实践活动来培养学生的实际操作能力。

通过实践活动，学生可以将所学的理论知识运用到实际中去。这样一来，他们就能更好地理解和掌握知识，并将其转化为实践技能。实践活动还能帮助学生培养解决问题的能力和创新思维，让他们具备更好的适应社会发展变化的能力。

知识和技能的统一使学生能够更好地应对实际问题和挑战。他们不仅了解问题的本质，还具备解决问题的实际能力。在工作和生活中，他们能够更加灵活地运用所学的知识和技能，提供创新的解决方案，并实现个人和社会的发展。

4.培养创新能力

实践育人注重培养学生的创新能力，这是因为在现代社会中，创新能力已经成为一种非常重要的竞争力。实践活动为学生提供了一个锻炼创新能力的平台。

通过实践活动，学生可以接触到真实的问题和挑战，需要运用所学的知识和技能来解决。在这个过程中，他们需要发挥创新思维，提出新颖的观点和解决方案。实践活动还可以激发学生的创造力，让他们能够从不同角度思考问题，并找到独特的解决方案。

同时，实践活动也提供了一个实践能力的培养机会。通过实际操作，学生可以将理论知识转化为实际技能，不断改进和完善自己的实践能力。这样一来，他们能够更加灵活地应对各种实际情况，并提出创新的解决方案。

培养创新能力有助于学生在未来的发展中具备竞争优势。现代社会对创新的需求越来越大，只有具备创新能力的人才才能在激烈的竞争中脱颖而出。实践育人通过培养学生的创新能力，为他们的未来发展提供了有力的支持。

（三）以学生为主体的特点

1.学生参与决策

高校实践育人鼓励学生在实践活动中参与决策过程。这意味着学生不再是被动接受实践安排，而是有权利和机会选择合适的实践项目，并参与到项目的设计和组织中去。通过参与决策，学生能够更好地满足自身兴趣和需求，增强主动性和责任感。

学生参与决策的过程中，他们需要积极思考并提出自己的观点和建议。这种参与能够培养学生的判断力、决策能力和领导能力，使他们成为具有独立思考和自主决策能力的个体。

2.自主学习

实践育人注重培养学生的自主学习能力。在实践活动中，学生需要独立思考和自主学习，通过主动探究来解决问题和提升能力。他们需要从实践中获取经验，总结规律，不断反思和调整自己的学习方法和策略。

自主学习能力的培养使学生能够更好地适应快速变化的社会环境和知识更新的需求。他们能够主动寻找学习资源，灵活运用学习方法，持续不断地学习和成长。

3.团队合作

实践育人强调学生的团队合作能力。实践活动往往需要学生与他人进行合作，共同完成任务和解决问题。在团队合作中，学生需要有效沟通、协调分工、互相支持和分享资源。

通过团队合作，能够培养学生良好的合作意识和团队精神，提高他们解决复杂问题的能力。他们能够理解和尊重他人的观点，发挥自己的优势，与他人协同工作，共同取得成功。

4.反思与总结

高校实践育人鼓励学生进行反思和总结。学生通过实践活动后的反思和总结，能够深化对自身经验和知识的理解，进一步提升能力。

通过反思，学生能够审视自己在实践中的行为和表现，从中发现问题并找到改进的方法。通过总结，学生能够将实践经验转化为知识和智慧，形成系统性的思维和方法。这样一来，学生能够在未来的实践中更加高效地运用所学，取得更好的成果。

（四）促进创新创业的特点

1.创新思维培养

实践育人注重培养学生的创新思维。通过实践活动，学生能够锻炼创新思维，提出创新的解决方案，并在实践中实现创新。

创新思维培养是高校实践育人的重要目标之一。实践活动为学生提供了一个真实的环境，让他们能够面对实际问题和挑战，激发创新思维。学生需要从不同角度思考问题，勇于尝试新的想法和方法，寻找独特的解决方案。通过实践活动，学生能够深化对创新过程的理解，并逐渐培养出创新思维的能力。

2.创业机会提供

高校实践育人为学生提供了创业的机会和平台。学生可以通过实践活动来发现创业机会、积累创业经验，并得到相关支持和指导。

实践活动往往与产业界密切联系，学生有机会接触到各种创业机会。他们可以通过实践活动了解市场需求和行业趋势，发现潜在的商业机会。高校还提供创业支持服务，为学生提供创业指导、资源整合和资金支持等，帮助他们将创新的想法转化为切实可行的创业项目。

3.实践与产业对接

实践育人强调实践与产业的对接。学生通过实践活动与实际产业进行联系与合作，更好地了解产业需求和市场动态，为创新创业提供有力支持。

实践活动往往与实际产业紧密结合，学生有机会与企业、行业专家等进行合作，了解实际产业的运作和发展。通过与产业界的对接，学生能够更准确地把握市场需求，了解行业前沿动态，从而为创新创业提供有针对性的解决方案和支持。

4.创新创业教育

实践育人将创新创业教育融入实践活动中。学生在实践活动中不仅能够获得创新创业所需的知识和技能，还能够体验创新创业的过程和挑战，提升创新创业意识和能力。

高校通过实践活动开展创新创业教育，为学生提供相关的培训和指导。学生能够学习创新创业的理论知识，掌握市场分析、商业模式设计等实践技能。同时，他们还能够参与创新创业项目，亲身体验创业的过程，并从中汲取经验和教训。这样的教育模式能够帮助学生全面了解创新创业领域，提升创新创业的意识和能力。

第二节　新时代高校实践育人的目标及原则

一、新时代高校实践育人的目标

在新时代，高校实践育人的目标是培养具有创新精神、实践能力和社会责任感的全面发展的人才。通过实践活动，学生可以将所学知识应用于实际问题解决中，培养解决问题的能力和创新思维，同时增强他们的实践能力和团队合作能力。高校实践育人还旨在培养学生的爱国主义情怀，提高社会责任感和公民意识，使他们成为具有社会担当和国家发展需要的优秀人才。

二、新时代高校实践育人的原则

（一）贴近实际

通过将实践与社会实际紧密结合，学生能够面对真实的问题和挑战，从而培养解决问题的能力。在实践活动中，学生需要运用所学知识和技能，分析问题、制订解决方案，并在实际操作中加以实施和改进。这种实践过程可以让学生感受到问题的复杂性和变化性，培养他们的适应能力和创新思维。同时，实践活动也为学生提供了与真实社会互动的机会，使他们更好地了解社会需求，培养社会责任感和担当精神。因此，贴近实际是实践育人的关键原则之一，有助于学生全面发展和成长为具有实践能力和创新精神的优秀人才。

（二）多元化

多元化是高校实践育人的另一个重要原则。实践育人应该涵盖多种形式和领域的实践活动，以满足学生个性化发展需求。这些形式和领域包括但不限于社会实践、科研实践、创新创业实践等。

社会实践可以让学生深入社会，了解社会现实、社会问题，提高他们的社会责任感和公民意识。科研实践能够培养学生的科学研究能力和创新精神，使他们掌握科学方法和研究技巧。创新创业实践可以激发学生的创造力和创业精神，培养他们的创新思维和实际操作能力。

通过开展多样化的实践活动，学生可以选择适合自己兴趣和专业方向的实践项目，实现个性化发展。同时，多元化的实践活动也能够提供不同层次、不同类型的机会，满足学生在知识、技能和经验方面的需求，丰富他们的学习体验，培养全面发展的人才。

（三）整体推进

实践育人需要全校各级组织的支持和协调，要形成全员参与、全过程管理的工作机制。整体推进是高校实践育人的重要原则之一。

第一，实践育人需要全校各级组织的支持和协调。学校领导要高度重视实践育人工作，在政策制定和资源配置上给予支持。各级教务部门、学院、社团组织等也应积极参与，共同制订实践育人的规划和方案，并提供必要的指导和服务。

第二，实践育人要形成全员参与的工作机制。不仅教师和学生参与实践活动，还应鼓励行政人员、校友和企业等各方面力量的参与。通过建立实践育人的志愿者团队或专门的实践育人机构，调动更多人力资源和智力支持，丰富实践育人的内容和形式。

第三，实践育人需要全过程管理。这包括从实践项目的策划、组织到实施和评估的全方位管理。学校可以建立健全的实践育人管理体系，明确责任分工，确保实践活动的顺利进行。同时，还应制定相应的评估机制，对学生的实践成果和能力进行评价，以促进实践育人工作质量的提升。

（四）导师指导

导师指导是高校实践育人的重要原则之一。在实践活动中，加强对学生的指导和引导，为他们提供专业知识和技能的培训，有助于他们更好地应用所学知识，提升实践能力，并规划自己的职业发展路径。

第一，导师指导可以提供学生在实践活动中的专业知识和技能培训。导师作为经验丰富的专家，能够传授实践所需的理论知识和实际操作技巧。他们可以指导学生如何运用所学知识解决实际问题，如何进行科学研究或创新创业等。通过与导师的互动交流，学生能够更深入地理解专业领域的实践要求和发展趋势。

第二，导师指导可以帮助学生规划职业发展路径。导师可以了解学生的兴趣、能力和目标，为他们提供个性化的职业指导和建议。他们可以分享自己的职业经验和行业见解，帮助学生认清自己的优势和不足，为未来的就业或创业方向做出明智的决策。导师还可以推荐学生参与实践项目，拓宽他们的实践经验和人脉资源，为他们的职业发展打下坚实基础。

（五）评价认可

（1）多元化评价方式：评价不应仅仅依靠单一的考试或笔试形式，而应采用多元化的评价方式。比如，可以通过实际操作、实验报告、项目展示等方式来评价学生在实践中的表现。

（2）针对性评价标准：评价标准应该与实践活动的目标和要求相匹配。这样可以确保评价的公正性和客观性，并能够更好地引导学生在实践中的学习和成长。

（3）及时反馈和指导：评价不仅仅是对学生的结果进行评判，还应该及时给予学生反馈和指导。通过及时的反馈，学生可以了解自己在实践中的不足之处，并有机会改进和提升。

（4）综合评价体系：实践成果应该纳入学校的综合评价体系中。这样可以更全面地了解学生的能力和潜力，为学生提供更好的发展机会。

第三节　新时代高校实践育人的方法途径

一、课程设置与实践结合

（一）设置实践性强的专业课程或实验课程

1.理论教学与实践相结合的重要性

（1）培养实践能力：实践是培养学生实际动手能力和解决问题能力的有效途径。通过将理论知识应用于实际情境中，学生可以更好地理解和掌握所学知识，并能够在实践中加以运用和拓展。

（2）增强综合素质：实践性强的专业课程或实验课程不仅注重学生的专业知识，还涉及学生的实践技能、创新思维和团队合作等综合素质的培养。这有助于提升学生的综合能力，使其在实际工作中更具竞争力。

（3）激发学习兴趣：通过实践性强的课程设计，能够激发学生的学习兴趣和主动性。学生在实践中能够亲身感受到知识的实际应用和意义，从而更加积极主动地学习和探索。

（4）促进创新思维：实践性强的课程可以培养学生的创新思维。在实践中，学生面临各种问题和挑战，需要运用创新的思维方式来解决。通过实践性强的课程设计，可以激发学生的创新意识和能力。

2.设计实践性强的专业课程或实验课程的方法

（1）引入案例教学：将实践案例纳入课程中进行讲解和分析。通过真实案例的引入，可以帮助学生将所学理论知识与实际情境相结合，培养他们的实践思维能力和创新意识。

（2）提供实践机会：为学生提供实践机会，让他们亲身参与实践活动。可以组织实地考察、实习实训或参与真实项目等形式，使学生能够在实践中应用所学知识，提升实践能力。

（3）鼓励自主探究：给予学生自主探究的空间和机会。设计开放性的实践任务，鼓励学生主动思考、探索和解决问题。通过自主探究，培养学生的创新能力和实践能力。

（4）加强实践指导：为学生提供充分的实践指导和支持。可以设置专门的实践教师团队或导师制度，为学生提供个性化的实践指导和辅导，帮助他们克服实践中的困难和挑战。

（二）将实践案例纳入理论课程中进行讲解和分析

1.理论知识与实际情境相结合的优势

（1）联系实际应用：实践案例能够将抽象的理论知识与具体的实际情境联系起来，使学生更好地理解和应用所学的理论。通过实际案例，学生能够深入了解理论知识在实际应用中的价值和意义。

（2）激发学习兴趣：实践案例往往具有一定的故事性和引人入胜的特点，能够激发学生的学习兴趣。学生在讲解和分析实践案例的过程中，会更加主动积极地参与学习，增强对理论知识的吸收和理解。

（3）培养实践思维能力：通过实践案例的讲解和分析，可以培养学生实践思维能力。他们需要将理论知识与实际情境相结合，分析问题、解决问题，并形成自己的思考和观点。这有助于培养学生的实践能力和创新意识。

（4）提升综合素质：实践案例往往涉及多个领域的知识和技能，通过讲解和分析实践案例，可以综合运用不同学科的理论知识，提升学生的综合素质。同时，实践案例还涉及沟通、团队合作、决策等能力的培养。

2.有效地引入实践案例并进行讲解和分析

（1）选择具有代表性的案例：选择与所学理论知识密切相关、具有一定代表性的实践案例。这样可以使学生更好地理解理论知识在实际应用中的应用方式和效果。

（2）设计问题导向的学习活动：通过设计问题导向的学习活动，引导学生主动思考和分析实践案例。可以提出开放性的问题，让学生通过分析实践案例来解答，并促进他们的思考和讨论。

（3）引导学生进行比较和评价：在讲解和分析实践案例的过程中，引导学生进行案例之间的比较和评价。可以提出不同案例的优缺点、成功与失败等方面的问题，让学生进行深入思考和分析。

（4）借助多媒体和互动工具：在讲解和分析实践案例时，可以借助多媒体和互动工具，如图片、视频、模拟实验等，使学生更加直观地了解实践案例，并参与到案例的分析和讨论中。

二、实践项目与社会合作

（一）与企业、政府部门或社会组织建立合作关系

1.合作关系对高校实践育人的意义

（1）实践机会与资源丰富：与外部合作伙伴建立合作关系，可以为学生提供更多的实践机会和资源支持。通过与实践场所、企业或社会组织合作，学生能够接触到真实的工作环境和项目，深入了解行业发展趋势，并学习解决问题的方法和技巧。

（2）职业素养与实践能力培养：与实践合作伙伴合作可以帮助学生培养职业素养和实践能力。学生可以通过参与实践项目，锻炼自己的组织能力、沟通能力和团队合作精神，提高自身解决问题的能力和应变能力。

（3）就业与创业机会增加：与企业或社会组织合作还可以为学生提供实习、就业和创业的机会。合作伙伴可以提供实践项目、岗位招聘和创业资源等，帮助学生更好地实现自身发展和就业创业目标。

（4）实际问题解决与社会影响力：通过与政府部门或社会组织的合作，学生能够参与到解决实际问题和推动社会进步的过程中。他们可以运用所学知识和技能，为社会做贡献，并产生积极的社会影响力。

2.建立合作关系的途径和方法

（1）校企合作：高校可以与相关企业建立战略合作关系，共同开展实践项

目、科研合作和人才培养等方面的合作。通过与企业的合作，学生可以接触到真实的工作环境和项目，了解企业的需求，提高就业竞争力。

（2）政府支持：高校可以与政府部门进行合作，共同推动社会发展和服务地方经济。政府可以提供项目资助、政策支持和人才培养等方面的支持，促进高校与社会的深度合作。

（3）社会组织合作：高校可以与社会组织建立合作关系，共同开展实践项目和社会服务活动。社会组织可以提供丰富的实践资源和社会网络，为学生提供实践机会和发展平台。

（4）学生参与：学生个体也可以积极主动地参与与企业、政府部门或社会组织的合作。他们可以通过实习、兼职或志愿服务等方式，积累实践经验、拓宽人脉圈，并为将来的就业和创业做好准备。

（二）学生参与真实的项目实施，了解行业发展趋势

1.学生参与项目实施的价值和意义

（1）实践经验积累：通过参与真实的项目实施，学生能够积累宝贵的实践经验。在项目中，他们将面临真实的问题和挑战，需要运用所学知识和技能解决问题，从而提升自身的实践能力和解决问题的能力。

（2）行业洞察与发展趋势了解：参与真实的项目实施可以让学生更好地了解所在行业的发展趋势和最新动态。他们能够接触到实际项目，并与行业专业人士进行交流和合作，深入了解行业内部运作和未来发展方向。

（3）职业素养培养：通过参与项目实施，学生能够培养职业素养，如沟通能力、团队合作能力、问题解决能力等。在项目中，学生需要与团队成员、合作伙伴和客户进行有效的沟通与协调，提高自己的职业素养水平。

（4）就业竞争力提升：具备真实项目经验的学生在就业市场上更具竞争力。雇主更倾向于招聘那些具备实践能力和项目经验的毕业生，他们可以快速适应工作环境，并为企业带来实际价值。

2.组织学生参与实际项目实践

（1）寻找合适的项目机会：与企业、政府部门或社会组织建立合作关系，寻找与所学专业相关的项目机会。可以通过与校外合作伙伴的洽谈和合作，获取项目资源，并与学生进行配对。

（2）设计明确的项目目标和任务：在项目启动前，确立明确的项目目标和任务，并将其与学生的学习目标和课程内容相结合。学生需要明确自己在项目中承担的角色和责任，并明确项目实施的时间安排和要求。

（3）提供指导和支持：为学生提供必要的指导和支持，帮助他们顺利完成项目实施。可以设置项目导师或指导教师，定期组织项目讨论和汇报会议，及时解决学生在项目实施过程中遇到的问题和困难。

（4）鼓励团队合作与交流：项目实施通常需要团队合作与协作，鼓励学生与团队成员进行积极的交流与合作。可以定期组织团队会议、讨论和反馈，促进学生之间的互动和学习。

（5）进行项目总结与评估：在项目实施结束后，对项目进行总结和评估。可以邀请项目相关方参与总结会议，回顾项目经验和教训，并对学生的表现进行评估和反馈。这有助于学生从项目中获得更多的收获和成长。

三、社会实践与志愿服务

（一）组织学生参与社会实践活动

1.社会实践对学生的影响和作用

（1）培养社会责任感：社会实践可以让学生深入社会，了解社会问题和需求，培养他们的社会责任感和公民意识。通过参与实践活动，学生能够亲身体验社会的现实，并思考如何为社会做出贡献。

（2）拓宽视野与人文关怀：社会实践提供了一个拓宽学生视野的机会。通过接触不同的社会群体和环境，学生能够更好地理解多元文化和社会问题，培养他们的人文关怀和社会服务意识。

（3）培养实践能力与综合素质：社会实践可以锻炼学生的实践能力和综合素质。在实践活动中，学生需要组织、沟通、协调和解决问题，培养他们的组织能力、团队合作精神和创新能力。

（4）提升个人发展与就业竞争力：通过社会实践，学生能够提升个人发展和就业竞争力。参与社会实践活动可以丰富他们的履历和经验，提高自身的综合素质，增加就业或升学的机会。

2.组织有效的社会实践活动

（1）确定实践目标与主题：明确社会实践活动的目标和主题，例如环境保护、教育支持、扶贫助困等。这有助于指导学生的参与和实践方向，使实践活动更具针对性和实效性。

（2）寻找合适的实践机会：与社会组织、公益机构、企业或政府部门建立合作关系，寻找合适的实践机会和项目。可以通过洽谈合作、参加社会招募活动或利用在线平台等途径获取实践机会。

（3）设计实践计划与安排：制订详细的实践计划与安排，包括实践时间、地点、内容和任务分配等。确保实践活动的顺利进行，充分利用学生的时间和资源，让他们能够有序地参与实践活动。

（4）提供指导与培训：为学生提供必要的指导和培训，帮助他们了解实践目标和任务，并掌握实践所需的知识和技能。可以组织实践前的培训和讲座，提供相关的参考资料和指南，使学生有充分的准备和支持。

（5）进行实践反思与评估：在实践活动结束后，组织学生进行实践反思与评估。可以组织集体讨论、写作报告或展示交流等形式，让学生分享自己的实践经验和感悟，从中汲取教训并改进实践活动。

（二）培养学生的社会责任感和公民意识

1.社会责任感和公民意识的重要性

（1）培养社会责任感：社会责任感是指个体对社会问题的认知和关注，并主动承担应尽的社会责任。培养学生的社会责任感有助于他们认识到自己作为社会成员的责任和义务，激发他们为社会做出贡献的积极性和主动性。

（2）培养公民意识：公民意识是指个体对国家和社会的认同、参与和责任意识。培养学生的公民意识可以使他们了解国家法律法规、政治制度和社会规范，树立正确的公民观念，积极参与社会事务，推动社会进步和公共利益的实现。

（3）促进社会和谐与稳定：社会责任感和公民意识的培养有助于促进社会的和谐与稳定。当更多的人具备社会责任感和公民意识，他们将更关注社会问题、尊重他人权益、维护社会公平正义，从而推动社会的进步和发展。

（4）增强个体自我价值：培养社会责任感和公民意识不仅有助于社会的发展，也能够提升个体的自我价值感。当个体意识到自己作为社会成员的重要性和责任，主动承担社会责任，为社会做出贡献时，能够获得满足感和成就感。

2.培养学生的社会责任感和公民意识

（1）教育引导：通过教育引导，使学生了解社会问题和现实挑战，并认识到个人在其中的作用和责任。可以通过开设相关的课程或讲座，组织社会问题研讨会等方式，加强对社会责任感和公民意识的教育。

（2）实践体验：提供学生参与社会实践和志愿服务的机会，让他们亲身体验社会问题和需求，增加对社会责任的认知和理解。实践体验可以是参与社区服务、环保活动、公益项目等，让学生亲身感受社会问题和改变的力量。

（3）课程设置：在课程中融入社会责任和公民教育的内容。可以将社会问题纳入相关课程的教学内容，让学生通过学习理论知识和案例分析，了解社会问题的成因和解决方法，并培养他们对社会责任的意识和担当。

（4）导师指导：导师在学生发展过程中起到重要的指导作用。导师可以引导学生认识社会责任和公民意识的重要性，帮助学生规划实践项目和参与志愿服务活动，提供个性化的指导和支持。

（5）校园文化建设：学校可以通过校园文化建设来弘扬社会责任感和公民意识。例如，组织社会实践周、公民教育活动、志愿者招募等，营造浓厚的社会责任氛围和塑造公民意识。

四、创新创业教育与实践平台搭建

（一）建设创新创业教育基地

1.创新创业教育基地的作用和功能

（1）提供创新创业资源：创新创业教育基地可以为学生提供丰富的创新创业资源，包括创业导师、创业资金、创业指导、市场研究等。这些资源可以帮助学生更好地了解创新创业过程和需求，为他们的创新创业项目提供支持和指导。

（2）搭建交流合作平台：创新创业教育基地可以搭建学生之间、学生与导师、学生与企业之间的交流合作平台。通过交流合作，学生可以分享经验、互相启发，形成良好的创新创业氛围，并与企业建立合作关系，获取创新创业的机会和资源。

（3）培养创新创业意识：创新创业教育基地可以通过组织创新创业比赛、讲座和培训等形式，引导学生了解创新创业的理念和方法。通过实践活动，培养学生的创新思维、市场意识、风险意识和团队合作能力。

（4）孵化创新创业项目：创新创业教育基地可以为学生提供孵化创新创业项目的平台。学生可以将自己的创新创业想法转化为具体的项目，并在基地提供的支持下进行项目的策划、实施和推广。这有助于将学生的创意转化为实际行动，培养他们的创业能力和实践经验。

2.有效建设创新创业教育基地

（1）确定基地定位与目标：明确创新创业教育基地的定位和发展目标，根据学校的特色和资源，确定基地的主要功能和服务对象。例如，面向全校学生还是特定专业学生，重点关注技术创新还是社会创新等。

（2）整合资源与建设团队：整合学校内外的创新创业资源，包括导师、企业合作伙伴、资金等，并建设专业的管理团队。团队成员应具备丰富的创新创业经验和资源，能够为学生提供专业的指导和支持。

（3）提供创新创业服务：基地应提供创新创业相关的服务，包括创业培训、项目孵化、市场营销支持等。可以组织创新创业讲座、工作坊，提供创业导师指导，协助学生策划和实施创新创业项目，推动项目的商业化和可持续发展。

（4）加强与企业合作：与企业建立紧密的合作关系，通过签署合作协议、共同开展创新创业项目等方式，提供实践机会和资源支持。可以邀请企业代表参与基地的活动，组织企业导师走进基地，为学生提供实际案例和行业洞察。

（5）评估与改进机制：建设创新创业教育基地需要建立有效的评估和改进机制，及时了解学生的需求和反馈，优化基地的服务和运作。可以定期进行学生满意度调查、项目成果评估等，根据反馈结果进行改进和提升。

（二）提供创新创业的培训、指导和资源支持

1.创新创业培训和指导的重要性

（1）培养创新思维和创业意识：通过创新创业培训和指导，可以帮助学生培养创新思维和创业意识。学生可以了解创新创业的理念和方法，学习如何发现机会、解决问题，并具备创新创业所需的知识和技能。

（2）提供实践经验和案例分享：创新创业培训和指导可以提供丰富的实践经验和案例分享。学生可以从成功或失败的创新创业项目中汲取经验和教训，了解行业的发展趋势和市场需求，为自己的创新创业项目提供参考和借鉴。

（3）培养创新创业团队合作能力：创新创业培训和指导有助于培养学生的团队合作能力。学生可以通过团队项目的培训和指导，学习如何有效地协作、沟通和分工合作，提高创新创业团队的效能和凝聚力。

（4）提供资源支持和创业网络：创新创业培训和指导还可以为学生提供必要的资源支持和创业网络。学生可以获得创业导师的指导，获取创业资金和创业环境等支持，拓展自己的创业网络，为创新创业项目的实施提供有力支持。

2.提供有效的创新创业培训、指导和资源支持

（1）设计创新创业课程：开设创新创业相关的课程，包括创新管理、创意思维、商业模式设计等。课程内容应紧密结合实践案例和行业动态，培养学生的创新创业意识和能力。

（2）组织创新创业讲座和工作坊：邀请成功的创业者、投资人和专家学者进行创新创业讲座和工作坊，分享他们的经验和见解。学生可以从他们的故事中汲取灵感和启发，了解创新创业的实际操作。

（3）提供导师指导：为学生配备创新创业导师，提供个性化的指导和支持。导师可以根据学生的需求和项目特点，提供专业的建议和指导，帮助学生制订创新创业计划、解决问题和拓展创业网络。

（4）开设创新创业竞赛和孵化项目：组织创新创业竞赛和孵化项目，鼓励学生将自己的创意转化为具体的商业项目。提供项目策划、资金支持和市场推广等资源支持，促进学生的创新创业项目得以落地和实施。

（5）建立创新创业资源库：建立创新创业资源库，收集整理相关的资讯、案例、工具和课程材料等。学生可以通过资源库获取创新创业所需的知识和信息，丰富自己的创新创业素材和参考。

五、导师制度与个性化指导

（一）建立导师制度，为学生提供个性化的指导和辅导

1.导师制度对学生发展的意义和作用

（1）提供专业指导和支持：导师制度可以为学生提供专业领域的指导和支持。导师通常是经验丰富、专业素养高的教师或专业人士，能够根据学生的需求和特点，提供个性化的指导和建议，帮助学生解决问题、拓展视野、掌握专业知识和技能。

（2）帮助学生规划职业发展：导师制度可以帮助学生规划职业发展。导师可以通过了解学生的兴趣、优势和目标，为他们提供职业咨询和指导，帮助他们明确职业方向、制订职业规划，并提供相关资源和机会支持。

（3）培养自主学习能力：导师制度有助于培养学生的自主学习能力。导师可以引导学生学会自主思考、独立解决问题，培养他们的学习方法和科研能力，激发他们的创新潜力和自我驱动力。

（4）促进个人成长与发展：导师制度可以促进学生的个人成长与发展。通过与导师的交流，学生能够更好地认识自己、发现潜力、增强自信，并在导师的引领下成长为有能力、有担当的专业人才。

（5）建立良好的师生关系：导师制度有助于建立良好的师生关系。导师作为学生的重要指导者和榜样，与学生之间建立起密切的联系和互动，形成师生情谊和相互尊重的良好氛围。

2.建立有效的导师制度

（1）明确导师角色和责任：明确导师的角色和责任，包括提供学术指导、职业规划、心理支持等。导师应具备相关专业知识和丰富经验，能够为学生提供有针对性的指导和帮助。

（2）导师招募与培训：建立导师招募和培训机制，确保导师队伍的素质和

能力。可以通过选拔、评审等方式，筛选出合适的导师，并提供相应的培训和支持，使其具备良好的导师能力。

（3）学生导师配对：根据学生的需求和特点，进行学生与导师的配对工作。可以根据学科专业、兴趣爱好、职业方向等因素进行匹配，确保学生能够得到与自己发展目标相符的个性化指导和辅导。

（4）建立导师时间安排：导师需要有足够的时间和精力为学生提供个性化指导和辅导。可以制定导师时间安排，确保导师有足够的时间与学生交流、指导和解答问题。

（5）定期评估与反馈：建立导师制度的评估和反馈机制，了解学生对导师指导和支持的满意度和效果。可以定期组织学生对导师的评估调查，收集学生的意见和建议，并及时改进和优化导师制度。

（二）帮助学生规划职业发展路径和实践项目

1.帮助学生规划职业发展路径

（1）知道学生的兴趣和目标：与学生进行深入交流，了解他们的兴趣、专业倾向和职业目标。通过了解学生的个人情况，可以为他们提供更加针有对性的职业建议和规划。

（2）提供职业咨询和资源：为学生提供职业咨询和资源支持，包括就业市场信息、行业趋势、职业培训等。导师可以引导学生进行职业研究和就业准备，帮助他们了解职业需求和自身所需的能力和技能。

（3）制定职业规划：与学生共同制订职业规划，明确短期和长期的职业目标，并制定相应的计划和步骤。导师可以根据学生的兴趣和能力，提供具体的建议和指导，帮助他们制订可行的职业规划。

（4）提供实践机会和建议：为学生提供实践机会，如实习、实训、项目参与等，帮助他们在实践中锻炼和发展自己的职业能力。导师可以提供实践项目的建议和指导，帮助学生选择合适的项目和组织，并利用实践经验更好地提升职业素养和能力。

2.指导学生进行实践项目

（1）确定实践项目目标和内容：与学生共同确定实践项目的目标和内容，

明确项目的需求和期望成果。导师可以根据学生的专业背景和兴趣，提供相关的项目建议和方向。

（2）协助项目策划和组织：帮助学生进行项目策划和组织，包括项目计划、资源调配、团队协作等。导师可以提供项目管理的指导和支持，帮助学生制定项目进度和任务分工，并解决项目执行过程中的问题。

（3）专业指导和技术支持：导师可以为学生提供专业指导和技术支持，帮助他们解决项目中遇到的专业问题和难题。导师可以通过定期会议、讨论和指导，对学生的项目进行指导和评估，并提供相应的建议和支持。

（4）监督项目执行和结果评估：导师需要监督项目的执行过程，并对项目的结果进行评估。通过与学生的沟通和给予的反馈，导师可以了解项目的进展情况和学生的工作表现，并在必要时进行调整和改进。

第三章 新时代高校实践育人的功能体现

第一节 思想引领和价值塑造

实践育人作为人才培养的重要内容具有思想引领和价值塑造的育人底色，结合高校学生特点，将爱国主义教育、弘扬中华优秀传统文化、工匠精神学习、科学家精神传承等内容融入新时代高校实践育人内容体系中，将进一步丰富新时代高校实践育人的内涵，彰显实践教育的育人功能，提升作用发挥。

思想引领和价值塑造的核心要素是信仰和理念，代表了个体对于价值观、道德准则和世界观的信仰和认同。个体的信仰和理念在日常生活中指导着大学生的行为和决策，对他们的思维方式和态度产生重要影响。通过思想引领和价值塑造可以帮助大学生明确自身的目标和追求，并以此指导自己的行为和决策。教育引导大学生能够更好地认识自己、理解世界，从而做出更加科学合理的选择。同时，有助于塑造个体正确的价值观，形成正确的价值判断。

思想引领和价值塑造是一个长期的过程，它不是简单地灌输某种思想或观点，也不是仅仅停留在表面上的口号或概念，它涉及个体的信仰、态度、观念等方面，影响着个体的思考方式和行为准则。同时，它也会受到来自不同方面的影响，包括家庭、学校、社会环境等。鼓励个体根据自己的经验、知识和价值判断进行独立思考，需要通过持续的教育、培养和引导，渗透到个体的思维方式和价值观中，并在日常生活中得到实际应用，形成正确的认知。

具体的育人内容和形式包括以爱国主义教育为主题，以培育核心价值观、弘扬中国精神等为内容，以青年宣讲活动、主题实践活动、红色教育基地研学等活动形式为载体，引导广大学生将青春梦与中国梦有机融合，将"小我"融入祖国建设发展的"大我"之中，做有理想、敢担当、能吃苦、肯奋斗的新时代好青年。

一、高校实践育人中培养爱国主义情怀的方法与措施

（一）课程设置与教学方法

在高校实践育人中，课程设置与教学方法是重要的策略之一。依托课程思政，在各个学科的课程中融入爱国主义教育内容，可以帮助学生深入了解国家的历史、文化、发展等情况，引导学生去思考如何将自身所学专业知识应用于国家的建设发展中，增强自身的责任感和使命感。

1.课程设置

（1）思想政治理论课：党的十八大以来，特别是习近平总书记主持召开学校思想政治理论课教师座谈会以来，思想政治理论课在党中央治国理政战略全局中的地位日益凸显。一方面，思想政治理论课要顺应党的理论和实践的时代要求、适应学生成长成才的迫切需求，要不断改革创新，其发展历程要紧跟党的理论创新的进程。另一方面，进一步完善课程教材体系，加强思政教师的队伍建设，发挥教师的积极性、主动性和创造性，引导学生扣好人生第一粒扣子。

（2）课程思政建设：课程思政是一种综合教育理念，其目标就是要充分发挥全员、全过程以及各类课程的育人作用，构建各类课程与思想政治理论课同向同行，达到协同育人的效果。授课教师要不断挖掘课程思政育人元素，包括新时代党的创新理论、中华优秀传统文化和中国精神、伦理道德、法律法规等，实现课程本身的专业内容与思政元素的有机融合。

（3）课程实践环节：课堂教学要与现实紧密结合，加大实践教学环节的重视力度。建立教学实践基地，组织开展多样化的教学实践活动，丰富学生的实践认知，促进课堂教学内容的深度理解。

2.教学方法与活动

采用案例分析的教学方法，可以通过具体案例展示国家在不同领域的成就和发展，把理论将深讲透，而不是空对空的让学生很难接受。

运用小组讨论的方式，让学生围绕国家发展中涉及的专业应用议题进行深入交流和思考，激发学生的专业学习兴趣，树立专业学习的目标和榜样。

组织实践活动，让学生亲身参与社会工作，了解国家发展中的现实问题和

挑战，培养学生的社会责任感和奉献精神。

课堂实践的形式还包括情景展示、课题研讨、主题辩论等，在教学过程中要善于采用多样化的教学方法，充分发挥学生的主体性作用，关键落脚点还是在促进课堂教学的效果上，不能只流于形式。

（二）开展丰富多彩的第二课堂活动

第二课堂活动是第一课堂的有效延申，要加强其引领作用的发挥。通过第二课堂活动开展爱国主义教育活动的形式多种多样，可结合传统节日的时间节点，亦可依托红色教育基地，可通过实地参观、主题展演，也可组织学生参与科研创新比赛，如中国国际"互联网+"大学生创新创业大赛、"青年红色筑梦之旅"赛道等。

1.社会实践与志愿服务

学校可以组织或协助学生参与社会实践项目，如走进农村、走访社区、参观企业等。这些活动能够让学生亲身体验社会现实，了解不同群体的生活和需求。社会实践活动可以涵盖多个领域，如教育、环保、扶贫、健康等。学生可以参与到相关项目中，与受助者互动，增强对社会问题的认识。

组织学生参与志愿服务活动，如为社区居民提供支持、关爱弱势群体、参与环境保护等。这些活动培养学生的社会责任感和奉献精神。

引导学生思考社会公益事业与国家发展的关系，了解公益事业对社会稳定和可持续发展的重要性。

同时，高校要在活动开展过程中，提供培训指导，帮助学生掌握相关技能和知识，提高社会实践和志愿服务的活动效果和质量。帮助他们在实践中发现问题、总结经验，并不断提升能力。

在拓展校外资源助力学生实践能力培养方面，学校可以与社会组织、公益机构、企业等建立合作与伙伴关系，共同开展社会实践和志愿服务项目。这有助于丰富活动内容和资源，提高活动的影响力和可持续性。

2.学生组织和社团活动

发挥学生组织和社团活动的作用，实现学生自我教育效果。能够做到自我认识、自我监督、自我评价。高校通过支持学生组织和社团开展爱国主义教育活动，如纪念活动、主题讲座、演讲比赛等，激发学生的爱国情怀和参与意识。学生组织和社团可以结合国家重要节日、纪念日等举办相关活动，教师做好活动的指导工作，并对活动开展后的效果进行评估和意见反馈。

例如，为进一步加强学生思想政治理论学习，提高学生学习的积极性和主动性，提升学生的社会责任感，扩大影响范围，很多高校都成立了大学生宣讲团。他们宣讲的主题涵盖社会主义核心价值观、新时代党的创新理论、革命精神、榜样事迹、科普知识、环保理念等等，宣讲形式以大学生主题宣讲为主，也有开展话剧、广播剧、微视频等其他形式的。

（三）爱国主义教育效果评估与反馈机制

在高校实践育人中，建立有效的评估和反馈机制是关键的爱国主义教育策略之一。通过对爱国主义教育活动的开展情况进行实施监测和评估，可以及时了解教育效果，并根据评估结果进行调整和改进，以提高教育的效果和质量。

1.设立评估指标与方法

建立明确的评估指标，涵盖爱国主义教育的多个方面，如学生的知识水平、情感认同、行为表现等。

采用多样化的评估方法，如问卷调查、观察记录、学生作品评价等，综合考察学生在爱国主义教育方面的发展和变化。

2.定期开展评估与调研活动

学校可以定期组织爱国主义教育的评估与调研活动，通过收集学生和教师的意见和反馈，了解教育策略的实施情况和效果。

还可以邀请专家或外部机构参与评估工作，提供客观的评价和建议，促进教育策略的持续改进。

3.及时调整和改进教育策略

根据评估结果，及时对爱国主义教育策略进行调整和改进。例如，根据学生的需求和反馈，修订课程设置或教学方法，提供更具吸引力和有效性的教育内容。

教师还可以通过教学反思和经验分享，共同探讨如何改进教育策略，提高教育效果和学生参与度。

4.建立信息共享平台与交流机制

学校可以建立信息共享平台，将评估结果和改进措施分享给相关教师和管理人员，促进教育经验和教学资源的交流与共享。

还可以组织教师培训和研讨会，提供专业支持和交流平台，加强教师之间的互动和合作。

二、高校实践育人中培养工匠精神的方法与措施

（一）课程设计与教学方法

1.设计工匠精神相关的课程内容

在高校实践育人中，设计工匠精神相关的课程内容是培养学生工匠精神的重要途径之一。通过在专业课程中融入工匠精神的理念和实践案例，以及设计专门的工匠精神课程，可以引导学生认识到工匠精神对于专业发展的重要性，并提供相应的培养方法。

（1）在专业课程中融入工匠精神的理念和实践案例。

引导教师将工匠精神的概念和核心价值融入专业课程中，让学生了解并体验工匠精神在实际工作中的应用。

分析和探讨成功的工匠精神典型案例，让学生学习其经验和技巧，并将其应用到自己的专业实践中。

（2）设计专门的工匠精神课程。

设立工匠精神课程，旨在系统地介绍工匠精神的内涵、特征和培养方法等方面的内容。

课程可以包括工匠精神的历史渊源、国内外工匠精神的代表人物和典型事迹，以及工匠精神在不同领域中的应用等。

（3）培养学生的实践能力和创新思维。

引导学生在专业课程中进行实践操作和项目设计，注重培养他们的实践能力和技术水平。

鼓励学生进行创新性的思考和探索，培养他们的创新意识和解决问题的能力。

（4）提供实例和案例分析。

在教学中使用相关行业的实例和案例，让学生了解优秀的工匠精神代表人物和典型事例。引导学生通过分析和讨论实例和案例，理解工匠精神的具体表现和核心价值。

（5）进行小组合作与团队项目。

组织学生进行小组合作学习和团队项目，鼓励他们共同解决复杂的专业问题，培养协作精神和团队合作能力。

在团队项目中，注重要求学生对细节和质量的关注，并鼓励他们追求卓越和完美。

2.采用多样化的教学方法

（1）引导学生参与案例分析。

教师可以选取成功的工匠精神典型案例，让学生进行深入分析和讨论，学习其中的经验和技巧。

学生可以通过案例学习，理解工匠精神在实际工作中的应用，并思考如何将其运用到自己的专业领域。

（2）运用小组合作学习。

小组合作学习可以鼓励学生在团队中共同解决问题，培养他们的协作精神和团队合作能力。

在小组中，学生可以相互交流、分享观点和经验，共同思考和解决专业问题，从而培养工匠精神的追求和专业技能。

（3）开展实践教学活动。

开展实践教学活动，如实验、实习等，可以让学生亲身体验工匠精神的追求和实践。

通过实践活动，学生能够直接参与专业工作，锻炼技能、提高质量意识，并体会到工匠精神对于专业发展的重要性。

（4）引入项目式学习。

引入项目式学习，让学生通过参与实际项目的规划、执行和评估过程，培养他们的工匠精神。

在项目中，学生需要注重细节、追求卓越，并通过团队合作解决问题，提高自身的专业能力和素养。

（5）借助技术手段。

利用现代技术手段，如虚拟实验室、模拟软件等，让学生在安全环境下进行实践，培养工匠精神。

学生可以借助技术工具进行模拟操作和实践探索，提高技术熟练度和创新思维。

（二）校园文化与实践活动

1.建设工匠精神文化氛围

在高校实践育人中，建设工匠精神文化氛围是培养学生工匠精神的重要手段之一。通过举办工匠精神主题的讲座、展览、比赛等活动，以及设立工匠精神奖项，可以营造浓厚的工匠精神文化氛围，激励更多人向优秀工匠看齐。

（1）举办工匠精神主题的讲座、展览、比赛等活动。

学校可以邀请相关领域的专家、工匠或成功企业家来校进行工匠精神主题的讲座，分享他们的经验和心得。

举办工匠精神主题的展览，展示优秀工匠作品或案例，让学生亲身感受工匠精神的追求和成果。

组织工匠技能比赛，鼓励学生展示自己的专业技能，并与其他同学进行竞争和交流。

（2）设立工匠精神奖项。

学校可以设立工匠精神奖项，表彰在专业领域表现出色、具有工匠精神的学生或教师。

奖项可以根据不同专业设立多个类别，包括技能类、创新类、质量类等，以鼓励学生在不同方面展现工匠精神。

（3）举办工匠精神主题的活动日。

设立工匠精神日或工匠节,定期开展与工匠精神相关的庆祝活动和主题日。

在这一天，可以组织各种形式的庆祝活动，如工匠技能展示、工匠文化演艺、工匠精神分享等，凝聚全校师生对工匠精神的认同和支持。

（4）加强对优秀工匠的宣传和报道。

学校可以通过校园媒体、官方网站等渠道，宣传和报道优秀工匠的事迹和成就。

这可以激发更多学生向优秀工匠看齐，引导他们从身边的典型人物中汲取工匠精神的力量和启示。

2.组织实践活动与竞赛：

（1）组织学生参加技能竞赛。

学校可以组织学生参加各类技能竞赛，如技能大赛、创新设计比赛等。

这些竞赛旨在提升学生的专业水平和技能，鼓励他们追求卓越和完美。

通过与其他同学的竞争和交流，能够让学生不断学习和进步，同时也增强了他们的自信心和工匠精神。

（2）鼓励学生参与实践项目。

学校可以鼓励学生参与科研项目、社会实践等实践性的项目。

实践项目能够让学生将所学的理论知识应用到实际中，锤炼专业技能，培养工匠精神。

通过实践，能够让学生面对真实的挑战和问题，锻炼解决问题的能力，同时也增强了他们对专业的热爱和追求。

（3）提供实践指导和支持。

学校可以为学生提供实践指导和支持，包括提供实验室设备、导师指导等。

通过指导和支持，学生能够更好地进行实践活动，提高专业水平和技能，培养工匠精神。

（4）设立实践奖励和荣誉。

学校可以设立实践奖励和荣誉，表彰在实践项目中表现出色、具有工匠精神的学生。

奖励和荣誉的设立将激励更多学生积极参与实践活动，并培养他们的工匠精神。

通过组织学生参加技能竞赛和鼓励他们参与实践项目，高校可以提升学生的专业水平、创新能力和工匠精神。这些实践活动能够让学生将所学应用到实际中，锻炼解决问题的能力和创新思维，同时也增强了他们对专业的热爱和追求。

（三）导师制度与行业对接

1.建立导师制度

在高校实践育人中，建立导师制度是培养学生工匠精神的重要手段之一。通过为学生配备导师，由专业教师或相关行业从业者担任，进行学业指导和职业规划辅导，可以传授工匠精神的经验和技巧，指导学生在专业领域追求卓越。

（1）为学生配备导师。

学校可以根据学生的专业和兴趣领域，为其分配合适的导师。导师可以是专业教师，也可以是相关行业从业者，以确保学生获得权威的指导和实践经验。

（2）进行学业指导和职业规划辅导。

导师对学生进行定期的学业指导和职业规划辅导，帮助学生制订学习计划、解决学业问题，并规划未来的职业发展路径。

导师可以分享自己的专业知识和经验，引导学生选择合适的专业方向和发展目标。

（3）传授工匠精神的经验和技巧。

导师可以向学生传授工匠精神的经验和技巧，包括专业技能、工作方法和态度等方面。

导师可以通过与学生的交流和指导，分享自己在专业领域中追求卓越和完美的经验，激发学生对工匠精神的理解和追求。

（4）指导学生进行实践项目。

导师可以指导学生参与实践项目，如科研项目、创新设计等。

导师可以提供项目指导和技术支持，帮助学生在实践中锻炼专业技能和培养工匠精神。

（5）进行个性化的指导和辅导。

导师可以根据学生的特点和需求，进行个性化的指导和辅导。

导师可以关注学生的成长和发展，帮助他们克服困难，发现和发展潜力，培养工匠精神。

2.加强与行业的联系

在高校实践育人中，加强与行业的联系是培养学生工匠精神的重要手段之一。通过与相关行业建立合作伙伴关系，学校可以通过实习、讲座、企业参观等方式让学生了解行业发展动态和工匠精神的实践要求。邀请行业从业者来校进行交流和讲座，分享工作经验和工匠精神的重要性，激励学生追求卓越。

（1）建立合作伙伴关系。

学校可以与相关行业建立合作伙伴关系，包括企业、研究机构、行业协会等。

通过合作伙伴关系，学校能够获取行业最新的发展动态和专业需求，为学生提供更准确的指导和培养。

（2）开展实习项目。

学校可以与相关企业合作，组织学生进行实习项目，让他们亲身感受行业工作环境和实践要求。

实习项目能够让学生将所学知识应用到实际工作中，锻炼工匠精神和专业技能。

（3）组织行业讲座和交流活动。

学校可以邀请行业从业者来校进行讲座和交流活动，分享工作经验和工匠精神的重要性。

行业讲座和交流活动能够让学生了解行业的最新趋势和发展方向，激发他们对工匠精神的追求。

（4）举办企业参观和实地考察。

学校可以组织学生参观相关企业，了解其生产过程、工艺和技术要求。

实地考察可以让学生亲身感受工匠精神在实际工作中的应用，增强他们对工匠精神的认同和理解。

（5）开展行业合作项目。

学校可以与相关行业开展合作项目，如共同研究、技术创新等。

通过与行业的合作项目，学生能够与行业专业人士一起工作，学习并运用工匠精神的实践方法。

（四）评估与反馈机制

1.设立评估指标与方法

在高校实践育人中，建立评估与反馈机制是培养学生工匠精神的重要手段之一。通过设立评估指标与方法，如学生的专业能力、工匠精神表现等，并定期对学生进行综合评估，可以及时了解学生在工匠精神方面的发展情况。

（1）设立评估指标与方法。

学校可以根据工匠精神的特点和目标，建立明确的评估指标，如专业能力、创新能力、团队合作能力等。

根据评估指标的不同，可以制定量化或定性的评估方法，如考试、项目报告、实践成果展示等。

（2）定期对学生进行综合评估。

学校应该定期对学生进行综合评估，包括对工匠精神的评估。

综合评估可以结合课堂表现、实践项目、作业成绩等多个方面的考察，全面了解学生在工匠精神方面的发展情况。

（3）提供个性化的反馈和指导。

在评估过程中，学校应该为学生提供个性化的反馈和指导。

根据评估结果，学校可以针对学生的不足之处给予具体的指导意见，帮助他们改进工匠精神的表现，并制订个人发展计划。

（4）鼓励学生进行自我评估和反思。

学校应该鼓励学生进行自我评估和反思，引导他们认识到自身存在的不足并制订改进计划。

学生可以通过自我评估，检视自己在工匠精神方面的表现，并寻找提升的途径和方法。

（5）建立学生档案和跟踪机制。

学校可以建立学生档案和跟踪机制，记录学生在工匠精神方面的发展情况。

通过学生档案和跟踪，学校能够长期观察学生的成长和进步，并及时调整培养计划和措施。

2.提供个性化的反馈和指导

（1）对学生的评估结果进行反馈。

学校应及时将学生的评估结果以个人报告或面谈等形式反馈给他们。

反馈内容应具体、明确，针对学生在工匠精神方面的表现进行分析和评价。

（2）提供具体的指导意见。

在反馈中，学校应给出具体的改进建议和指导意见，帮助学生提升工匠精神。指导意见可以包括制订个人发展计划、参加特定的培训或实践项目，以及提供专业技能的加强训练等。

（3）鼓励学生进行自我评估和反思。

学校应鼓励学生主动进行自我评估和反思，认识到自身存在的不足和改进空间。

学生可以通过自我评估，审视自己在工匠精神方面的表现，并思考如何改善和提升。

（4）引导学生制定改进计划。

学校可以引导学生根据自我评估和反思的结果，制订具体的改进计划。

计划可以包括明确的目标、具体的行动步骤和时间安排，以帮助学生有针对性地改进工匠精神的表现。

（5）提供个别辅导和指导。

学校可以为学生提供个别辅导和指导，根据他们的特点和需求制订个性化的培养方案。

个别辅导可以通过与导师或指导老师的一对一交流来实现，以解决学生在工匠精神方面的问题和困惑。

通过提供个性化的反馈和指导，学校能够帮助学生了解自身在工匠精神方面的现状，并给予具体的改进建议。同时，鼓励学生进行自我评估和反思，引导他们主动寻找改进的途径和方法。通过个别辅导和指导，学校可以为学生提供更加专业和有针对性的支持，推动他们在工匠精神的发展中取得进步。以下是一个案例：

有一名设计专业的学生，他在课堂上表现出色，但在实践项目中缺乏细致和追求卓越的态度。经过对该学生的评估，学校发现他在工匠精神方面有一定的提升空间。于是，学校采取了以下个性化的反馈和指导措施。

①反馈结果：学校向该学生展示了他在课堂表现出色的成绩，同时指出了他在实践项目中缺乏细致和追求卓越的问题。

②指导意见：学校建议该学生积极参与实践项目，并注重细节和质量，同时鼓励他向优秀的设计师学习，探索如何在实践中追求卓越。

③自我评估和反思：学校要求该学生进行自我评估和反思，让他认识到自己在工匠精神方面的不足，并思考如何改善和提升。

④改进计划：该学生制订了改进计划，包括加强对行业优秀设计师作品的学习、参与更多的实践项目，并寻求导师或老师的指导和支持。

⑤个别辅导和指导：学校安排了专门的导师来为该学生提供个别辅导和指导，通过与导师的交流，该学生得到了具体的建议和实践技巧，帮助他在工匠精神方面有所提升。

通过以上个性化的反馈和指导措施，该学生逐渐认识到自己在工匠精神方面的不足，并采取了相应的改进措施。在导师的指导下，他积极参与实践项目，注重细节和质量，在实践中追求卓越。随着时间的推移，该学生在工匠精神方面取得了显著的进步，并成为一名备受认可的设计专业人才。

三、科学家精神在高校实践育人中的培养

在高校实践育人中，培养科学家精神是非常重要的。科学家精神强调对知识的追求、创新思维、批判性思维和解决问题的能力，这些都是培养学生在专业领域取得成功所必需的素质。

（一）提供丰富的学术资源

在高校实践育人中，提供丰富的学术资源是培养学生科学家精神的重要手段之一。学校应该提供图书馆、实验室、研究中心等丰富的学术资源，以激发学生对知识的追求。同时，应鼓励学生积极参与学术研究、科研项目等活动，以培养他们的科学家精神。

1.提供图书馆和电子资源

（1）建设良好的图书馆。

学校应建设宽敞、舒适、环境良好的图书馆，为学生提供良好的学习场所。图书馆应当规划合理，分类齐全，使学生能够方便地查找到所需的学术资料。

（2）购买丰富的学术图书和期刊。

学校应注重购买丰富的学术图书和期刊，涵盖各个学科领域。

这些图书和期刊应包括经典著作、最新研究成果等，以满足学生对不同层次和深度的学术阅读需求。

（3）提供在线数据库和电子资源。

学校还应提供在线数据库和电子资源，为学生提供随时获取最新学术资料的便利。

这些在线数据库和电子资源应包括学术期刊、学位论文、研究报告等，涵盖广泛的学术领域。

（4）配备专业图书馆员。

学校应配备专业的图书馆员，为学生提供所需的图书馆服务和咨询。

图书馆员可以协助学生查找和利用图书馆资源，帮助他们更好地开展学术研究和阅读。

（5）提供电子检索和文献传递服务。

学校应提供电子检索系统，方便学生检索相关的学术资料。

同时，还应提供文献传递服务，使学生能够获取到自己需要的文献全文。

2.设立实验室和科研平台

学校应该重视建设先进的实验室和科研平台，为学生提供良好的实验条件和设备，以支持他们进行科学研究。

（1）建设先进的实验室。

学校应投入足够的资金和资源，建设先进的实验室，满足学生进行科学研究的需求。

实验室应具备先进的仪器设备、安全可靠的实验环境和合理的实验空间布局。

（2）提供良好的实验条件和设备。

学校应确保实验室提供良好的实验条件，如恒温恒湿、洁净无尘等，以保证实验的准确性和可重复性。

同时，学校还应购买先进的实验设备，以满足不同专业领域的科学研究需求。

（3）支持学生进行科学研究。

学校应鼓励学生参与科学研究，并为其提供必要的支持和指导。

学生可以在导师或教师的指导下开展科研项目，利用实验室和科研平台的资源进行实践探索。

（4）锻炼实验技能。

实验室和科研平台的建设可以帮助学生锻炼实验技能，提高他们的实验操作水平和实验设计能力。

学生通过参与科学研究和实验项目，能够在实践中掌握科学方法、培养观察力和记录实验数据的能力。

（5）培养观察力、分析能力和解决问题的能力。

实验室和科研平台的使用过程中，学生需要进行观察、分析实验结果，并从中总结规律和解决问题。

这样的实践活动能够培养学生的观察力、分析能力和解决问题的能力，提升他们的科学思维和创新能力。

3.成立研究中心和课题组

学校可以成立各类研究中心和课题组,这有助于聚集优秀的科学家和专家，为学生提供更广阔的学术交流和合作机会。

（1）成立研究中心。

学校可以成立专门的研究中心，集聚相关领域的科学家和专家。这些研究中心可以围绕特定的学科或领域，开展前沿研究、学术交流和合作。

（2）设立课题组。

学校可以设立各类课题组，以开展具体的研究项目和课题。

每个课题组可以由一位或多位导师负责，学生可以加入其中参与科学研究并得到导师的指导。

（3）聚集优秀的科学家和专家。

研究中心和课题组的建立可以吸引和聚集优秀的科学家和专家。这些科学家和专家可以为学生提供学术指导和资源支持，促进学术交流和合作。

（4）提供学术交流和合作机会。

学校可以通过举办学术研讨会、讲座等活动，为学生提供学术交流和合作的平台。

学生可以与研究中心和课题组的成员进行深入的学术讨论和合作，拓展自己的学术视野。

（5）参与科研项目。

学生可以参与研究中心和课题组的科研项目，与导师和其他研究人员一起进行科学研究。这样的参与能够使学生深入了解科学家精神的实践要求，培养他们的科学思维和创新能力。

4.鼓励学术研究和科研项目参与

（1）提供支持和指导。

学校应为学生提供必要的支持和指导，鼓励他们积极参与学术研究和科研项目。

导师或教师可以在学生选定研究课题后，给予他们适当的指导和支持，帮助他们顺利开展科研工作。

（2）开展独立研究课题。

学校可以鼓励学生选择感兴趣的研究课题，并在导师或教师的指导下进行独立研究。

学生可以通过深入研究某个领域，探索未知问题，提升自己的科研能力和创新思维。

（3）培养科学方法和技能。

学术研究和科研项目参与可以帮助学生培养科学方法和技能，如文献查阅、实验设计、数据分析等。

学生在实践中逐步掌握科学研究的基本流程和操作技巧，提高自己的科研能力。

（4）培养创新思维和解决问题的能力。

科研项目参与可以培养学生的创新思维和解决问题的能力。

学生在开展科研项目中，需要不断思考和探索，寻找新的解决方案，从而提升自己的创新能力。

（5）提供展示和交流机会。

学校应为学生提供展示和交流的机会，如学术研讨会、科技竞赛等。

学生可以通过展示自己的研究成果，与其他同学和专业人士进行学术交流，拓展自己的学术视野。

5.提供学术活动和讲座

（1）学术活动和讲座。

学校可以定期组织学术活动和讲座，邀请国内外的专家学者来校进行学术交流和演讲。

这些学术活动和讲座可以涵盖多个学科领域，为学生提供广泛的学术内容和最新的研究进展。

（2）拓宽学生的学术视野。

学术活动和讲座能够拓宽学生的学术视野，让他们了解不同学科领域的前沿动态和研究成果。

通过专家学者的讲座，可以让学生深入了解学术界的最新发展和学术思想，激发他们对知识的兴趣和追求。

（3）学术交流与互动。

学术活动和讲座为学生提供了与专家学者进行学术交流和互动的机会。

学生可以通过提问和讨论，与专家学者深入交流，解答疑惑，拓展自己的学术思维。

（4）激发学生对知识的热情。

学术活动和讲座能够激发学生对知识的热情和追求，增强他们主动学习和积极探索的意愿。

学生通过接触前沿的学术内容和研究成果，能够深刻感受到知识的广阔和深邃，从而培养自己持续学习的习惯。

（5）提供学术合作机会。

学术活动和讲座还为学生提供了与专家学者建立学术合作关系的机会。

学生可以借助学术活动和讲座的平台，与专家学者进行深入交流，寻求合作机会，共同开展科研项目或学术探讨。

（二）鼓励自主学习和探索

在高校实践育人中，鼓励学生进行自主学习和探索是培养科学家精神的重要手段之一。学校应该积极鼓励学生自主学习和独立思考，培养他们的创新能力和解决问题的能力。同时，学生可以通过阅读学术论文、参加学术讲座等方式，拓宽知识面并培养科学家精神。

1.提供自主学习的环境

学校应设立专门的自习室或图书馆，提供一个安静、无干扰的学习环境，以便学生集中注意力、自主学习。

（1）提供丰富的图书馆资源：学校图书馆应该收藏多样化的书籍、期刊、报纸等资源，满足学生的各种学科和兴趣需求。学生可以根据自己的兴趣选择阅读材料，开展自主学习。

（2）鼓励学生自主选择学习内容：学校可以提供选修课程或研究项目，让学生根据自己的兴趣和发展需求选择学习内容。这样可以增加学生的学习动力，培养他们的自主学习意识。

（3）提供多样化的学习方式：学校可以提供多样化的学习方式，如在线学习平台、实践活动、小组合作等，以满足不同学生的学习需求。学生可以根据自己的学习风格和喜好选择适合自己的学习方式。

（4）提升学生的学习动力和主动性：学校可以通过奖励机制、表彰优秀学习者等方式，激发学生的学习动力和主动性。同时，教师也应该给予学生适当的自主学习指导和反馈，帮助他们建立正确的学习方法和习惯。

2.培养独立思考和批判性思维

学校可以设计一些探究性学习任务，鼓励学生主动提出问题、寻找解决方案，并进行实践和总结。这样的学习方式可以激发学生的独立思考和批判性思维能力。

（1）提供开放性讨论和辩论机会：学校可以组织学术讨论、课堂辩论等活动，让学生在不同观点的碰撞中学会分析和评价。通过参与讨论和辩论，可以学生培养批判性思维和表达能力。

（2）鼓励多角度思考：学校应该引导学生从多个角度看待问题，不仅仅局限于表面现象，而是要培养学生深入思考问题的能力。教师可以提供多样化的资源和案例，激发学生的思维火花。

（3）提供良好的反馈和指导：学校应该给予学生及时、具体的反馈，帮助他们发现和纠正错误，进一步完善自己的思考和表达能力。同时，教师也可以提供个别指导，帮助学生发展独立思考和批判性思维的技巧。

（4）培养创新思维：学校可以鼓励学生参与创新项目或实践活动，培养他们解决问题的能力和创新思维。通过实际操作和实践，学生可以在解决实际问题的过程中锻炼独立思考和批判性思维。

3.鼓励解决问题的能力

学校可以组织科研项目或实践活动，让学生亲身经历并解决真实世界中的问题。通过这样的实践，学生将学会分析问题、提出解决方案并实施方案。

（1）引导学生进行问题分析：学校可以引导学生学习如何分析问题，包括识别问题的本质、分解问题为更小的部分，并了解问题的背景和相关因素。这样的分析能力是解决问题的基础。

（2）培养创新思维和创造力：学校应该鼓励学生发展创新思维和创造力，以寻找新颖的解决方案。通过启发性教育和创新课程，学生可以培养开放的思维方式，激发创造力，从而更好地解决问题。

（3）提供合作学习机会：学校可以组织小组合作学习，让学生在团队中共同面对问题，并协作解决。这样可以培养学生的团队合作和协调能力，同时也能从不同的角度获得解决问题的思路。

（4）提供反馈和评估机制：学校应该提供及时的反馈和评估机制，帮助学生了解他们解决问题的效果，并从中吸取经验教训。这样可以促进学生的自我反思和改进能力。

4.阅读学术论文和著作

学术论文和著作通常是学者们分享最新研究成果和观点的途径。通过阅读这些文章，学生可以了解到领域内的前沿进展和最新动态，从而跟上学术界的步伐。

（1）提高学术素养：阅读学术论文和著作有助于学生培养良好的学术素养。学术论文通常经过严格的同行评审，内容准确可靠。通过阅读学术论文，学生可以学习到如何进行科学研究、如何撰写学术论文等技巧，提高自己的学术写作和表达能力。

（2）培养批判性思维：学术论文和著作中往往包含了不同的观点和争议，学生通过阅读这些文章可以培养批判性思维能力。他们需要评估作者的观点和证据，并形成自己的观点和看法，从而提高自己的分析和判断能力。

（3）拓宽知识视野：学术论文和著作涵盖了各个学科领域的研究内容，通过阅读这些文章，学生可以拓宽自己的知识视野，了解不同领域的研究方法和思维方式，为将来的学术和职业发展打下坚实的基础。

（4）培养科学家精神：学术论文和著作中的方法和思路可以启发学生的科学探索和创新精神。通过学习他人的研究方法和思考方式，学生可以借鉴并将其应用到自己的学术和科研工作中，培养出批判性思维、创造性思维和解决问题的能力。

5.参加学术讲座和学术会议

（1）接触前沿研究成果：学术讲座和学术会议通常邀请到具有丰富研究经验和权威地位的专家学者。他们会分享最新的研究成果、技术进展和学术观点。通过参加这些活动，学生可以接触到领域内的前沿知识和最新动态，了解学术界的最新趋势和热点问题。

（2）与专家学者交流互动：学术讲座和学术会议为学生提供了与专家学者进行面对面交流和互动的机会。学生可以向专家学者提问、探讨问题，获取他们的意见和建议。这种互动可以帮助学生深入理解学术领域的知识和思维方式，激发学生的学术兴趣和创造力。

（3）拓宽学术视野：学术讲座和学术会议涵盖了不同领域的研究内容，学生可以通过参加这些活动拓宽自己的学术视野。他们可以了解到其他领域的研究方法、思维模式和问题解决策略，从而为自己的学术和职业发展提供新的灵感和启示。

（4）建立学术网络：学术讲座和学术会议是专家学者和学生交流的平台，学生可以通过参加这些活动建立起与同行和导师的联系。与其他对学术有兴趣的人交流，学生可以分享自己的研究成果和想法，获取他人的反馈和合作机会，进一步扩大自己的学术影响力。

（5）提升学术能力：通过参加学术讲座和学术会议，学生可以提升自己的学术能力和专业素养。他们可以学习到专家学者的演讲技巧、学术交流技巧和学术写作技巧，提高自己的学术表达能力和学术写作水平。

6.提供指导和反馈

（1）个性化指导：每个学生的学习需求和进展都可能不同，学校可以通过与学生进行交流和讨论，了解他们的学习目标和困惑，为他们提供个性化的指导。导师或教师可以根据学生的情况制订学习计划、推荐学术资源，并给予具体的学习建议。

（2）学术问题解答：在学习过程中，学生可能会遇到各种学术问题和困难。学校可以设立学术咨询时间或提供学术辅导服务，让学生可以随时向导师或教师咨询问题，并获得专业的解答和指导。这有助于学生及时解决问题，保持学习的连续性和积极性。

（3）提供反馈和评估：学校可以定期对学生的学习表现进行评估和反馈。导师或教师可以对学生的作业、论文、报告等进行评阅，并给予具体的批注和建议。这样的反馈可以帮助学生了解自己的学术水平和进步方向，激励他们不断改进和提高。

（4）学术项目指导：对于涉及学术项目或科研实践的学生，学校可以安排导师或教师担任指导老师。指导老师可以协助学生制订项目计划、确定研究方法、分析数据等，并及时提供反馈和建议。这样的指导有助于学生掌握项目管理和研究能力，提高独立思考和解决问题的能力。

（5）学业规划和职业指导：学校可以为学生提供学业规划和职业发展的指

导。导师或教师可以与学生进行个别会谈，了解他们的兴趣和目标，并提供相关的职业咨询和建议。这有助于学生明确自己的学业和职业方向，做出明智的选择和决策。

（三）培养创新思维

在高校实践育人中，培养创新思维是非常重要的。学校应为学生提供培养创新思维的机会，如开设创新课程、组织创业比赛等。同时，学生应被鼓励提出新颖的问题、寻找创新的解决方案，并勇于实践和尝试。

1.开设创新课程

创新课程可以帮助学生培养创意思维，激发他们的想象力和创造力。通过学习创意思维的方法和技巧，学生能够更好地解决问题、提出新的观点和创意。

（1）设计思维：设计思维是一种以人为中心的解决问题的方法。通过开设设计思维课程，学生可以学习到用户需求分析、原型设计、迭代改进等技能，这些能力对解决实际问题和创新产品或服务非常重要。

（2）创新方法：创新课程可以教授学生各种创新方法，如头脑风暴、六项思考帽等。这些方法可以帮助学生在团队合作中发现新的解决方案，并促进创新的产生和实施。

（3）实践机会：创新课程还应该提供学生实践的机会，例如项目实践或参与创新比赛。通过实际操作和实践经验，学生可以将所学的知识应用到实际情境中，加深对创新过程的理解和掌握。

2.组织创业比赛和创新项目

（1）激发创新潜能：创业比赛和创新项目可以激发学生的创新潜能。通过参与比赛或项目，学生需要思考创新的商业模式、产品或服务，并提出可行的解决方案。这种挑战可以激发学生的创造力和创新思维。

（2）培养团队合作能力：创业比赛和创新项目通常需要学生组成团队合作。在团队中，学生需要协作、分工合作、有效沟通等，这将培养他们的团队合作和协作能力，为未来的职业发展做好准备。

（3）培养实践解决问题的能力：通过创业比赛和创新项目，学生将面临真实的问题和挑战。他们需要运用所学的知识和技能，进行问题分析、解决方案设计和实施。这样的实践经验将大大提高学生解决问题的能力。

（4）培养创业意识：创业比赛和创新项目可以培养学生的创业意识和创业精神。学生将了解创业过程、商业模式和市场需求等方面的知识，从而更好地理解创新与创业的关系，并为将来创业打下基础。

3.鼓励提出新颖问题

（1）激发好奇心和求知欲：鼓励学生提出新颖的问题，这样可以激发他们的好奇心和求知欲。当学生开始思考并提出问题时，他们会主动去寻找答案，并且更愿意深入学习和研究相关的知识。

（2）培养批判性思维：提出新颖问题需要学生具备批判性思维能力。他们需要质疑现有的观点和假设，并尝试找到更好的解决方案。通过这个过程，学生可以培养逻辑思维、分析能力和创新思维。

（3）推动知识创新和发展：新颖的问题往往涉及未被探索或研究的领域。当学生提出这样的问题时，他们有机会推动知识的创新和发展，为学校和社会带来新的见解和发现。

（4）培养解决复杂问题的能力：新颖的问题通常是复杂的，需要学生进行深入思考和研究。通过解决这些问题，学生将培养解决复杂问题的能力，包括信息搜集、分析和综合等方面的技能。

4.寻找创新解决方案

（1）鼓励思考和探索：学校应该鼓励学生主动思考和探索，挑战传统思维模式。学生可以提出新的问题、观点和假设，并通过研究、实验和实践等方式来验证和实现他们的创新想法。

（2）提供创新环境和资源：学校可以提供创新环境和资源，例如创客空间、实验室设备、科研基金等。这样的环境和资源可以激发学生的创新潜能，为他们提供实践和实验的机会，促进创新解决方案的产生。

（3）培养跨学科合作：创新解决方案往往需要跨学科的合作和交叉思维。学校可以鼓励学生之间的跨学科交流和合作，促进不同领域知识和经验的结合，从而培养学生的综合能力和创新思维。

（4）推崇失败与反思：在寻找创新解决方案的过程中，学生可能会面临失败和挫折。学校应该鼓励学生从失败中学习，进行反思和改进。这种积极的心态可以培养学生的勇气和恢复力，使他们能够更好地应对挑战和困难。

5.提供实践机会和资源

实践活动能够帮助学生将他们在课堂上学到的理论知识应用于实际情境中。通过实践，学生可以将抽象的概念转化为具体的技能，更好地理解和掌握所学内容。

（1）培养创新思维和问题解决能力：实践活动鼓励学生主动思考和解决问题。当学生面临实际挑战时，他们需要运用创新思维来找到解决方案。这有助于培养学生的创新意识、团队合作和问题解决能力。

（2）提供实际工作经验：实践机会，如实习，可以为学生提供与专业相关的实际工作经验。这不仅可以增加学生的就业竞争力，还可以帮助他们了解自己所学专业的实际应用和行业需求。

（3）建立职业网络：通过实践机会，学生可以与行业专业人士建立联系，并扩展自己的职业网络。这些联系和网络可以为学生未来的就业和职业发展提供支持和机会。

6.培养勇于实践和尝试的精神

（1）提供实践机会：学校可以为学生提供各种实践机会，例如实验课程、社区服务项目、实习机会等。通过亲身经历和实际操作，学生可以更好地理解和应用所学知识，并培养实践和尝试的能力。

（2）鼓励创新思维：学校应鼓励学生提出新的想法和方法，并给予支持和鼓励。教师可以引导学生进行独立思考和探索，培养他们的创造力和创新精神。

（3）接受失败并从中学习：学校应鼓励学生接受失败，并将其视为学习和成长的机会。教师可以帮助学生分析失败的原因，并引导他们从中吸取经验教训，不断改进和提高。

（4）提供支持和反馈：学校可以为学生提供支持和指导，帮助他们在实践和尝试中克服困难。教师可以及时给予学生积极的反馈和建议，鼓励他们继续努力和探索。

（5）创设挑战性环境：学校可以创设一个充满挑战的学习环境，激发学生勇于面对挑战和困难的精神。通过给予适度的压力和竞争，可以培养学生应对困难的能力和毅力。

（四）实践和实验教学

在高校实践育人中，实践和实验教学是培养学生科学家精神的重要手段之一。通过实践和实验教学的方式，学校可以培养学生的科学观察力、实验设计能力和数据分析能力。这种实践性的教学方法有助于学生将理论知识应用到实际中，锻炼他们的科学家精神。

1.提供实践和实验机会

这种亲身参与的实践和实验经验可以帮助学生巩固课堂上所学的理论知识，并提高他们的动手能力和实际操作技能。通过实践和实验，学生可以探索问题、解决难题，培养科学思维和创新能力。

（1）设立实习项目：与企业、社区或科研机构合作，为学生提供实习机会。这样的实习项目可以让学生在真实的工作环境中应用所学知识，锻炼实际工作能力。

（2）开设实验课程：在课程设置中加入实验环节，让学生亲自进行实验操作和数据收集分析。这样的实验课程可以帮助学生更好地理解和应用所学的理论知识，并培养他们的实验设计和执行能力。

（3）支持科研项目：鼓励学生参与科研项目，与教师或其他专业人士合作进行研究。这样的科研项目可以让学生深入探索某一领域，并培养他们的科学探索和创新精神。

（4）利用实践资源：充分利用学校周边的实践资源，如实验室、科研设备、创客空间等。学校可以提供必要的培训和指导，让学生能够充分利用这些资源进行实践和尝试。

2.培养科学观察力

（1）强调准确观察：教师可以引导学生学习如何进行准确的观察，包括注意事物的细节、特征和变化。学生可以通过观察实验现象、自然景物或日常生活中的现象来训练观察技巧。

（2）提供观察指导：在实验课程或科学项目中，教师可以提供观察指导，引导学生关注特定的现象或变化，并指导他们如何记录观察结果。教师还可以鼓励学生交流和分享他们的观察结果，促进合作学习和思维碰撞。

（3）使用科学工具：学校可以提供适当的科学工具和设备，如显微镜、望远镜、计时器等，帮助学生进行更深入的观察。同时，教师可以教授学生如何正确使用这些工具，并解释其原理和应用。

（4）进行实践探究：通过实践和实验活动，学生可以亲自参与观察现象和收集数据。教师可以引导学生进行有目的的观察，并指导他们如何分析和解释观察结果，从而培养他们的科学思维和观察力。

（5）鼓励提问和探索：学校应鼓励学生提出问题并主动寻找答案。教师可以引导学生思考和研究感兴趣的科学问题，并提供必要的资源和支持。通过自主探索和解决问题的过程，可以培养学生科学观察力和批判性思维能力。

3.培养实验设计能力

（1）强调科学方法：学校应该教授学生科学研究的基本方法，包括观察、提出问题、制定假设、设计实验、收集数据、分析结果和得出结论等。通过理解科学方法的步骤和原则，学生可以更好地进行实验设计。

（2）提供实践机会：学校可以为学生提供丰富的实践机会，让他们亲自参与实验设计和操作。教师可以引导学生从简单的实验开始，逐渐培养他们的实验设计能力。例如，学生可以设计关于物理、化学、生物等领域的简单实验，然后逐步提升难度。

（3）鼓励创新思维：学校应鼓励学生提出新颖和有创意的实验想法，并给予支持和鼓励。教师可以组织讨论和头脑风暴活动，激发学生的创新思维，并帮助他们将创意转化为可行的实验方案。

（4）提供指导和反馈：教师可以为学生提供指导，帮助他们制订实验方案、选择合适的实验方法和工具。在实验过程中，教师还可以及时给予学生反馈和建议，帮助他们改进实验设计和操作技巧。

（5）进行合作项目：学校可以组织学生之间的合作项目，鼓励他们共同参与实验设计和执行。通过合作，学生可以相互交流和分享想法，培养团队合作和沟通能力。

4.数据分析能力的培养

（1）教授统计方法：学校应教授学生基本的统计方法和概念，例如平均值、标准差、相关性等。学生需要学会如何选择适当的统计方法来分析实验数据，并理解统计结果的含义和解读。

（2）引入数据处理软件：学校可以引入常用的数据处理软件，如 Excel、SPSS 等，教授学生如何使用这些工具进行数据分析。学生可以学习如何导入数据、进行数据清洗和转换、应用统计方法和生成图表等。

（3）进行实践数据分析：通过实验课程或科研项目，学校可以提供实践机会，让学生亲自进行数据分析。学生可以收集实验数据并应用所学的统计方法进行分析，从而加深对数据分析过程的理解和掌握。

（4）提供案例研究：学校可以提供一些真实的科学案例，让学生分析和解读其中的数据。通过分析实际案例，学生可以学习如何将统计方法应用到实际问题中，并从中获得实践经验。

（5）强调数据解读和科学结论：学校应强调学生对数据的准确解读和科学结论的推导。学生需要学会将数据分析结果与实验目的和研究问题联系起来，理解数据背后的科学意义，并能够清晰地表达自己的观点和结论。

5.实践性教学与理论知识的结合

（1）实验课程：学校可以设计并开设实验课程，让学生亲自进行实验操作和数据收集。这样的实践性教学可以帮助学生将所学的理论知识应用到实践中，并加深对理论的理解。

（2）项目研究：学校可以组织学生参与科研项目或社区服务项目。通过实际的项目研究，学生可以将所学的理论知识应用到解决实际问题中，并培养他们的创新能力和实践技能。

（3）实习和实训：学校可以与企业、社区或科研机构合作，为学生提供实习和实训机会。在实际工作环境中，学生可以将所学的理论知识运用到实践中，并获得实际工作经验。

（4）案例分析：学校可以引入真实的案例，让学生进行分析和解决问题。通过案例分析，学生可以将理论知识与实际情境相结合，培养他们的问题解决能力和综合应用能力。

（5）实践性作业：学校可以设计实践性作业，要求学生运用所学的理论知识完成实际任务。这样的实践性作业可以帮助学生巩固理论知识，并培养他们的实际操作和应用能力。

6.提供指导和反馈

（1）导师或教师交流和讨论：学校可以安排学生与导师或教师进行定期的交流和讨论。这样的交流可以帮助学生解决实践和实验中遇到的问题，分享经验和知识，并获得专业的指导。

（2）指导意见和建议：导师或教师可以针对学生在实践和实验中的表现给予具体的指导意见和建议。他们可以帮助学生了解自己的优点和不足之处，并提供改进的方向和策略。

（3）反馈和评估：学校可以定期对学生的实践和实验进行评估，并提供详细的反馈。这种反馈可以帮助学生了解自己的进步情况，发现问题并加以改进。同时，学校也可以通过反馈来鼓励和肯定学生的努力和成就。

（4）学生自我评估：学校可以鼓励学生进行自我评估，帮助他们了解自己的学习和进步情况。学生可以通过反思和总结来发现自己的不足之处，并制订相应的改进计划。

（五）导师制度与科研项目

在高校实践育人中，建立导师制度并开展科研项目是培养学生科学家精神的重要途径之一。学校可以为学生配备导师，导师可以传授科学家精神的经验和技巧，引导学生进行科学研究，并培养他们的科学思维和创新能力。

1.建立导师制度

（1）导师选择：学校应该挑选具有丰富科研经验和学术背景的专业导师。导师在相关领域有深入的知识和专业技能，能够为学生提供准确和有价值的指导。

（2）导师分配：学校可以根据学生的专业方向和兴趣将他们分配给适合的导师。这样可以确保学生与导师之间的专业匹配，并促进更有效的指导和交流。

（3）定期会面：学校可以安排导师和学生定期会面，以讨论学生的科学研究项目和进展情况。这些会面可以提供一个机会，学生可以向导师咨询问题、寻求建议，并获得专业意见和反馈。

（4）个别支持和指导：导师可以为学生提供个别化的支持和指导，根据学生的需求和能力水平进行调整。导师可以帮助学生制订研究计划、解决实验中的困难，并提供专业意见和建议。

（5）学术交流和合作：导师可以鼓励学生参与学术交流和合作，如参加学术会议、发表论文等。这样的经历可以帮助学生提高科研能力，并扩展他们的学术网络。

2.导师传授科学家精神的经验和技巧

（1）分享科研经验：导师可以与学生分享自己在科研领域的经验和故事。导师通过讲述科研项目的背景、挑战和成功经历，可以激发学生的兴趣，并让他们了解科学研究的真实面貌。

（2）激发创新思维：导师可以鼓励学生积极思考和提出新的研究问题。导师可以引导学生探索未知领域，挑战现有的科学观点，并鼓励他们提出创新的解决方案。

（3）培养科学方法论：导师可以教授学生科学研究的方法和技巧，如文献检索、实验设计、数据分析等。导师可以指导学生如何进行系统性的研究，从而培养他们的科学素养和批判思维能力。

（4）培养团队合作能力：科学研究往往需要团队合作，导师可以组织学生参与科研团队，培养他们的合作能力和团队精神。通过与其他研究人员的互动，学生可以学习到不同领域的知识和技能。

（5）培养责任感：导师可以要求学生对自己的研究负责，并鼓励他们保持良好的科研道德和学术诚信。导师可以教育学生如何进行正确的实验操作、数据处理和结果解释，以确保研究的可靠性和可重复性。

3.引导学生进行科学研究

（1）选择合适的科研课题：导师可以与学生一起讨论他们感兴趣的领域和研究方向，然后根据学生的兴趣和能力，帮助他们选择一个合适的科研课题。这个课题应该具有一定的创新性和挑战性，同时也要符合学生的学术水平和时间限制。

（2）理解科研的基本方法和流程：导师应该教导学生科研的基本方法和流程，包括文献综述、实验设计、数据收集与分析、结果解读和撰写科研论文等。导师可以与学生分享自己的科研经验，并推荐相关的学术资源和参考书籍。

（3）定期讨论和指导：导师应该与学生保持定期的讨论和指导，帮助他们解决科研中遇到的问题。这些讨论可以涉及研究进展、实验结果分析、解决技术难题、论文写作等方面。导师可以提供专业意见和建议，帮助学生克服困难，推动科研项目的进展。

（4）培养科学思维和创新能力：导师应该鼓励学生发展科学思维和创新能力。导师可以引导学生提出问题、设计实验、分析数据和得出结论的过程中，注重逻辑性和批判性思维。导师还可以鼓励学生参加学术会议和交流活动，与其他研究者分享和讨论自己的研究成果，从而拓宽视野并获得反馈和启发。

4.提供科研项目机会

（1）设立科研实践课程：学校可以在课程设置中增加科研实践类的课程，让学生有机会参与真实的科研项目。这些课程可以包括理论学习、实验操作和数据分析等环节，帮助学生全面了解科研过程。

（2）建立科研实验室或团队：学校可以投入资源建立科研实验室或团队，为学生提供参与科研项目的平台。这些实验室或团队可以由专门的教师或研究人员指导，学生可以在他们的指导下进行科研活动，并得到及时的反馈和指导。

（3）鼓励学生申请科研资助：学校可以鼓励学生主动申请科研资助，如科研项目基金或奖学金。这样不仅可以提供经费支持，还可以增加学生对科研项目的投入和责任感。

（4）提供国内外科研交流机会：学校可以组织学生参加国内外的学术会议、研讨会或科研交流活动。这样的机会可以让学生与其他研究者进行交流和合作，拓宽视野，获取更多的学术资源和合作机会。

（5）建立导师制度：学校可以建立导师制度，为学生分配专门的导师指导他们的科研项目。导师可以提供专业意见和指导，帮助学生解决科研中的问题，并培养他们的科研能力和创新思维。

5.培养科学思维和创新能力

（1）提出挑战性问题：导师可以鼓励学生提出新颖的问题，激发他们的好奇心和探索欲望。通过让学生思考和解决具有挑战性的问题，可以促使他们形成科学思维和培养创新能力。

（2）引导学生进行实践和实验：实践是培养科学思维和创新能力的重要途径。导师可以指导学生进行实践和实验，让他们亲自动手操作和观察，从中积累经验并培养对科学的理解和掌握。

（3）鼓励批判性思维：导师可以引导学生思考问题的多个角度，并鼓励他们质疑已有的知识和观点。导师可以培养学生的批判性思维能力，使他们能够独立思考、分析和评估问题，进而提出创新的解决方案。

（4）提供合适的资源和支持：导师可以为学生提供必要的学习资源和支持，如参考书籍、科研文献、实验设备等，以帮助他们扩展知识面和培养创新能力。同时，导师也应该在学生遇到困难或挫折时给予适当的指导和鼓励，激发他们坚持和克服困难的意愿。

（5）鼓励合作与交流：科学思维和创新能力的培养需要学生具备良好的合作与交流能力。导师可以组织学生之间的合作项目或小组讨论，促进他们相互交流、分享想法和经验，从而培养出更加全面的科学思维和创新能力。

6.提供反馈和评估

（1）定期会议：导师可以与学生定期进行会议，讨论他们的科研进展、研究问题和实验结果。通过会议，导师可以及时了解学生的工作情况，并提供具体的反馈和建议，帮助他们改进和完善科研工作。

（2）书面反馈：导师可以为学生提供书面反馈，对他们的研究报告、论文草稿或实验记录进行评估和指导。通过详细的批注和建议，导师可以指出学生的优点和不足之处，并提供具体的改进方向，促使学生提高自己的科研能力。

（3）学术讨论和辩论：导师可以组织学术讨论和辩论，邀请学生展示他们的研究成果并进行学术交流。通过与导师和其他同学的讨论和辩论，学生可以获得来自不同视角的反馈和观点，拓宽思路和提升科研水平。

（4）科研项目评估：导师可以根据学生的科研项目，进行综合评估和打分。

评估可以基于学生的实验设计、数据分析能力、创新性和科研成果等方面进行，帮助学生了解自己在科研工作中的表现，并鼓励他们不断提高。

（5）学术导师反馈：导师可以定期与学生进行面对面的反馈，直接就学生的科研工作和能力进行评价。通过直接交流，导师可以向学生提供更加具体和个性化的反馈，并鼓励他们继续努力和进步。

（六）科学交流和合作

在高校实践育人中，鼓励学生参加科学交流和合作是培养科学家精神的重要手段之一。学校应该鼓励学生参加学术会议、研讨会等科学交流活动，并与其他领域的专业人士进行合作和互动。通过与其他科学家的交流和合作，学生能够拓展视野、了解前沿科技，并培养科学家精神。

1.学术会议和研讨会

（1）学术交流：学术会议和研讨会是学生与其他专业人士进行学术交流的平台。学生可以借此机会向他人展示自己的研究成果、观点和发现，并与其他领域的专家进行深入的讨论和交流。这有助于扩展学生的学术视野，了解最新的研究动态和前沿领域，同时也为学生建立学术网络和合作伙伴关系提供了机会。

（2）学术激励：学术会议和研讨会可以激发学生的学术兴趣和动力。在与其他研究者交流的过程中，学生可以接触到各种不同领域的创新思想和研究方法，从而激发他们的好奇心和求知欲。此外，看到其他人的优秀研究成果也会激励学生更加努力地进行科研工作，追求卓越。

（3）反馈和建议：学术会议和研讨会为学生提供了获得反馈和建议的机会。其他专业人士可以对学生的研究成果进行评价和指导，指出其优点和不足之处，并提出改进的建议。这有助于学生改进自己的研究工作，提高科研能力和学术水平。

（4）学术发表机会：一些学术会议和研讨会提供学生进行口头或海报展示的机会。学生可以通过发表论文或展示研究成果来分享自己的工作，增加学术影响力和知名度。这对于学生在学术界建立个人声誉和信任度非常重要，也有助于他们将研究成果转化为实际应用或进一步发展。

2.跨学科合作

（1）多角度审视问题：跨学科合作可以将来自不同学科领域的专业知识和方法结合起来，帮助学生从多个角度审视问题。这有助于学生拓宽思维边界，避免单一学科的局限性，更全面地理解和解决复杂问题。

（2）创新思维的激发：跨学科合作鼓励学生跨越学科界限，将不同领域的知识和思维方式融合在一起。这种交叉汇聚的过程能够激发学生的创新思维，促使他们思考并提出新颖的观点、解决方案和研究方法。

（3）解决复杂问题的能力：现实世界中的问题往往是复杂而综合的，需要多学科的知识和技能协同工作才能得到有效解决。通过跨学科合作，学生可以锻炼团队合作、沟通协调和问题解决的能力，培养解决复杂问题的能力，为未来职业发展做好准备。

（4）拓展学术视野和机会：跨学科合作为学生提供了与其他领域专业人士交流和合作的机会。这有助于学生了解其他学科的前沿动态和研究方向，拓宽学术视野，并为他们在学术界建立广泛的人脉和合作伙伴关系创造条件。

（5）实际应用和社会影响：跨学科合作可以帮助学生将研究成果转化为实际应用和解决社会问题的方案。通过与其他领域的专业人士合作，学生可以更好地理解实际需求和挑战，并以跨学科的方式提供创新解决方案，对社会产生积极影响。

3.学术期刊和论文

（1）学术期刊：学术期刊是由专家和学者编辑的定期出版物，用于发布原创研究成果和学术观点。学术期刊通常包括各个学科领域的专业期刊，覆盖了广泛的研究主题。学术期刊经过严格的同行评审过程，确保所发表的内容具有学术质量和可靠性。

（2）学术论文：学术论文是指通过撰写和提交给学术期刊的形式，向学术界传达研究成果、观点和发现的文章。论文应当具备清晰的结构和逻辑，使用准确的语言描述研究方法、实验成果和讨论结果等内容。学术论文可以包括综述、实证研究、理论探讨、案例分析等不同类型，以满足不同研究目的和领域的需求。

（3）学生投稿学术期刊的好处：学生通过投稿学术期刊可以展示自己的研究能力和学术水平，增加对专业领域的了解和认知。发表论文可以为学生积累学术声誉，提高就业竞争力，并有可能获得奖项或荣誉。与同行进行学术交流，接受同行评审的过程可以帮助学生提高科研能力和写作技巧。学术期刊的发表也为学生提供了与其他研究者合作的机会，拓展人际关系网络。

（4）投稿注意事项：在选择投稿期刊时，学生应该根据自己的研究主题和目标读者群来确定适合的期刊。投稿前应仔细阅读期刊的投稿指南和要求，并按照要求准备和提交稿件。在撰写论文时，学生应当保持严谨的学术态度，遵循学术道德规范，确保研究的可信度和可靠性。接受同行评审的过程可能需要一定时间，请学生在等待结果时保持耐心。

4.国际交流项目

（1）国际交流项目的形式：学校可以通过与海外大学、研究机构或组织建立合作伙伴关系，推动学生参与国际交流项目。国际交流项目可以包括短期交流、暑期学校、访问学者、联合研究项目等形式。通过这些项目，学生有机会与海外学者、研究团队进行合作，共同开展科研活动或学习交流。

（2）国际交流项目的好处：国际交流项目能够让学生接触到不同国家和地区的科研环境和文化，扩展视野，增加跨文化交流的经验。学生可以与国际领域的优秀学者和研究团队合作，借鉴他们的研究方法和思路，提高自己的科研水平。国际交流项目可以帮助学生了解国际前沿科技的最新进展和研究热点，拓宽专业知识和视野。参与国际交流项目还可以培养学生的跨文化沟通能力、团队合作能力和自主学习能力。

（3）参与国际交流项目的注意事项：学生在选择参与国际交流项目时，应根据自己的专业背景和研究兴趣，选择适合的项目。在参与项目前，学生需要准备相关申请材料，并了解目标国家或地区的签证、保险等事宜。在海外期间，学生要尊重当地的文化和法律法规，遵守项目的规定和安排。学生在项目结束后，可以总结经验并分享给其他同学，促进更多学生参与到国际交流项目中。

5.科研合作和导师指导

科研合作和导师指导在学生的科学研究过程中起着重要的作用。学校应该积极鼓励学生与导师进行密切的科研合作,这种合作可以为学生提供许多好处。

第一,与导师进行科研合作可以为学生提供宝贵的导师指导。导师通常是在相关领域具有丰富经验和专业知识的人士,他们可以引导学生制订研究计划、解决实际问题、掌握科学方法和技能等。通过与导师的紧密合作,学生可以获得及时的反馈和指导,提高科研水平。

第二,科研合作还可以帮助学生拓宽科学研究视野。通过与其他科研团队的合作,学生可以接触到不同的研究方向、方法和思维方式,了解最新的科学研究进展,这有助于学生开阔眼界,提高对科学问题的理解和解决能力。

第三,科研合作还可以提高学生的团队合作能力和交流能力。在科研项目中,学生需要与导师和其他合作伙伴密切合作,进行信息交流、讨论问题、分工合作等。这样的经历可以培养学生的团队协作精神和沟通能力,为将来的科研或职业发展打下坚实基础。

第二节　专业素养和创新能力

一、专业素养和创新能力的概述

(一)专业素养的概述

1.专业素养的意义

专业素养是指在特定领域内具备的知识、技能、态度和价值观等综合素质。它对个人和社会具有重要意义。

第一,专业素养是实现个人职业发展的基础。一个人拥有良好的专业素养意味着他具备了扎实的专业知识和技能,能够胜任相关职业角色所担负的任务和责任。这不仅增强了个人在职场上的竞争力,还为个人的职业发展提供了更广阔的空间。

第二,专业素养对于推动社会进步和经济发展具有重要作用。在各行各业中,专业人士通过运用自己的专业素养,能够提供高质量的产品和服务,促进产业创新和技术进步。他们的专业素养也能够推动相关领域的研究和发展,为社会带来更多的创新和进步。

第三，专业素养还涉及专业道德和职业操守。一个具备专业素养的人应该具备高度的责任感和职业道德，遵循相关行业的规范和准则，保持诚信和正直。这不仅对个人的职业发展有益，还有助于维护行业的良好形象和社会的公信力。

第四，专业素养还可以提高个人的自我实现和满足感。通过持续的学习和专业成长，个人可以不断提升自己的专业素养，实现自身潜力的发掘和发挥。同时，专业素养的提升也能够让个人更好地应对工作挑战和实际问题，提升工作满意度和幸福感。

2.专业素养的特点

（1）知识深度和广度：专业素养要求在特定领域内拥有扎实的知识储备。这包括对基础理论的掌握、专业技能的熟练运用以及对最新研究和发展趋势的了解。同时，专业素养还要求对相关领域之外的知识也有一定的了解和理解，以促进跨学科的交流和合作。

（2）技能应用与实践能力：专业素养强调将所学的知识和技能应用于实际工作中。具备良好的专业素养意味着能够灵活运用专业知识和技能解决问题，并能够适应不同情境下的需求和挑战。此外，专业素养还强调实践能力的培养，包括实验设计、数据分析、项目管理等方面的能力。

（3）创新和问题解决能力：专业素养鼓励个体具备创新思维和解决问题的能力。这包括能够独立思考、提出新观点和方法，并能够对复杂问题进行分析和解决。专业素养也强调培养批判性思维和判断能力，以便评估不同的解决方案，并做出明智的决策。

（4）沟通与合作能力：专业素养注重个体的沟通和合作能力。这包括良好的口头和书面表达能力，能够清晰地传达专业知识和观点。同时，专业素养还要求在团队中能够有效地与他人合作，共同解决问题和完成任务。具备良好的沟通和合作能力有助于促进专业领域内的交流和协作。

（5）职业道德和责任感：专业素养涉及职业道德和责任感的培养。一个具备专业素养的人应该遵守行业准则和规范，保持诚信和正直。他们应该具备高度的责任感，对自己的工作负责，并且意识到自己的行为对个人、组织和社会的影响。

3.专业素养的要素

（1）知识与学术素养：这是专业素养的核心要素。它包括对特定领域内的基础理论、概念和原理的掌握，以及对相关研究和发展趋势的了解。具备扎实的学科知识和学术素养是发展专业素养的基础。

（2）技能与实践能力：除了知识，专业素养还需要具备相关的技能和实践能力。这包括实验设计和操作技能、数据分析和解读能力、项目管理和团队合作能力等。通过实际应用和实践活动，个体可以不断提升自己的技能水平，进一步发展专业素养。

（3）创新与问题解决能力：专业素养要求个体具备创新思维和解决问题的能力。这涉及独立思考、提出新观点和方法，并能够针对复杂问题进行分析和解决。创新和问题解决能力的培养可以通过培养批判性思维、逻辑推理和判断能力来实现。

（4）沟通与交流能力：专业素养还需要具备良好的沟通和交流能力。这包括口头和书面表达能力，能够清晰地传达专业知识和观点，并与他人进行有效的沟通。在团队合作中，良好的沟通和交流能力也是实现共同目标的关键。

（5）职业道德与责任感：专业素养还涉及职业道德和责任感的培养。个体应该遵守行业准则和规范，保持诚信和正直。他们应该具备高度的责任感，对自己的工作负责，并且意识到自己的行为对个人、组织和社会的影响。

4.专业素养的目标

（1）专业素养的目标之一是使个体在特定领域内拥有扎实的知识储备。这包括对基础理论和概念的深入理解，对最新研究和发展趋势的了解。通过不断学习和积累，个体能够在专业领域内达到较高的知识水平。

（2）专业素养的目标之二是培养个体将所学知识和技能应用于实际工作中的能力。这涉及实验设计和操作技能、数据分析和解读能力、项目管理和团队合作能力等。通过实践活动和实际应用，个体可以进一步提升自己的技能水平。

（3）专业素养的目标之三是培养个体具备创新思维和解决问题的能力。这包括独立思考、提出新观点和方法，并能够针对复杂问题进行分析和解决。通过培养批判性思维、逻辑推理和判断能力，个体可以在专业领域内具备更高水平的创新和问题解决能力。

（4）专业素养的目标之四是培养个体良好的沟通和合作能力。这涉及口头和书面表达能力，能够清晰地传达专业知识和观点，并与他人进行有效的沟通。在团队合作中，良好的沟通和合作能力有助于实现共同目标。

（5）专业素养的目标之五是培养个体具备职业道德和责任感。个体应该遵守行业准则和规范，保持诚信和正直。他们应该具备高度的责任感，对自己的工作负责，并且意识到自己的行为对个人、组织和社会的影响。

（二）创新能力的概述

1.创新能力的意义

创新能力是指个体在思维、行动和解决问题方面具备创新思维和能力。它对个人和社会具有重要的意义。

第一，创新能力是推动社会进步和经济发展的关键。创新能力使个体能够提出新的观点、方法和解决方案，推动科学技术的进步和社会的发展。通过创新能力，个体可以改善现有产品和服务，开拓新的市场和领域，为社会带来更多的价值和机遇。

第二，创新能力是应对变化和挑战的重要能力。在日新月异的社会和职业环境中，个体需要具备创新能力来适应变化、解决问题和应对挑战。创新能力使个体能够灵活思考和行动，找到新的解决方案，并不断调整和改进自己的工作方式和方法。

第三，创新能力还有助于个人职业发展和竞争力的提升。在竞争激烈的职场中，具备创新能力的个体更容易获得机会和取得成功。他们能够提出新的理念和项目，展示自己的独特价值和能力，从而在职业发展中取得更好的成果。

第四，创新能力还可以培养个体的自信心和积极性。通过不断尝试新的思路和方法，个体可以逐渐提高对自己能力的认知和自信心，培养积极向上的态度。这有助于激发个体的潜力、挖掘创造力，并充分发挥个体的优势和特长。

2.创新能力的特点

（1）创造性思维：有创新意识，思维灵活、开放性强；善于发现问题，能从不同的角度思考和解决问题。

（2）批判性思维：创新能力需要个体具备批判性思维，能够分析和评估现有的问题和解决方案，并找到改进和突破的机会。

（3）学习能力：创新能力需要不断学习和积累知识的能力，能够主动获取新的信息和技能，并将其应用到实际情境中。

（4）敏锐观察力：创新能力要求个体对环境和市场的变化保持敏锐的观察力，能够捕捉到新的趋势和机会。

（5）风险意识：创新往往伴随着风险和不确定性，因此创新能力需要个体有勇于冒险和接受失败的勇气，同时也需要具备风险评估和管理的能力。

（6）团队合作：创新往往是一个团队的努力，因此创新能力需要个体具备良好的团队合作能力，能够与他人共同思考、分享和实践创新想法。

（7）持续改进：创新能力要求个体不断反思和改进自己的工作方式和方法，不断寻求更高效和更优质的解决方案。

3.创新能力的要素

（1）源于观察和洞察：创新能力首先要求个体或组织有敏锐的观察力和洞察力，能够捕捉到潜在的问题、需求或机会。通过仔细观察和深入了解现状，发现变化和趋势，并从中获得启发。

（2）创造性思维：创新能力需要个体或组织具备开放、灵活和创造性的思维方式。这包括从不同的角度看待问题，产生新的想法和概念，以及能够将不同领域的知识和经验进行结合和应用。

（3）实践和执行能力：创新能力不仅仅停留在理论层面，还需要将创新的想法付诸实践并取得实际成果。这需要个体或组织具备良好的执行能力，能够有效地组织资源、制订计划，并迅速行动来实现创新目标。

（4）学习和适应能力：创新能力需要个体或组织具备持续学习和适应变化的能力。这包括主动获取新的知识和技能，不断反思和改进自己的工作方式，以及对新的情境和挑战进行灵活的调整和适应。

（5）风险管理能力：创新往往伴随着风险和不确定性。因此，创新能力需要个体或组织具备风险管理的能力，能够识别和评估潜在的风险，并采取相应的措施来降低风险并增加成功的可能性。

（6）合作和沟通能力：创新往往是一个集体努力的结果，需要个体或组织具备良好的团队合作和沟通能力。能够与他人分享想法、协同工作，并有效地传达创新的目标和价值。

4.创新能力的目标

（1）提高问题解决能力：创新能力要求能够识别和理解问题，并能够找到创新的解决方案。因此，提高问题解决能力是培养创新能力的重要目标之一。

（2）增强创造力：创新需要有创造性的思维和想法，因此培养创造力是提高创新能力的关键。创新能力的目标是通过锻炼和激发创造力，使其能够应用于实际问题的解决过程中。

（3）促进跨学科合作：创新往往涉及多个领域的知识和技能，需要不同学科的专业人士共同合作。因此，创新能力的目标是培养跨学科合作的能力，使个体能够与不同背景的人合作，共同创造出创新的解决方案。

（4）培养风险意识和适应能力：创新常常伴随着一定的风险和不确定性，因此创新能力的目标之一是培养风险意识和适应能力。个体需要具备勇于尝试和接受失败的勇气，同时能够适应不断变化的环境和条件。

（5）培养持续学习和进步的心态：创新是一个不断演进的过程，需要持续学习和进步。因此，培养持续学习和进步的心态是提高创新能力的目标之一。个体应该具备主动学习和反思的意识，并积极寻求改进和创新的机会。

二、在高校实践育人过程中培养专业素养的应用策略

（一）课程设计和教学方法

在课程设计和教学方法方面，强调实践性课程的开设和采用项目驱动的教学方法是非常重要的应用策略。这些策略能够有效地促进学生的专业素养培养，提高他们的实际操作能力和创新思维。

1.强调实践性课程的开设

（1）理论与实践相结合。

将课堂教学与实践活动相结合，让学生在实践中应用所学理论知识，加深

对知识的理解和掌握。为了提高学生的学习效果和能力发展，学校可以积极推动理论与实践的结合，让学生在实践中应用所学的理论知识。以下是一些扩展方法。

①实践课程或开放实验：开设实践课程或开放实验，让学生亲自参与实际操作和实验，将课堂上学到的理论知识运用到实际情境中。通过实践，学生可以深入理解和掌握知识，并培养解决问题和创新思维的能力。

②校外实习或实训：组织学生到企业、机构或社会组织进行实习或实训，让他们接触真实的工作环境和项目。通过实践，学生可以将课堂上学到的知识应用到实际工作中，锻炼专业技能和解决问题的能力。同时，实习还可以帮助学生建立职业网络和了解就业市场。

③社区服务和志愿活动：鼓励学生参与社区服务和志愿活动，让他们将所学的理论知识应用于实际情境中，为社会做出贡献。通过与真实问题和需求的接触，学生可以深入了解社会现实，培养社会责任感和团队合作精神。

④跨学科项目和竞赛：组织跨学科项目和竞赛，鼓励学生在团队中合作解决现实问题或完成创新项目。这样的项目和竞赛需要学生综合运用多学科的知识和技能，提高他们的综合素养和创造力。

（2）案例分析

在课堂教学中引入真实案例是一种有效的教学方法，它可以帮助学生将抽象的理论知识应用于实际情境中，并培养他们的问题解决能力和判断力。

①提供真实案例材料：教师可以收集和提供真实的案例材料，涵盖不同领域和行业的问题。这些案例可以来自实际企业、组织或社会事件，具有一定的复杂性和挑战性。通过学生对案例的分析和解决，他们可以更好地理解理论知识的应用和实践。

②小组讨论和辩论：将学生分成小组，让他们共同分析和讨论案例，提出解决方案并进行辩论。每个小组可以从不同的角度和观点出发，对案例进行深入分析，并就最佳解决方案展开辩论。这样的活动可以培养学生的团队合作精神、沟通能力和批判性思维。

③角色扮演和模拟：学生可以扮演案例中的不同角色，通过模拟实际情境

来解决问题。这种角色扮演和模拟活动可以帮助学生更好地理解案例中各方的利益和观点，并培养他们的决策能力和判断力。同时，学生还可以从中体验到实践中的挑战和压力，提高应对复杂问题的能力。

④反思和总结：在学生完成案例分析后，教师可以引导他们进行反思和总结，分享他们的经验和教训。通过反思和总结，学生可以深入理解案例中的问题和解决方法，加强他们的自我评估和学习能力。

（3）模拟实验。

模拟实验是一种有效的教学方法，可以帮助学生在没有实际实验条件的情况下，进行实验操作的模拟和练习。以下是一些关于模拟实验的方法。

①虚拟实验室：利用虚拟实验室软件或在线平台，学生可以模拟进行实验操作。虚拟实验室可以提供各种实验场景和设备，让学生进行实验的步骤和操作。学生可以通过虚拟实验室进行实验前的准备工作、实验操作和数据处理，提高他们的实际操作能力和实验技巧。

②角色扮演和模拟：学生可以扮演实验中的不同角色，模拟实验操作和交流过程。例如，学生可以分为实验员、观察员和记录员等角色，按照实验流程进行模拟实验操作。通过角色扮演和模拟，学生可以更好地理解实验的步骤和要求，并培养他们的团队合作和沟通能力。

③实验设计和方案制订：学生可以根据给定的实验目标和条件，进行实验设计和方案制订。他们需要考虑实验的步骤、材料和数据采集等方面，并提出合理的实验方案。通过这样的实践，可以培养学生实验设计和方案制订的能力，提升他们的创新思维和问题解决能力。

④实验结果分析和报告撰写：学生可以对模拟实验的结果进行分析和报告撰写。他们需要对实验数据进行处理和解释，总结实验的结果和结论，并撰写实验报告。通过实验结果分析和报告撰写，学生可以加深对实验过程和原理的理解，提高他们的科学思维和表达能力。

2.采用项目驱动的教学方法

（1）引入真实项目。

①真实项目案例：教师可以选择真实的项目案例，涵盖不同领域和行业的

问题。这些项目案例可以来自企业、组织或社会，具有一定的复杂性和挑战性。学生可以在团队中分析和解决这些项目案例，从而提升他们的团队合作能力和问题解决能力。

②跨学科团队合作：将来自不同专业背景的学生组成跨学科团队，共同解决真实项目中的问题。这样的团队合作可以促进学生之间的跨学科交流和合作，增加他们对多学科知识的理解和应用能力。同时，学生还可以学习到团队协作和沟通技巧，培养跨学科合作的能力。

③项目管理和实施：学生可以通过参与真实项目的管理和实施，学习项目管理的理论和实践。他们需要制订项目计划、分配任务、协调团队成员并进行项目监控等工作。通过实践，学生可以了解项目管理的要素和挑战，并培养他们的组织能力和领导力。

④反馈和评估：在学生完成真实项目后，教师可以给予及时的反馈和评估。这样的反馈可以帮助学生了解他们在项目中的表现和改进空间，并提供指导和建议。同时，学生也可以从反馈中学习到项目管理和团队合作方面的经验教训。

（2）设计项目任务。

①任务拆分与安排：将整个项目拆分为具体的任务，并根据任务的难易程度和依赖关系进行安排。每个任务应该具有明确的目标和可衡量的结果，以便学生能够清楚地了解任务的要求和预期成果。

②学生参与任务分配：允许学生参与任务分配的过程，让他们能够选择或自愿承担感兴趣或擅长的任务。这样可以提高学生的主动性和参与度，并使他们积极投入到任务的完成中。

③多学科融合任务：设计跨学科任务，要求学生运用多学科的知识和技能来解决问题。通过多学科融合的任务，可以促进学生的综合素养发展，培养他们的跨学科思维和合作能力。

④提供资源和指导：为学生提供完成任务所需的资源和指导，例如文献资料、实验设备、技术支持等。同时，教师可以给予学生必要的指导和反馈，引导他们在任务完成过程中学习和应用知识。

⑤鼓励创新与解决问题：鼓励学生在任务完成过程中展现创新思维和解决

问题的能力。学生可以提出新颖的观点和方法，尝试解决项目中的挑战和难题。通过这样的实践，学生可以培养创新意识和解决问题的能力。

（3）辅导和指导。

①确定项目目标和任务：教师应与学生共同明确项目的目标和任务，并确保学生对项目的要求和期望有清晰的理解。

②制定项目计划：教师可以帮助学生制订项目计划，包括时间安排、任务分配和里程碑设定等，以确保项目进展有序。

③提供专业知识和技能支持：教师应根据学生的需求和项目的要求，提供相关的专业知识和技能支持，帮助学生解决问题并提升他们的能力。

④提供资源和参考资料：教师可以为学生提供必要的资源和参考资料，包括文献、案例研究、实验设备等，以便学生更好地开展项目研究和实践。

⑤监督和反馈：教师应及时监督学生的项目进展，并提供定期的反馈和评估，帮助学生了解自己的优势和不足，并及时调整项目方向和策略。

⑥激发学生的创新和思考：教师可以引导学生进行深入思考和独立思考，激发他们的创新意识和解决问题的能力，帮助他们在项目中获得更多的收获和成长。

（二）实践实习和实训机会

1.提供行业实习和社会实践机会

（1）与企业、机构合作。

①实践机会：与企业、机构合作可以为学生提供实践机会，使他们能够将所学知识应用到实际工作中，增强实践能力和职业素养。

②行业洞察力：通过与行业企业、机构合作，学生可以深入了解行业的发展趋势、市场需求和竞争情况，获得行业洞察力，为未来的就业和创业做好准备。

③职业导向：与企业、机构合作可以帮助学生明确自己的职业目标，并了解不同职位的要求和工作内容，从而更好地规划自己的职业发展路径。

④人际关系网络：通过与企业、机构合作，学生有机会结识业界专业人士和同行，建立起广泛的人际关系网络，这对于今后的就业和职业发展都具有重

要意义。

⑤学术交流与合作：与企业、机构合作可以促进学术交流与合作，学生可以与行业专家和研究人员进行深入的学术探讨和合作研究，提升自己的学术水平和研究能力。

⑥就业机会：通过与企业、机构合作，学生可以积累实习经验和工作经历，增加自己的就业竞争力，有更多的就业机会和职业发展空间。

（2）安排实践项目。

①实际操作：实践项目可以为学生提供实际操作的机会，使他们能够亲身参与并实践所学知识和技能，加深对理论知识的理解和掌握。

②问题解决：实践项目通常涉及真实的问题和挑战，学生需要运用自己所学的知识和技能去解决问题，培养他们的问题解决能力和创新思维。

③团队合作：实践项目往往需要学生进行团队合作，共同完成任务。这有助于培养学生的团队合作精神、沟通协作能力和领导能力。

④实践经验：通过实践项目，学生可以积累宝贵的实践经验，了解实际工作环境和流程，增强职业素养，并为未来的就业和创业做好准备。

⑤职业导向：实践项目可以帮助学生更好地了解不同职业领域的工作内容和要求，从而明确自己的职业目标，并为职业发展做出更有针对性的规划。

⑥实践能力提升：通过实践项目，学生可以不断锻炼和提升实践能力，包括问题分析、决策能力、时间管理、团队合作等方面的能力。

（3）导师指导。

①专业知识传授：导师通常是经验丰富的专业人士或行业专家，他们可以向学生传授专业知识和实践经验，帮助他们更好地理解和应用所学内容。

②实践指导：导师可以引导学生在实践中探索和实践，指导他们如何解决问题、制订实践方案，并提供相关的实践技巧和方法。

③反馈与评估：导师可以及时给予学生反馈和评估，帮助他们了解自己的优势和不足，及时调整和改进实践策略，提升实践能力。

④职业导向：导师具有丰富的行业经验和职业洞察力，可以为学生提供职业导向和就业建议，帮助他们明确职业目标并规划职业发展路径。

⑤激发学习兴趣：通过与导师交流和学习，学生可以接触到实际案例和应用场景，激发他们的学习兴趣和动力，提高学习效果。

⑥建立专业网络：导师作为行业专家，可以帮助学生建立起广泛的专业人脉和网络，为他们今后的职业发展提供支持和机会。

2.建立实验室和实训中心

（1）先进设备和技术支持。

①提供实践机会：先进的实验室和实训中心可以为学生提供丰富的实践机会，使他们能够亲身参与实际操作和实验，加深对理论知识的理解和掌握。

②接触最新技术：通过配备先进的设备和技术，学生可以接触到最新的科学技术和行业应用，了解前沿领域的发展动态，提高自己的专业素养和竞争力。

③模拟真实场景：先进的实验室和实训中心可以模拟真实的工作环境和场景，使学生能够在实际操作中面对真实的挑战和问题，培养他们的实际应用能力和问题解决能力。

④安全性和可控性：先进设备和技术通常具有更高的安全性和可控性，可以降低学生在实践过程中的风险，并提供更好的学习环境和条件。

⑤增强竞争力：通过接触先进设备和技术，学生可以提前熟悉和掌握行业常用工具和软件，增强自己的就业竞争力，并更好地适应职业发展的需求。

⑥学科交叉与创新：先进的实验室和实训中心可以促进学科之间的交叉与融合，激发学生的创新意识和跨学科思维，培养他们的综合能力和创新能力。

（2）实践项目设计。

实践项目设计是在实验室和实训中心开展具有实际意义的项目，旨在让学生通过实际操作和实验来掌握专业技能和解决实际问题的能力。以下是这种做法的一些优势和好处。

①实际应用：实践项目设计使学生能够将所学的理论知识应用到实际情境中，通过实际操作和实验来加深对知识的理解和掌握。

②解决实际问题：实践项目设计要求学生解决实际问题，培养他们的问题解决能力、创新思维和实践能力，使其能够在真实场景中应对挑战。

③团队合作：实践项目往往需要学生进行团队合作，共同完成任务。这有

助于培养学生的团队合作精神、沟通协作能力和领导能力。

④综合能力提升：实践项目设计涉及多个学科领域的知识和技能，可以促进学生的跨学科学习和综合能力的提升。

⑤实践经验积累：通过参与实践项目，学生可以积累宝贵的实践经验，了解实际工作流程和操作技巧，并为未来的职业发展做好准备。

⑥职业导向：实践项目设计可以帮助学生更好地了解不同职业领域的工作内容和要求，明确自己的职业目标，并为职业发展做出更有针对性的规划。

（3）实验报告和反思。

实验报告是学生在完成实验后撰写的一份文档，旨在总结实验过程、结果和结论，并通过分析和反思来提高他们的观察、记录和分析能力。以下是实验报告和反思的一般要求。

①标题和摘要：报告应包含明确的标题和简洁明了的摘要，概括实验的目的、方法和主要结果。

②引言：介绍实验的背景和目的，解释为什么选择这个实验以及预期的结果。

③材料和方法：详细描述实验所使用的材料和方法，使读者能够重复实验并获得相似的结果。

④结果：以图表、表格或文字形式呈现实验的结果。确保结果清晰、准确地展示实验数据。

⑤讨论：对实验结果进行解释和分析，与预期结果进行比较。讨论可能的误差来源和改进方法。

⑥结论：总结实验的主要发现和结论。强调实验的重要性和意义。

⑦参考文献：列出引用的文献，确保报告的准确性和可信度。

⑧反思部分：鼓励学生在实验报告中加入反思部分，以提高他们的观察、记录和分析能力。在反思中，学生可以回答以下问题：

实验过程中遇到了哪些困难和挑战？

实验结果是否符合预期？为什么？

在实验过程中有哪些改进的空间？

学到了哪些新知识或技能？

有哪些改进的建议或进一步的研究方向？

通过撰写实验报告和进行反思，学生可以更好地理解实验原理和方法，加深对实验结果的理解，并提高观察、记录和分析能力。这种综合性的学习方式有助于培养学生的科学思维和实验技能，提高他们在未来科学研究和实践的能力。

（三）科研和创新活动

在科研和创新活动方面，鼓励学生参与科研项目和组织科技创新竞赛和活动是重要的应用策略。这些策略能够培养学生的科学思维、研究能力和创新意识，提升他们的专业素养。

1.鼓励学生参与科研项目

（1）导师指导。

①项目选择和规划：导师应与学生合作选择适合学生兴趣和能力的科研项目，并帮助他们制订合理的研究计划和时间表。

②方法和技巧培训：导师应指导学生学习和掌握科研方法和技巧，包括实验设计、数据收集和分析、文献查阅和写作等方面。

③实验指导：导师可以提供实验室设备和资源支持，指导学生进行实验操作，并确保实验过程的安全性和准确性。

④学术交流和讨论：导师应鼓励学生参加学术会议、研讨会或小组讨论，与其他研究人员交流和分享他们的研究成果，并提供反馈和建议。

⑤问题解决和指导：导师应及时回答学生在研究过程中遇到的问题，并提供解决方案和指导，帮助学生克服困难和挑战。

⑥学术道德和职业发展：导师应引导学生遵守学术道德规范，教育他们正确处理研究数据和结果。此外，导师还应提供职业发展方面的建议和支持，帮助学生规划未来的科研和职业道路。

（2）科研讨论和交流

科研讨论和交流是促进学生科研能力和创新思维发展的重要方式之一。通过组织学术讲座、研讨会等活动，学生可以分享自己的科研成果，与他人进行交流和讨论，从而获得更多的学术启发和指导。

在这些活动中，学生可以通过演讲或报告的形式，向其他参与者介绍自己的研究课题、实验方法和结果，以及所取得的成果成果和做出的贡献。这样的分享可以帮助学生提高表达能力和学术沟通技巧，同时也能够激发其他人的兴趣和思考。

此外，学生还可以借助研讨会等形式与其他参与者进行深入的讨论和交流。通过与专家、教授和同行的互动，学生可以获取反馈和建议，了解最新的研究动态和前沿领域的发展趋势。这种交流不仅有助于学生扩展视野、增长知识，还能够促进跨学科合作和创新思维的培养。

为了有效组织这些科研讨论和交流活动，学校可以定期安排相关的时间和场地，邀请专家学者或相关领域的教授进行讲座或指导。同时，学生也可以积极参与学术会议、研究组织等，与更多的科研人员建立联系，扩展合作网络。

（3）学术论文写作。

学术论文写作是培养学生科学写作能力和学术规范意识的重要环节。通过引导学生进行学术论文写作，可以帮助他们系统整理和表达研究成果，提高科学思维和逻辑推理能力。

在学术论文写作中，学生需要按照一定的结构和格式，清晰地陈述研究目的、方法、结果和讨论等内容。同时，他们还需参考相关文献，并在论文中正确引用和注释，遵守学术规范和道德原则。这样的实践不仅有助于学生深入理解研究领域的知识，还能够培养他们的批判性思维和创新能力。

为了有效引导学生进行学术论文写作，学校可以开设专门的课程或研究方法工作坊，向学生介绍学术写作的基本原则和技巧。教师可以提供指导和反馈，帮助学生改进论文的结构、语言和逻辑。此外，学校还可以建立学术写作指导中心或提供在线资源，使学生能够获取更多的学术写作资料和指南。

同时，学校还可以鼓励学生参与学术期刊的投稿和发表，以及参加学术会议和研讨会等活动。这些机会能够让学生接触到真实的学术出版流程和同行评审制度，了解学术界的规范和标准，激发学生的科研兴趣。

2.组织科技创新竞赛和活动

（1）学科竞赛。

学科竞赛是培养学生创新思维和问题解决能力的有效途径之一。通过组织竞赛活动，可以激发学生的兴趣和动力，促使他们在相关领域展现出优秀的才能和创造力。

学科竞赛提供了一个实践和应用学科知识的平台，学生可以通过参与竞赛项目，深入探究自己感兴趣的领域，并将所学知识应用到实际问题中。这种实践性的学习方式有助于培养学生的创新思维和解决问题的能力，让他们能够灵活运用所学知识解决现实生活中的挑战。

此外，学科竞赛还提供了与其他同学交流与合作的机会。学生可以与来自不同学校或地区的参赛者进行交流和切磋，分享彼此的经验和思路。这种合作与竞争相结合的环境可以激发学生的竞争意识和团队合作精神，培养他们的沟通和协作能力。

为了有效组织学科竞赛，学校可以设立专门的竞赛组织机构或委员会，负责竞赛项目的策划、组织和评审。同时，学校还可以提供相应的资源和指导，帮助学生准备参赛并提升竞赛水平。教师也可以担任竞赛指导老师，为学生提供指导和建议，帮助他们克服困难，发挥潜力。

（2）创新项目比赛。

①设定主题：确定比赛的主题或领域，例如科技、环境保护、软件设计等。确保主题与学生的兴趣和实际需求相符。

②制定规则：明确比赛的参与资格、提交要求、评审标准和奖项设置等。规则应该具有明确性、公正性和可操作性。

③宣传推广：利用学校的官方网站、社交媒体、海报等渠道进行宣传，吸引更多学生参与。同时，与相关专业课程或学生组织合作，扩大比赛的影响力。

④提供资源支持：为参赛学生提供必要的资源支持，包括工作场所、设备、材料和导师指导等。这将有助于他们在实践过程中更好地发挥创造力。

⑤定期指导：安排定期的项目指导会议或工作坊，为学生提供机会分享进展、解决问题，并获得专家或导师的反馈和建议。

⑥评审与展示：组织专家评审团对参赛作品进行评审，并选出优秀的设计方案。此外，可以举办项目展示活动，让学生向其他同学、教师和校外人士展示他们的成果。

⑦奖励与认可：设立奖项并颁发给获胜者，例如最佳创新奖、最佳实践奖等。此外，还可以为所有参赛学生提供证书或荣誉称号，以认可他们的努力和成就。

⑧实践落地：鼓励获奖作品或优秀作品得到进一步开发和实施。为学生提供支持，使他们的创新设计能够真正应用于实际问题的解决或社会需求的满足中。

（3）创业活动。

①创业讲座：邀请成功的创业者、行业专家或投资人来校园进行讲座，分享他们的创业经验和故事。讲座可以包括如何发现商机、制订商业计划、融资、市场推广等方面的内容，以激发学生的创业热情。

②创业竞赛：组织创业竞赛，鼓励学生提出创新的商业想法，并通过比赛形式评选出优秀的创业项目。比赛可以设立不同类别的奖项，如最具商业潜力奖、最佳商业模型奖等，以激励学生展现创新能力和商业洞察力。

③创业培训课程：提供创业相关的培训课程，教授学生创业所需的基本知识和技能，如市场调研、产品开发、财务管理等。这些课程可以由学校内部的教师或外部的专业人士来教授，使学生能够全面了解创业过程和运营管理的要点。

④创业实践支持：为有创业意向的学生提供实践支持，包括创业孵化器、导师指导和资源共享等。创业孵化器可以提供办公空间、网络资源和创业导师，帮助学生将创业想法转化为可行的商业项目，并提供必要的支持和指导。

⑤创业网络建设：建立一个学生创业者的网络社群，促进学生之间的交流与合作。通过组织创业沙龙、创业交流会等活动，让学生分享创业心得、互相启发，寻找合作伙伴或投资机会。

⑥创业导师计划：邀请成功的创业者或商业领袖来校园担任学生的创业导师，提供个人指导和支持。导师可以与学生进行定期的面对面会议，帮助他们

制订创业计划、解决问题并提供实际建议。

（四）学生社团

在学生社团方面，提供多样化的选择并引导学生承担社团职责是重要的应用策略。这些策略能够培养学生的领导能力、团队合作精神以及组织能力。

1.提供多样化的学生社团选择

（1）学术社团。

①培养学术兴趣：学术社团为学生提供了一个积极的学术环境，激发他们对学术研究的兴趣。通过与志同道合的同学一起探讨学科知识和问题，学生能够更深入地理解所学内容，进而培养出对学术的浓厚兴趣。

②拓宽学科视野：学术社团通常会组织学术讲座、研讨会等活动，邀请专家学者或相关行业人士来分享最新的研究成果和学术动态。这样的活动可以帮助学生拓宽学科视野，了解前沿领域的发展趋势，从而更好地把握学科的核心问题和研究方向。

③提升学术能力：学术社团通常会组织学术研究项目，鼓励学生参与科研实践。通过参与研究项目，学生能够锻炼科研方法和技巧，提高自己的学术能力。同时，学术社团也为学生提供了一个展示研究成果的平台，增强他们的学术交流和表达能力。

④建立学术网络：学术社团是学生进行学术交流与合作的重要平台。在学术社团中，学生可以结识志同道合的同学和有经验的导师，建立学术网络。这样的学术网络不仅可以帮助学生获取学术资源和机会，还能够促进学术合作和学科发展。

（2）文化艺术社团。

①文艺演出：文化艺术社团可以组织各种形式的文艺演出，如音乐会、舞蹈表演、戏剧演出等。这些演出不仅可以展示学生的才艺和技能，还能够让他们感受到艺术的魅力，提高他们的表达能力和舞台表现力。

②艺术展览：社团可以策划并组织艺术展览，展示学生的绘画、摄影、雕塑等艺术作品。通过参与艺术展览，学生可以亲身体验艺术创作的过程，培养自己的审美眼光和欣赏能力。

③创作工作坊：社团可以定期举办创作工作坊，邀请专业艺术家或老师指导学生进行文化艺术创作。这种亲身参与的方式可以激发学生的创造力和想象力，培养他们的艺术表达能力。

④艺术交流活动：社团可以组织艺术交流活动，邀请其他学校或艺术团体的学生来校交流演出或展览。通过与其他学生的交流互动，学生可以拓宽自己的艺术视野，了解不同文化背景下的艺术表达方式。

（3）体育社团。

①组织比赛：体育社团负责策划、组织和管理各类体育比赛，例如足球、篮球、排球、田径等。这些比赛可以是校内的内部比赛，也可以是与其他学校或机构进行的外部比赛。通过比赛，学生们可以锻炼技能、提升水平，并享受竞争的乐趣。

②活动举办：体育社团还可以组织各种体育活动，如健身课程、运动会、户外探险等。这些活动不仅可以让学生们尝试不同的运动项目，还能增强他们的身体素质和健康意识。

③培养团队合作：体育社团注重培养学生的团队合作精神。在比赛和活动中，学生们需要与队友密切合作，共同制定战术、协调配合，以达到最佳表现。这种团队合作的经验将对学生今后的人际关系和职业发展产生积极影响。

④培养竞技精神：体育社团通过比赛和活动，培养学生的竞技精神。学生们将学会尊重对手、遵守规则、克服挑战，并从胜利和失败中吸取经验教训。这种竞技精神将激发他们在学习和生活中追求卓越的动力。

2.引导学生承担社团职责

（1）社团管理和运营。

①提供机会：学校可以提供各种社团活动，并鼓励学生积极参与。例如，举办社团招新活动，向学生介绍各个社团的特点和运作方式，让他们有机会选择自己感兴趣的社团，并成为其中的一员。

②培训和指导：为那些有意愿担任社团干部或负责人的学生提供培训和指导。这可以包括领导力培训、组织管理技巧、沟通技巧等方面的培训，帮助他们更好地理解和应对社团管理与运营中的挑战。

③激励措施：为学生担任社团干部或负责人设立激励措施，如荣誉证书、奖学金、升学推荐等，以激励他们更加积极地参与社团管理与运营，并取得良好的成绩。

④合作与互助：鼓励社团之间的合作与互助，例如举办跨社团的活动、分享资源和经验等。这样可以促进学生之间的交流与合作，培养他们的团队合作精神和协调能力。

⑤提供支持与反馈：学校可以设立社团指导教师或指导员，为学生提供必要的支持与指导，定期与他们进行沟通和反馈。这样可以帮助学生更好地理解和应对社团管理与运营中的问题，并不断提升自己的能力。

（2）活动策划与组织。

①培养学生的创意思维：鼓励学生提出新颖、独特的活动主题和想法，培养他们的创造力和创新精神。

②设定明确的目标和任务：在活动策划过程中，帮助学生明确活动的目标，并分解为具体的任务，以便更好地管理和执行。

③强调团队合作：鼓励学生通过团队合作来完成活动策划和组织工作。培养学生的沟通、协调和领导能力，使他们能够有效地与团队成员合作。

④提供必要的资源支持：为学生提供必要的资源支持，如场地、设备、资金等，以确保活动的顺利进行。

⑤激发学生的责任心：让学生意识到他们在活动策划和组织中扮演的角色和责任，培养他们的自我管理能力和责任心。

⑥提供培训和指导：为学生提供相关的培训和指导，教授活动策划、项目管理等技能，帮助他们提升组织和执行能力。

⑦鼓励学生反思总结：活动结束后，鼓励学生进行反思总结，评估活动的成功与不足之处，从中汲取经验教训，为今后的活动策划和组织提供指导。

（五）跨学科合作

跨学科合作在现代教育中具有重要的意义，它能够促进不同专业领域的交叉学习，提高学生的综合素养和解决问题的能力。以下是几种推动跨学科合作的方法。

1.开设跨学科课程

（1）综合知识与技能：跨学科课程可以将不同领域的知识和技能有机结合，使学生在解决问题和应对挑战时能够运用多个学科的知识和技能，提高综合素养。

（2）培养跨界思维：通过跨学科课程，学生可以接触到不同学科的观点和方法，培养跨界思维能力，拓宽视野，以更全面的角度看待问题和寻找解决方案。

（3）促进创新与创造力：跨学科课程鼓励学生跳出传统学科边界，激发他们的创新和创造力。学生可以从不同学科中汲取灵感，将不同领域的思维方式和方法结合起来，提出新颖的想法和解决方案。

（4）协同合作能力：跨学科课程通常需要学生进行团队合作，与不同专业背景的同学共同完成项目或任务。这样的合作可以锻炼学生的沟通、协调和团队合作能力，培养他们成为具有广泛合作能力的人才。

（5）实践与应用导向：跨学科课程通常注重实践和应用，让学生在实际项目中应用所学知识和技能。这种实践导向的学习方式可以增强学生的问题解决能力和实际操作能力，提高他们的职业竞争力。

2.举办跨学科项目

跨学科项目要求学生来自不同学科背景的团队共同合作。在项目中，学生需要学会与他人合作、分享知识、有效沟通，并解决团队内部的问题。这样的经历有助于培养学生的团队合作和沟通技巧。

（1）拓宽视野：通过参与跨学科项目，学生可以接触到不同学科领域的知识和理念，拓宽自己的视野。他们可以从其他学科的专业知识中获得灵感和启发，并将其应用到自己的学科中。这有助于培养学生的综合思维能力和创新意识。

（2）解决实际问题：跨学科项目通常是为了解决社会问题或实际挑战而设立的。通过参与这些项目，学生可以学习如何将学科知识应用到实际问题中，培养解决问题的能力。他们可以通过团队合作和跨学科思维，提出创新的解决方案，为社会做出积极贡献。

（3）尊重和欣赏多样性：跨学科项目鼓励学生尊重和欣赏其他学科的贡献。在团队合作中，学生会意识到每个学科都有其独特的价值和贡献。这有助于培养学生的开放心态和包容性，促进不同学科之间的交流和合作。

3.建立跨学科合作平台

（1）创建线上论坛和社交平台：学校可以建立一个线上论坛或社交平台，供学生在其中进行跨学科交流和合作。学生可以分享自己的学习经验、观点和想法，并与其他学科背景的同学进行讨论和互动。这种形式的平台能够方便快捷地促进学生之间的跨学科交流。

（2）组织工作坊和研讨会：学校可以定期组织跨学科的工作坊和研讨会，邀请来自不同学科领域的专家和学者参与其中。这些活动可以提供一个交流和合作的平台，学生可以从专家的指导和经验中获益，并与其他学科背景的同学共同探讨问题和解决方案。

（3）提供导师指导和支持：学校可以为跨学科合作平台配备专门的导师团队，他们可以为学生提供指导和支持。导师可以根据学生的需求，提供学科知识的补充和深化，并帮助学生解决跨学科合作中遇到的问题和挑战。

（4）增加学生的交叉学科能力：跨学科合作平台可以促进不同专业领域的交叉学习。学生可以从其他学科的知识和经验中获得启发，扩展自己的学科视野，并将其应用到自己的学科领域中。这有助于提高学生的综合能力和创新思维，培养他们成为具有跨学科背景的综合型人才。

（六）辅导和指导机制

辅导和指导机制在学生的成长和发展中起着重要的作用。以下是几种推动辅导和指导的方法。

1.设立导师制度

（1）个性化指导：每个学生都有自己的学习需求和职业目标。导师可以根据学生的兴趣、能力和目标，提供个性化的学术指导和职业规划建议。这种定制化的指导可以帮助学生更好地发现自己的优势和兴趣，并制订相应的学习计划和职业规划。

（2）学术支持：导师作为教授、行业专家或校友，拥有丰富的学术经验和知识。他们可以帮助学生解决学术上的问题，提供专业的建议和指导。导师可以分享他们在学术领域的经验，帮助学生更深入地理解和掌握知识。

（3）职业发展：导师不仅可以提供学术指导，还可以帮助学生规划职业发展。他们可以分享自己的职业经验和行业洞察，帮助学生了解就业市场的需求和趋势。导师可以帮助学生建立职业网络，提供实习和就业机会的信息，并为学生提供职业规划方面的建议。

（4）心理支持：导师制度可以为学生提供心理支持。导师可以成为学生倾诉问题和困惑的对象，给予学生鼓励和支持。通过与导师的交流和互动，学生可以增强自信心，克服挫折和困难，更好地应对学业和生活压力。

2.举办专业素养培养讲座

（1）行业洞察：通过邀请行业专家来分享经验和知识，学生可以了解当前行业的动态、趋势和发展方向。这有助于学生把握行业的变化和机遇，为未来的职业规划做出更明智的决策。

（2）就业前景：讲座可以提供就业市场的信息和趋势分析，帮助学生了解自己所学专业的就业前景和竞争环境。这对于学生选择专业、制订职业规划以及提升自身竞争力都非常有帮助。

（3）实践经验：通过与嘉宾的互动和交流，学生可以获取实际工作经验和专业素养的培养。嘉宾可以分享他们在实际工作中所面临的挑战和解决方法，为学生提供宝贵的实践指导。

（4）职业规划：讲座还可以为学生提供职业规划方面的建议和指导。嘉宾可以分享他们在职业发展过程中的经验和故事，帮助学生了解不同职业阶段的挑战和机遇，并提供一些建议和策略。

（5）激发兴趣：通过讲座，学生可以接触到各种不同领域的专业知识和经验，激发自己对学科的兴趣。这有助于学生更好地理解自己所学专业的应用和意义，并为未来的学习和发展提供动力。

3.提供学术和职业咨询服务

（1）选课指导：学生在选择课程时可能面临困惑和不确定。通过学术咨询服务，学生可以获得关于课程设置、选修要求和教授教学风格等方面的建议，帮助他们做出适合自己的选课决策。

（2）学术进展评估：学术咨询服务可以帮助学生评估自己在学业上的进展情况。咨询师可以与学生讨论他们的学习方法和策略，提供改进意见和建议，帮助学生更好地克服学习障碍，提高学术成绩。

（3）实习就业指导：学校可以提供实习和就业指导，帮助学生规划职业发展路径。咨询师可以帮助学生制订实习计划、准备求职材料，提供面试技巧和职业规划建议。这有助于学生更好地适应职场需求，并为他们的未来就业做好准备。

（4）职业规划：学术和职业咨询服务可以帮助学生制订个人的职业规划。咨询师可以与学生一起探讨他们的兴趣、价值观和职业目标，提供相关信息和建议，帮助他们制订合理和可行的职业发展计划。

（5）解决问题：学术和职业咨询服务也为学生提供了解决问题的机会。无论是学业上的困惑还是职业发展方面的挑战，学生都可以通过咨询师的帮助，找到解决问题的方法和策略。

三、培养策略与措施

（一）教学内容设计

（1）创新教育课程设置：高校应当在专业课程之外开设创新教育相关课程，如创新思维培养、创新管理等，为学生提供理论指导和知识储备。

（2）跨学科融合：鼓励不同专业领域的学生进行跨学科的交流和合作，促进不同领域知识的融合，培养学生的综合素质和创新思维。

（3）开放性问题研究：设计开放性问题，引导学生进行自主探究和创新实践，培养学生的问题解决能力和创新能力。

（二）教学方法改革

（1）探索式学习：引导学生主动参与实践活动，在实践中发现问题、解决问题，培养学生的实际操作和创新思维能力。

（2）小组合作学习：鼓励学生在小组内进行合作学习，通过相互讨论和协作完成任务，培养学生的团队合作和创新能力。

（3）导师指导：为学生配备导师，提供个性化的指导和支持，帮助学生在实践过程中不断优化创新方案，提高创新能力。

（三）实践平台建设

（1）创新实验室：高校可以建设创新实验室，提供先进的设备和资源，为学生开展科研和创新项目提供良好的条件。

（2）创业孵化器：创建创业孵化器，为有创新想法的学生提供创业平台和资源支持，培养学生的创新创业意识和能力。

（3）校外实习基地：与企业、科研机构等建立合作关系，为学生提供校外实习机会，让学生在实践中接触真实的问题和挑战，锻炼创新能力。

（四）评估与激励机制

（1）制定科学评价标准：建立科学的创新能力评估体系，包括学术成果、创新项目和实践经验等方面的评估指标，全面客观地评价学生的创新能力。

（2）设计激励机制：设立奖学金、荣誉称号等激励措施，鼓励学生积极参与创新实践活动，提高创新能力。

第三节　综合素养和实践能力

一、综合素养的概述

（一）综合素养的概述

综合素养涵盖了个体的知识水平、道德素养、社会修为能力等，具有综合性、复合性、整体性的特点。

（1）综合性：超越了单一学科或专业领域的限制，能够将各种学科知识和技能相互关联和应用，它不仅包括学科知识和专业技能，还包括个体的态度、价值观、情感和道德观念等多个方面的综合。

（2）复合性：涉及多个要素的综合，各要素之间不是相互孤立的，而是相互影响、互相促进的。知识水平和专业技能只有建立在正确的价值观念和较高的道德素养的基础上才能发挥更大的作用，否则会适得其反。

（3）整体性：强调整体思维和整体分析能力。个体需要从整体的角度来看待问题，理解问题的全貌和内在联系，而不仅仅是片面地看待和处理问题。

（二）综合素养的要素

（1）价值观念和道德水平：价值观对动机有导向的作用，道德水平对动机有约束作用，正确的价值观和高尚的道德决定了个人的基本素质，也是个人综合素养的根基。

（2）认知能力：认知能力是指个体对于信息的感知、理解和处理能力。它包括学习能力、思维能力、问题解决能力等，使个体能够获取、整理和应用知识，以及进行有效的思考和分析。

（3）实践能力：实践能力是指个体通过实际操作和实践活动，将理论知识转化为实际应用的能力。它包括实验探究能力、项目设计与管理能力、创新实践能力等，使个体能够灵活运用知识和技能解决实际问题。

（4）创新能力：创新能力是指个体在解决问题和应对变化时，能够产生新的观点、想法和方法的能力。它包括创造性思维、创意表达和创新实践等，使个体能够独立思考、提出新颖的解决方案，并能够推动社会的进步和发展。

（5）沟通能力：沟通能力是指个体与他人交流和传递信息的能力。它包括口头和书面沟通能力、表达能力、听取和理解他人观点的能力等，使个体能够有效地与他人交流、合作和协调。

（6）合作能力：合作能力是指个体在团队合作中发挥作用和与他人协同工作的能力。它包括团队意识、协作能力、冲突管理能力等，使个体能够与他人共同解决问题、实现共同目标。

（三）综合素养发挥的作用

（1）解决复杂问题：使学生能够从多个角度和学科领域综合运用知识和技能，以寻找创新的解决方案。他们可以分析问题的各个方面，并综合考虑不同因素，从而能够更好地解决复杂问题。

（2）适应环境变化：培养了学生的灵活性和适应性，使他们能够应对不断变化的环境。学生通过综合运用不同的知识和技能，能够更好地适应新的情境和挑战，具备快速学习和自我调整的能力。

（3）培养创新思维：鼓励学生从不同的视角思考问题，激发创新思维。他们能够将不同领域的知识和技能结合起来，形成新的观点和想法，从而提出创新的解决方案。

（4）发展终身学习能力：使学生具备自主学习和持续学习的能力。他们能够主动获取和整合各种知识资源，并不断更新自己的知识和技能，以适应不断变化的社会需求。

（5）培养社会适应能力：使学生能够在不同的社会环境中进行交流和合作。他们能够理解和尊重不同的文化背景和价值观，并与他人有效地沟通和合作，培养良好的人际关系和团队合作能力。

二、实践能力的概述

1.实践能力的意义

（1）将理论转化为实践：实践能力使学生能够将所学的理论知识转化为实际应用。通过实际操作和实践活动，学生能够更好地理解和应用所学的知识，增强对知识的掌握和运用能力。

（2）培养解决问题的能力：实践能力培养了学生解决问题的能力。通过实际操作和实践活动，学生能够面对具体的问题和挑战，运用所学的知识和技能，找到解决问题的有效方法和策略。

（3）提升创新能力：实践能力激发了学生的创新思维和创造力。通过实践活动，学生能够积极探索和尝试新的想法和方法，培养创新意识和创新能力。

（4）培养团队合作能力：实践能力促进了学生的团队合作能力。在实践活动中，学生需要与他人合作、协调和共同解决问题，从而培养了自己的团队协作能力。

（5）加强实践经验和技能：实践能力使学生能够积累丰富的实践经验和技能。通过实际操作和实践活动，学生能够熟练掌握实际技能，并在实践中不断提升和完善自己的技能水平。

（6）培养适应能力和职业素养：实践能力有助于培养学生的适应能力和职业素养。通过实际操作和实践活动，学生能够更好地适应社会和职业环境，发展良好的职业态度和职业道德。

2.实践能力的特点

（1）实践性：实践能力注重学生在实际操作中的经验积累和技能运用。它强调学生通过亲身实践来获取知识、培养技能和解决问题，使学生能够在实际场景中应用所学的理论知识。

（2）操作性：实践能力要求学生具备操作技能和技巧。它强调学生在实践活动中的实际操作和技能运用，包括实验操作、实地调研、项目设计与管理等。学生通过不断的实践，提高自己的操作能力和技术水平。

（3）应用性：实践能力关注学生将所学知识和技能应用于实际问题解决的能力。它强调学生能够将理论知识转化为实际应用，解决实际问题，并能够灵活应对不同情境下的需求和挑战。

（4）问题解决能力：实践能力培养学生解决问题的能力。它强调学生在实践活动中面对具体问题时，能够灵活运用所学的知识和技能，分析问题、制订解决方案，并通过实际操作来解决问题。

（5）创新实践：实践能力鼓励学生进行创新实践。它强调学生通过实际操作和实践活动，积极探索、尝试和创新，培养创新思维和创造力，提出新颖的观点和解决方案。

3.实践能力的要素

（1）实验探究能力：实验探究能力是指学生通过实验和探究活动，培养观察、测量、记录和分析数据的能力。它包括学生对实验设计的能力、实验操作的技巧以及实验结果的分析和解释能力。

（2）项目设计与管理能力：项目设计与管理能力是指学生能够独立或协作进行项目设计、规划和管理的能力。它包括学生能够制定项目目标、设计项目计划、分配资源、组织团队合作，并有效地管理项目进展和评估项目成果的能力。

（3）创新实践能力：创新实践能力是指学生在实际操作中能够提出新颖的观点、想法和方法，进行创新性的实践活动。它强调学生具备创造性思维、问题解决能力和实践能力，能够推动实践活动的创新和改进。

（4）实践推广能力：实践推广能力是指学生能够将所学的知识、技能和经验应用于实际问题的解决，并将其推广应用到更广泛的范围中。它强调学生具备将实践经验和成果进行总结、分享和推广的能力，促进实践成果的传播和应用。

4.实践能力的目标

培养学生通过实际操作和实践活动，掌握实际技能和方法。这包括学生能够熟练地运用所学的理论知识，掌握相关的实践技能，并能够灵活应用于实际问题的解决中。

（1）独立开展实践项目：培养学生能够独立或协作开展实践项目。这包括学生能够制定项目目标、设计项目方案、组织实施和评估成果，并能够在实践过程中不断改进和提高。

（2）解决实际问题：培养学生解决实际问题的能力。这包括学生能够分析实际问题的原因和特点，找出合适的解决方案，并通过实践活动来解决问题。学生还需要具备批判思维和创新能力，能够提出创新性的解决方案。

（3）培养创新思维：培养学生的创新思维和创造力。这包括激发学生的想象力和探索精神，鼓励他们从不同的角度思考问题，并能够提出独特和创新的解决方案。

（4）培养团队合作能力：培养学生具备团队合作的能力。这包括学生能够与他人有效地沟通和协作，共同解决实际问题，并能够承担团队中的角色和责任。

（5）实践推广能力：培养学生能够将所学的知识、技能和经验应用于实际问题的解决，并将其推广应用到更广泛的范围中。学生需要具备总结经验和成果的能力，并能够将其分享和推广给他人，促进实践成果的传播和应用。

三、培养策略与措施

（一）整合课程设置

（1）实践课程设计：设计实践性强的专业课程，例如工程实践、设计实践、实践性项目等。通过这些课程，学生可以在实际操作中应用所学的理论知识，培养解决问题和创新思维的能力。

（2）实验课程安排：将实验活动融入专业课程中，让学生通过实验操作来巩固和应用所学的理论知识。实验课程可以提供一个实际操作的平台，帮助学生培养实验探究能力和数据分析能力。

（3）实习项目开展：与相关企业或机构合作，为学生提供实习机会，让他们在真实的工作环境中应用所学的知识和技能。实习项目可以帮助学生了解实际工作的要求和挑战，培养实践能力和职业素养。

（4）跨学科项目设置：设计跨学科的综合项目，将不同专业领域的知识和技能进行整合和运用。通过跨学科项目，学生可以培养综合运用知识和技能的能力，提高解决复杂问题的能力。

（5）问题导向的项目：设计问题导向的项目任务，让学生在实践中解决具体的问题。通过这样的项目设计，学生需要综合运用不同学科的知识和技能，从多个角度分析和解决问题。

（6）实践评估与反馈：为学生提供实践活动的评估和反馈机制，帮助他们了解自己的实践表现，并有针对性地提供指导和建议。评估和反馈可以促进学生对自身实践能力的认知和提高。

（二）开展实践项目

开展实践项目对学生的综合素质提升和能力培养非常重要。通过组织学生参与社会调研、社区服务、科研项目等实践活动，可以帮助他们面对真实的问题和挑战，并运用综合能力解决问题。同时，这些实践项目也有助于培养学生的创新思维和团队合作能力。

首先，实践项目可以让学生直接接触到真实的问题和挑战。在课堂上学习知识是重要的，但只有将知识应用到实际情境中，才能真正理解和掌握。通过参与实践项目，学生能够亲身体验并解决真实的问题，从而加深对所学知识的理解和应用能力。

其次，实践项目可以培养学生的综合能力。在实践项目中，学生需要综合运用各种知识、技能和方法来解决问题。例如，在社会调研中，学生需要运用调查设计、数据收集与分析等方法；在科研项目中，学生需要进行文献综述、实验设计、数据处理等工作。通过这些实践活动，学生可以全面提升自己的综合能力，培养批判思维和问题解决能力。

此外，实践项目也有助于培养学生的创新思维。在解决实际问题的过程中，学生需要运用创新思维来提出新的观点、方法或解决方案。他们需要思考如何突破传统思维模式，寻找新的解决途径。通过参与实践项目，学生可以不断锻炼自己的创新思维，培养发现问题和解决问题的能力。

最后，实践项目还能促进学生的团队合作能力。在实践项目中，学生通常需要与他人进行合作，共同完成任务。通过与他人合作，学生可以学会倾听、沟通、协调和合作，培养团队意识和合作精神。这对于他们今后的工作和生活都非常重要。

（三）引入案例分析

案例分析是一种有效的教学方法，它可以帮助学生将理论知识应用于实际情境，并培养他们的综合分析和评价能力。通过引入与专业相关的案例，教师可以激发学生的思考和讨论，促使他们从多个角度考虑问题，并提出解决方案。

举一个例子，假设教师在教授市场营销课程时选择了一个关于产品定价的案例。案例描述了一个公司面临的挑战：由于竞争加剧和成本上升，公司需要重新评估其产品定价策略。教师可以将学生分成小组，要求他们对该案例进行分析和讨论。

学生可以从不同的角度进行分析。例如，他们可以考虑市场需求和竞争情况，以确定公司的定价策略是否符合市场条件。他们还可以考虑公司的成本结构和利润目标，评估现有定价策略是否能够实现预期的利润。此外，学生还可以考虑消费者的心理和行为特征，以确定适当的定价水平。

在讨论过程中，学生可以交流彼此的观点，并根据自己的专业知识提出解决方案。他们可以考虑不同的定价策略，例如差异化定价、折扣定价或套餐定价，并评估每种策略的优缺点。学生还可以探讨如何与其他营销策略（如促销活动或产品创新）相结合，以实现更好的市场表现。

通过这个案例分析，学生能够将所学的理论知识应用于实际情境，并培养自身的综合分析和评价能力。他们将学会从多个角度思考问题，并提出切实可行的解决方案。这种案例分析的教学方法有助于学生深入理解专业知识，并为他们未来在实际工作中面对类似挑战时提供指导。

（四）设计综合性项目

在当前的教育体系中，越来越多的学校开始注重培养学生的综合能力和跨学科思维。为了满足这一需求，设计一个跨学科的综合性项目成为一种有效的方式。这样的项目要求学生能够运用不同学科的知识和技能进行综合运用和综合解决问题。

首先，设计综合性项目需要明确项目的目标和主题。教师可以选择一个具有现实意义的主题或者问题作为项目的核心，例如环境保护、城市规划、健康生活等。通过这样的项目主题，学生可以认识到不同学科之间的联系和相互依赖性。

其次，教师可以组织学生进行团队合作。团队合作是跨学科项目的核心要素之一，因为在真实世界中，解决复杂问题往往需要不同领域的专家共同合作。通过团队合作，学生可以学会有效沟通、协作解决问题，并从中培养出良好的合作意识。

在项目的实施过程中，学生需要运用不同学科的知识和技能。教师可以设计各种任务和活动，让学生在项目中发挥各自的专长。例如，在环境保护的项目中，学生可以通过科学实验了解污染物的成分和影响，并运用数学知识计算出相应的数据；同时，他们还可以运用语言表达能力撰写报告或者设计宣传海报。

此外，教师还可以引导学生进行项目评估和反思。通过评估项目的过程和结果，学生可以发现自己在不同学科领域的不足之处，并提出改进的建议。这样的反思过程有助于学生深入理解跨学科项目的重要性，并激发他们持续学习和发展的动力。

（五）提供实践指导与反馈

（1）制定明确的目标和期望：在实践活动开始之前，教师应该与学生一起讨论并制定明确的目标和期望。这样可以帮助学生明确他们需要达到的标准，并激发他们的学习动力。

（2）提供实践指导：作为实践项目的导师，教师应该定期与学生会面，提供实践指导。这包括解答学生在实践过程中遇到的问题，给予建议和指导，并帮助学生解决困难。

（3）定期评估和反馈：教师应该定期评估学生的实践成果，并给予及时的反馈。评估可以基于预先设定的标准和目标，通过观察、实地考察、学生报告或其他方式进行。反馈应该具体、清晰，并且针对性强，以帮助学生加以改进和提高。

（4）鼓励自主学习和反思：教师可以鼓励学生在实践活动中积极主动地寻找和学习新的知识和技能。同时，教师还可以鼓励学生进行反思，总结他们在实践中的经验和教训，并提出改进的建议。

（5）提供资源支持：教师应该为学生提供必要的资源支持，包括文献资料、实验设备、技术工具等。这样可以帮助学生更好地开展实践活动，并提高他们的实际技能和方法。

（6）鼓励合作与分享：教师可以鼓励学生之间的合作与分享，促进彼此之间的学习和成长。学生可以相互交流经验、分享方法和解决问题的策略，从而共同进步。

（六）鼓励学生参与竞赛与创新活动

（1）提供信息和宣传：教师可以定期向学生提供各类竞赛和创新活动的信息，并积极宣传其重要性和意义。这包括展示成功案例、介绍奖项和机会等，以激发学生的兴趣和参与欲望。

（2）设立创新团队或俱乐部：教师可以组建创新团队或俱乐部，为学生提供一个共同学习和交流的平台。这样可以鼓励学生互相启发和激励，共同提高创新思维和实践能力。

（3）提供指导和支持：教师可以担任学生参赛项目的导师，提供学生所需的指导和支持。这包括帮助学生明确目标、制订计划、解答问题、提供资源等，以帮助他们更好地准备和参与竞赛与创新活动。

（4）鼓励团队合作和跨学科合作：竞赛和创新活动通常需要团队合作和跨学科合作。教师可以鼓励学生组建多学科的团队，促进知识和技能的交流与整合，培养学生的团队合作和跨学科合作能力。

（5）提供时间和资源支持：教师可以为学生提供必要的时间和资源支持，例如课堂时间、实验室设备、图书资料等。这样可以帮助学生更好地准备和参与竞赛与创新活动，并提升他们的实践能力和创新思维。

（6）引导学生反思和总结：竞赛和创新活动结束后，教师可以引导学生进行反思和总结。通过让学生总结经验和教训，分析成功和失败的原因，进一步提高自己的能力和水平。

（七）倡导自主学习与终身学习

倡导自主学习与终身学习可以帮助学生养成主动学习的习惯，提高他们的学习能力和持续学习的意识。以下是一些教师可以用来鼓励学生进行自主学习和终身学习的方法。

（1）培养学习兴趣：教师可以通过激发学生的学习兴趣，引导他们主动探索和学.习新知识。这包括选择与学生兴趣相关的学习内容、提供丰富多样的学习资源等。

（2）引导学生制订学习计划：教师可以引导学生制订个人学习计划，帮助他们合理安排学习时间和目标。学生可以根据自己的需求和兴趣选择学习内容，设定学习目标，并制订相应的学习策略。

（3）提供学习资源和指导：教师可以提供学习资源，如书籍、网络资料、学习工具等，帮助学生进行自主学习。同时，教师还可以提供指导和支持，解答学生在学习过程中遇到的问题，促进他们的学习进步。

（4）鼓励合作学习和互助学习：教师可以鼓励学生进行合作学习和互助学习，通过小组讨论、学习伙伴制度等方式，促进学生之间的相互学习和支持。这样可以提高学生的学习效果和学习动力。

（5）提倡反思和总结：教师可以引导学生进行学习反思和总结，帮助他们深入思考自己的学习过程和成果。通过反思和总结，学生可以发现自己的学习方法和策略的优缺点，并不断改进和提高。

（6）鼓励继续深造和终身学习：教师可以向学生介绍继续深造的机会和渠道，如研究生学习、职业培训、在线课程等。同时，教师还可以分享自己的学习经验和故事，激励学生保持终身学习的态度。

三、高校实践育人中的实践教学模式创新与发展

（一）项目驱动型教学模式的创新与发展

1.项目驱动型教学模式的基本概念

（1）项目驱动型教学模式的定义。

项目驱动型教学模式是一种以项目为核心的教学方法，通过设计和实施具体的项目任务来推动学生的学习和发展。在这种模式下，学生将理论知识与实践操作相结合，通过解决实际问题来应用所学知识和技能。

（2）项目驱动型教学模式的内容。

①项目设定：明确项目目标、任务和要求，界定项目的范围和时间。

②团队组建：学生分组合作，共同承担项目的责任和任务。

③资源调配：提供必要的资源和材料支持，如实验室、工具等。

④实践操作：学生进行实际操作、观察、实验、数据收集等。

⑤数据分析与解释：学生处理和分析所获得的数据，从中获取结论和启示。

⑥结果呈现：学生根据项目要求撰写报告、展示成果或做出相应的产品。

（3）项目驱动型教学模式的意义。

①实践性强：让学生在实际问题中应用所学知识和技能，培养实践能力。

②激发兴趣：通过项目的真实性和挑战性激发学生的学习兴趣和动力。

③跨学科整合：鼓励学生运用不同学科的知识与技能解决综合性问题。

④提高综合素质：培养学生的创新思维、团队协作和问题解决能力。

⑤接轨就业需求：使学生具备实践经验和职业能力，提高就业竞争力。

（4）项目驱动型教学模式的特点。

①以项目为中心：以一个具体的项目任务为核心，让学生围绕项目目标进行学习和实践。

②跨学科整合：要求学生运用多学科知识和技能，从不同角度解决问题。

③真实场景：尽可能模拟真实的情境和场景，使学生面对实际挑战。

④学生主体性：鼓励学生主动参与、合作、探索和创新，培养其自主学习和问题解决能力。

⑤团队合作：通过团队合作，促进学生的协作能力、沟通能力和领导能力

的提升。

⑥实践操作：注重学生的实际操作、实验和观察，培养实践能力和技术操作能力。

在项目驱动型教学模式中，教师担当引导者和指导者的角色，提供项目的背景知识、技术支持和指导，同时培养学生的团队合作意识和反思习惯。

2.项目驱动型教学模式在高校实践育人中的优势

项目驱动型教学模式在高校实践育人中具有许多优势，可以有效地促进学生的综合素质和能力发展。

（1）联系实际：通过项目任务，学生将理论知识与实际问题相结合，提升了学习的重要性和应用价值。

（2）激发学习兴趣：项目驱动型教学模式能够激发学生的学习兴趣，因为这一模式可以让学生亲身参与、探索和解决真实问题，体验到学习的乐趣。

（3）培养实践能力：通过项目实践，学生能够锻炼实践操作技能、解决问题的能力以及团队合作与沟通能力。

（4）促进综合能力发展：项目驱动型教学模式要求学生运用多学科的知识和技能，从而培养学生的思考能力和综合能力。

（5）培养创新思维：在项目驱动型教学中，学生需要面对复杂问题，提出创新的解决方案，从而培养了学生的创新思维和创造力。

3.创新和发展项目驱动型教学模式创新策略

（1）教师培训与专业发展：教师可以参加相关的培训课程、研讨会或工作坊，学习先进的项目驱动型教学理念和方法，不断提升自己的专业知识和能力。

（2）跨学科合作与整合：教师可以与其他领域的教师进行合作，共同设计和实施跨学科的项目，促进学科之间的融合与交叉。

（3）利用技术支持：教师可以利用现代技术手段，如虚拟实验室、在线协作平台等，增强项目的实践性和互动性，提高学生的参与度和学习效果。

（4）学生参与与反馈：教师应鼓励学生主动参与项目设计和评估过程，充分听取他们的意见和建议，以不断改进和完善项目驱动型教学模式。

（5）持续改进与创新：教师应积极关注教育领域的最新发展和趋势，不断反思和改进项目驱动型教学模式，适应学生的需求和社会变化。

（二）社会实践模式的创新与发展

1.社会实践模式的基本概念

（1）社会实践模式的定义。

社会实践模式是一种教学方法，通过组织学生参与社会实践活动，使其亲身体验社会环境、了解社会问题，并运用所学知识和技能解决实际问题。在社会实践中，学生能够深入社区、企业或其他社会机构，与实际工作人员进行交流和合作，从而增强对社会现实的认知和理解。

社会实践模式强调学生的实践操作和现场体验，旨在提供一个真实的社会环境，让学生直接面对社会问题，培养他们的社会责任感、创新思维和团队合作能力。通过社会实践，学生能够将课堂学习与实际应用相结合，加深对学科知识的理解和掌握，并培养实践能力和职业素养。

社会实践模式可以包括但不限于以下活动。

①社区服务：学生参与社区志愿者活动、义务劳动等，为社区居民提供帮助和服务。

②企业参观与实习：学生参观企业，了解企业的运作和管理，或进行实习，亲身体验职业环境。

③调研与调查：学生深入社会机构、社会群体或特定问题领域，进行调研和数据收集。

④社会问题解决：学生运用所学知识和技能，解决特定的社会问题或提出改进建议。

（2）社会实践模式的内容。

①实地考察和观察：学生通过实地考察和观察，深入了解社会机构、组织或特定领域的运作和实际情况。例如，学生可以参观企业、医院、法庭等，了解其内部运行和业务流程。

②社区服务和志愿活动：学生参与社区服务和志愿者活动，为社区居民提供帮助和支持。这可以包括清洁环境、植树造林、开展公益活动等。

③实践性项目和实验：学生参与具有实践性的项目和实验，应用所学知识

和技能解决实际问题。例如，在工程类专业中，学生可以进行实际的设计和操作，或者在科学实验室中进行实验研究。

④社会调研和数据收集：学生深入社会机构、社会群体或特定问题领域，进行调研和数据收集。他们可以采访相关人员、分析数据，并就所调研的问题提出建议和解决方案。

⑤专业实习和实训：学生参与职业实习和实训，亲身体验特定职业的工作环境和要求。这有助于学生了解职业发展路径、培养职业素养，并提高就业竞争力。

（3）社会实践模式的特点。

①实践性强：社会实践模式注重学生的实际操作和实践经验，让他们亲身参与、体验和解决真实的社会问题。这种实践性的特点使得学生能够将理论知识与实际应用相结合，加深对所学知识的理解和掌握。

②真实场景：社会实践模式创造了真实的社会环境和场景，让学生在实际情境中进行学习和实践。通过参与社区服务、企业实习等活动，学生可以直接接触到社会现实和问题，增加学习的实际性和现实性。

③跨学科整合：社会实践模式鼓励学生运用多学科的知识和技能解决综合性问题。在社会实践中，学生往往需要综合运用不同学科的知识和技能，例如人文科学、自然科学、工程技术等，以更好地理解和解决实际问题。

④团队合作：社会实践模式倡导学生之间的团队合作和协作，培养他们的团队精神和沟通能力。在社会实践中，学生往往需要与其他成员合作、协调和分工，共同完成项目任务或解决问题。

⑤综合素质培养：社会实践模式注重培养学生的综合素质和能力。通过参与社会实践活动，学生可以提高自己的创新思维、问题解决能力、沟通能力、领导能力等，进一步发展个人综合素质。

⑥社会责任感培养：社会实践模式通过让学生参与社区服务、志愿者活动等，培养他们的社会责任感。学生能够意识到自己作为一名公民的责任和义务，从而增强对社会的关注和关心。

2.社会实践模式在高校实践育人中的优势

（1）实践应用能力培养：社会实践模式能够帮助学生将所学的理论知识应用于实际问题中，培养他们的实践能力。通过参与社会实践活动，学生可以亲身体验和解决真实的问题，提高解决实际问题的能力。

（2）增强社会责任感：社会实践模式能够让学生深入了解社会现实和问题，增强他们的社会责任感。通过参与志愿者活动、社区服务等，学生能够认识到自己作为一名公民的责任和义务，培养关爱社会、关心他人的精神。

（3）提升综合素质和能力：社会实践模式注重学生的实践操作和团队合作，培养他们的综合素质和能力。通过参与社会实践活动，学生可以锻炼沟通能力、协作能力、领导能力等，从而提高自己的综合素质。

（4）加深对专业领域的认识：社会实践模式可以让学生更深入地了解自己所学专业领域的实际应用和发展前景。通过参观企业、进行实习等活动，学生可以接触到实际工作环境和业务操作，从而更好地理解和掌握自己所学专业。

（5）增强就业竞争力：社会实践模式能够帮助学生积累实践经验和提升职业素养，增强他们在就业市场上的竞争力。

（6）实现理论与实践的融合：社会实践模式将课堂学习与实际应用相结合，使学生能够将所学知识真正运用于实践中。这有助于加深学生对理论知识的理解和记忆，并培养学生的创新思维和问题解决能力。

3.创新和发展社会实践模式策略

（1）深化合作与伙伴关系。

①建立合作网络：建立与企业、社区组织、政府部门等的紧密合作关系，并形成稳定的合作网络。与不同领域的合作伙伴进行对话和沟通，了解他们的需求和资源。

②探索共赢机制：与合作伙伴共同探讨合作项目的目标和利益，并建立共赢的合作机制。明确双方的责任和贡献，并通过协商达成合作协议或合作框架，确保各方的利益得到保障。

③共同规划和设计项目：与合作伙伴共同规划和设计社会实践项目。根据合作伙伴的需求和学生的学习目标，确定合适的项目内容和形式，并制订详细

的实施计划和时间表。

④提供资源支持：合作伙伴可以为社会实践活动提供必要的资源支持，包括场地、设备、资金、技术等。同时，高校也可以为合作伙伴提供学生的人力支持和专业知识，共同推动项目的顺利进行。

⑤建立双向反馈机制：建立合作伙伴与高校之间的双向反馈机制，及时了解项目的进展和效果。通过定期会议、评估报告等形式，相互交流意见和建议，优化项目的执行和管理。

⑥拓展合作领域：不断拓展合作伙伴的范围和领域，与更多相关机构建立合作关系。在选择合作伙伴时，可以考虑行业、地区、专业等因素，以满足学生的多样化需求和实践经验。

（2）设计多样化的实践项目。

①社区服务项目：设计社区服务项目，让学生参与社区建设、环境保护、文化传承等活动。例如，组织学生为社区居民提供义务劳动、开展公益活动、开展社区调研等。

案例一："三个一"全方位践行劳动教育

a. 做法：三全育人＋劳动教育＋工匠精神。

通过开展三个一，即上一学期劳动教育课、开展一些列劳动教育主题班会、组织一些列课外活动来贯穿各育人环节。

劳动教育课：学工部牵引每学期开展劳动教育课，按照规定的授课要求，完成理论教学计划。

劳动教育主题班会：每月召开班会，通过辅导员分享，学生交流等方式，增进劳动教育知识。

劳动教育活动：卫生评比，极寒天气抢险小组。

b. 活动效果。

推动大学生思想政治教育发展，促使高素质人才的精准培养，将研究成果进一步推广应用，充分发挥思想政治教育的力量，做到因材施教、铸魂育人；同时提高同学们政治水平，坚定"四个自信"，做到"两个维护"，切实做好新时代文化的传播者，做社会主义合格建设者及接班人。

案例二：五一劳动节，践行劳动教育新模式

a. 做法："劳动""美育""专业"相结合。

为大力弘扬劳动精神、工匠精神，积极营造劳动氛围，提高学生劳动素养，在"五一"劳动节期间，积极探索劳动教育新模式，围绕节日主题，开展内容丰富的劳动宣传及实践活动。同时围绕学院"爱国卫生月"活动，教育引导广大青年学生崇尚劳动、尊重劳动，将劳动教育贯彻落实到实践中去。

通过教室、宿舍、工坊大扫除活动进一步营造舒适的学习、生活环境，将热爱劳动的思想落实到实践当中，同学们出力出汗，接受锻炼，磨炼意志，培养了正确的劳动价值观，展现了同学们热爱劳动、无私奉献、团结互助的良好精神风貌。

在艺术创作中提升劳动教育的意识与能力，掀起开展劳动教育的热潮。通过陈列布置、细节处理等方式精心布置教室、走廊，进一步提升教室内外环境，同时弘扬劳动精神，同学们面对自己设计的教室陈列，更加珍惜来之不易的教室环境，增强对专业的热爱。

b. 活动效果。

党的二十大报告指出，要努力培养造就更多大师、大国工匠、高技能人才，培育又红又专、全面发展、素质过硬的大国工匠、能工巧匠意义重大，广大师生自觉弘扬工匠精神，鼓足钻劲、闯劲、干劲，攻坚克难、顽强拼搏，在全面建设社会主义现代化国家新征程上书写新的不凡，创造新的辉煌。

案例三：深入社区，美化环境

a. 做法：青年志愿服务＋城市发展＋专业特色。

根据市创建文明城市工作会议指出，要深入贯彻省委"三统筹三扩大四创建"活动部署，以激情澎湃的昂扬斗志唤起全民参与的万众一心，全力创城、全民创城、全域创城，创出活力、创出魅力、创出软实力，奋力推动现代化品质生活之城绽放新颜值、跑出加速度。

社区文明建设作为城市发展的重要环节，志愿者以环保与创城为主题，致力于城市"换新颜"，提升居民"幸福感"。为了进一步发展专业优势和美育特色，与社区合作，共绘美好社区。

b. 活动准备。

进社区前，师生志愿者与社区负责人多次交流，开展绘制"墙绘""涂鸦""车位线"等活动，大家精心选取以"双争"口号、邻里和谐团结为主题的画稿，提前画出样品审核；为方便人们生活，结合学生所学专业，如人物形象设计、产品艺术设计、服装与服饰设计等，开展社区服务，如募集服装、人物班志愿者到社区开展"裁剪裤边"和"公益美甲"服务。

c. 活动过程。

走进现场后，志愿者们根据分工安排，开始调制颜料、设计底稿、墙体作画和后期补色。色彩斑斓的墙绘作品成型后，社区居民纷纷表示感受到了温馨与文明。居民反馈说："这些彩绘让人赏心悦目，也让我们觉得社区更加温馨，我为学生志愿者们点个赞。"

活动现场，志愿者们十人一组，分别进行车位线描画、白色垃圾清理和废旧广告清除工作。整个过程中，志愿者们干劲十足、热情互助，不怕脏、不喊累。

d. 活动效果。

为深入学习贯彻习近平总书记重要指示精神，大力弘扬"全心全意为人民服务"的志愿精神，通过走进社区，得到社区和居民的一致认可，今后也将会致力于以专业实践融入志愿服务，用志愿服务推动城市发展。

②行业调研项目：安排学生进行行业调研，深入了解特定行业的现状、发展趋势和问题。学生可以与相关企业、专家或从业者交流，并撰写调研报告或提出改进建议。

③社会问题解决项目：组织学生参与解决社会问题的项目，如贫困教育、环境污染、老年人福利等。学生可以通过调研、分析和实际行动，提出解决方案并付诸实践。

案例：到福利院开展手工活动

a. 做法：青年志愿服务＋调查研究［冀青调研大赛（尚未结项，调研内容暂不显示）］＋专业特色。

b. 前期准备。

通过实地走访、调查问卷等形式，开展调查研究，深入了解儿童日常学习、生活等情况，以"问题""需求"为导向，从福利院儿童的学习和生活角度出发，集思广益，展开活动筹划。并精心为儿童们准备了中国传统文化相关黏土手工，与福利院的小朋友们共同制作。

c. 活动过程

志愿者耐心的指导孩子，用真诚的爱去感染感动他们，让孩子们沐浴到教育温暖的阳光。

青花瓷作为中国传统陶瓷工艺的代表，一直以来都备受人们的喜爱。其优美的绘画手法、丰富的文化内涵以及独特的艺术魅力，使得青花瓷成为中华文化的瑰宝。通过青花瓷黏土手工制作让小朋友们感受青花瓷的色调和纹样，了解青花瓷这一中国艺术珍品。

泥泥狗是我国古老的传统民间艺术，源自河南淮阳。它以泥为原料，通过手工捏制、晾干、涂色、绘图等工序制作而成。泥泥狗的造型古朴、独特，色彩鲜明，具有很高的艺术价值和观赏价值。通过泥泥狗黏土彩绘手工制作让小朋友了解民间艺术，接受民间文化艺术的熏陶。

d. 活动效果

发挥学生美术教育优势，服务当地学校，给予特定群体艺术方面的指导，丰富学生的学习生活。

志愿者对福利院儿童的情况有了新的认识，他们深刻意识到关爱社会的责任和使命。这次志愿活动弘扬了志愿服务精神，向社会宣传了正能量，传递了关心与爱心。同学们将以此次经历为契机，在未来的学习和生活中继续关注社会公益事业，用实际行动为社会做出贡献。

④创业创新项目：鼓励学生参与创业创新项目，培养他们的创新思维和创业精神。学生可以自主设计并实施创业项目，如产品设计、市场调研、商业计划书编写等。

案例：开展市集活动

a. 做法：创新活动载体＋文化传承发展。

搭建市集平台，积极鼓励在校生成为"摊主"，通过学生自己的手工艺品制作，如珠宝首饰、手工艺品、陶瓷工艺、美甲装饰等，"明码标价"，提升学生的积极性，在丰富校园文化生活的同时，为大学生提供创新创业展示的实践平台，以年轻人喜闻乐见的新潮概念让"市集"充满活力。

b. 活动过程。

同学们开设的一个个小摊位上，摆放着各类小物品，或是质量尚好的闲置物品，或是"手艺人"们推出的原创手工作品、有趣的物件，吸引了不少同学前来挑选购买。

c. 活动效果。

本次市集活动吸引大量的学生和老师代表参加，有四十余个创意团队参与，并都获得收益，同时也提升了学生的专业热情，在校园里将"文化"与"产业"相结合。本次市集，不但孵化出成熟的文化创意产品，也给青年同学一个充分发挥创意、锻炼自己的机会。未来，我们将继续为有创业梦想的学生搭建创业平台，激发学生的创业热情。

⑤国际交流项目：组织学生参与国际交流项目，提供跨文化交流和实践机会。例如，学生可以参加海外志愿者活动、国际研讨会或交换生项目，增进对国际事务的了解和认识。

⑥艺术创作和文化保护项目：鼓励学生参与艺术创作和文化保护项目，培养他们的审美能力和文化意识。学生可以进行音乐、绘画、舞蹈等艺术创作，或参与传统文化的保护与传承。

案例：清明节纸鸢寄语形式祭奠先烈、追思英雄

a. 做法：节日活动＋文化传承。

b. 活动准备。

清明前夕，组织学生学习制作纸鸢、设计绘画图稿、收集相关题词。

c. 活动过程。

清明节当日由各班代表将纸鸢串起，悬挂在植物园，以此祈祷和平，感恩美好年代。这一过程中，许多路人共同参与，借此抒发自己对英雄的崇拜和对未来和平生活的憧憬。时尚工艺系学生会成员巧制纸鸢，并在上面题字、描菊，以纸鸢寄语形式祭奠先烈，追思英雄。

活动过程中路人驻足观看，同学们为路人讲解清明节背景，引导大家坚定理想信念，继承革命先烈的光荣传统，厚植爱党爱国情怀。

（3）引入技术支持。

①虚拟实境：通过虚拟现实技术，学生可以身临其境地体验各种实践场景，如参观博物馆、探索自然环境等。他们可以通过 VR 设备与模拟环境进行互动，获得更直观、深入的体验。这样的体验能够打破时空限制，让学生在课堂上也能感受到真实的实践情境。

②在线平台：建立一个在线平台，为学生提供社会实践项目信息、资源分享、交流讨论等功能。学生可以通过平台查找感兴趣的实践活动，并与其他同学或相关专家进行互动和合作。这种互联网平台的建立能够扩大社会实践的范围和影响力，使更多的学生参与其中。

③远程实践：利用视频通话、远程互动等技术手段，学生可以与不同地区的组织、企业、社区进行联系和合作。他们可以通过远程实践与不同背景的人进行交流，了解不同地域、行业的社会问题和挑战，并寻求解决方案。

（4）鼓励反思与分享。

①实践报告：组织学生撰写实践报告，要求他们对实践活动进行全面的总结和反思。报告可以包括实践目标、过程、遇到的问题、解决方案以及得到的启示等内容。通过撰写报告，学生能够深入思考和梳理实践经验，加深对实践活动的理解。

②分享会：定期组织学生参与实践分享会，让他们有机会展示自己的实践心得和经验。学生可以通过演讲、PPT、视频等形式，向其他同学和老师分享他们的实践故事和感悟。这样的分享会可以激发学生的思考和表达能力，同时也可以促进学生之间的交流与互动。

③写作：鼓励学生将实践经验以文字形式记录下来，例如写实践日记、博客或文章等。通过写作，学生可以更系统地整理和思考实践中的问题和收获，提高他们的表达和思维能力。这也为学生提供了一个平台，让学生可以与他人分享自己的实践心得，启发和帮助其他人。

（5）教师的角色转变。

①激发学生主动性：教师应该激发学生的主动性和积极性，鼓励他们主动参与实践活动。通过提供启示、引导问题思考和目标设定等方式，激发学生自主学习和探索的欲望。

②引导学生探索和解决问题：教师不再只是传授知识，而是引导学生在实践中探索和解决问题。教师可以提供相关背景知识和方法，帮助学生制订解决方案，并指导他们如何运用所学知识进行实践操作。

③提供支持和反馈：教师应该提供必要的支持和指导，确保学生在实践过程中得到帮助。教师可以提供资源、组织讨论、解答疑问等，帮助学生克服困难和迎接挑战。同时，教师也应该及时给予学生反馈和评价，帮助他们进一步改进和提升实践能力。

④培养创新思维：教师应该培养学生的创新思维，鼓励他们在实践中提出新颖的想法和解决方案。教师可以引导学生进行头脑风暴、开展团队合作等活动，培养学生的创造力和团队精神。

（6）评估与反馈机制。

①设定明确的评估标准：制定明确的评估标准，包括实践目标的达成情况、实践过程的参与度和质量、实践成果的创新性等方面，这样可以为评估提供明确的指引，使评估结果更具客观性和可比性。

②多样化评估方法：采用多样化的评估方法，包括个人报告、团队展示、实践成果展示等形式。通过不同的评估方式，能够全面了解学生在实践活动中的表现和成果，同时也能够考察他们的创新思维、团队合作和问题解决能力。

③及时反馈和指导：对学生的实践活动进行及时的反馈和指导，帮助他们认识到自身的优势和改进的方向。教师可以通过口头反馈、书面评语、个别辅导等方式，向学生提供有针对性的意见和建议，鼓励他们在实践中不断成长和进步。

④持续改进与分享：基于评估结果，及时进行实践模式的改进和优化。教师可以总结经验、分享成功案例，并在实践活动中引入新的元素和方法，以推动社会实践的不断创新和发展。

（三）创新创业教育模式的创新与发展

1.创新创业教育模式的基本概念

（1）创新创业教育模式的定义。

创新创业教育模式是一种教育方式和方法，旨在培养学生的创新思维、创造力和创业精神,促使他们具备创新创业能力并能应对未来社会的变化和挑战。这种教育模式通过提供实践机会、培养团队合作能力、培训专业知识和技能等手段，鼓励学生主动探索、解决问题，并将创新的理念和实践应用到现实生活中。创新创业教育模式注重培养学生的创新意识、市场意识、风险意识和创业精神，以便他们能够在不同领域中发现机遇、创造价值并推动社会进步。

（2）创新创业教育模式的内容。

①创新思维培养：通过培养学生的创新思维，激发他们的创造力和创新能力。这包括培养学生的问题解决能力、批判性思维、跨学科思维和设计思维等，使他们能够从不同角度思考问题，寻找创新解决方案。

②创业能力培养：培养学生的创业意识和创业精神，使他们具备创业所需的基本能力，这包括市场调研、商业模式设计、资源整合、风险管理、团队合作等能力的培养，从而为创意到创业全过程做好准备。

③实践机会提供：为学生提供实践机会，让他们能够亲身参与创新和创业活动。这可以包括创业实习、创业项目孵化、创业竞赛等形式，让学生在真实的环境中应用所学知识和技能，锻炼实践能力和创新能力。

④跨学科融合：促进不同学科之间的融合，培养学生的综合能力和跨学科思维。创新创业往往需要多个学科的知识和技能的综合运用，因此，教育模式应该鼓励学生在不同领域中进行交叉学习和合作，培养他们的综合素质。

⑤创新创业导师支持：提供专业的导师支持，为学生提供指导和咨询。导师可以是企业家、行业专家或创新创业教育专家，他们能够向学生提供实践经验、专业知识和实际指导，帮助他们在创新创业过程中做出明智的决策。

（3）创新创业教育模式的意义。

①培养创新精神和创造力：创新创业教育模式能够培养学生的创新精神和创造力，激发他们主动思考、勇于尝试新事物和解决问题的能力。这对于学生

未来在各个领域中的成功都至关重要。

②提升就业竞争力：创新创业教育模式培养了学生的创业能力和创新能力，使他们更具有自主创业的能力和意愿。这有助于增强学生的就业竞争力，不仅可以成为优秀的创业者，还能在企业中具备创新思维，推动企业的发展。

③促进社会经济发展：创新创业教育模式培养了大量有创新意识和创业精神的人才，他们能够不断推动科技创新和社会经济发展。这有助于推动产业结构升级，促进新兴产业的发展，推动社会创新和进步。

④增强综合素质和职业能力：创新创业教育模式注重培养学生的综合素质，包括团队合作、沟通能力、问题解决能力等。这使得学生在职业生涯中具备更全面的能力和素质，能够适应不同工作环境和变化的需求。

⑤培养创新意识和社会责任感：创新创业教育模式培养了学生的创新意识和社会责任感，使他们关注社会问题和可持续发展。他们将更有可能成为未来社会的领导者和改革者，为社会的发展和进步做出积极的贡献。

（4）创新创业教育模式的特点。

①实践导向：创新创业教育模式注重实践，通过提供实践机会和项目实施，让学生能够亲身体验创新和创业过程。

②跨学科融合：创新创业教育模式鼓励学生进行跨学科的学习和合作。它不是仅局限于某一学科领域，而是要将不同学科的知识和技能进行融合，以促进创新思维和解决复杂问题。

③创新意识培养：创新创业教育模式注重培养学生的创新意识，激发他们的创造力和创新能力。学生被鼓励思考和提出新的想法，并学习如何将这些想法转化为实际的解决方案。

④团队合作：创新创业教育模式强调团队合作和协作能力的培养。学生在团队中共同工作，分享资源和经验，学习如何有效地与他人合作，以实现共同的目标。

⑤导师指导：创新创业教育模式提供专业的导师支持，导师可以是企业家、行业专家或教育专家。他们能够向学生提供实践经验、专业知识和实际指导，帮助他们在创新创业过程中做出明智的决策。

⑥创新评估方式：创新创业教育模式采用灵活多样的评估方式，不仅仅注重学术成绩，还关注学生的实践成果、创新能力和团队合作能力等。评估方式更加综合全面，能够更好地反映学生在实践中的表现和发展。

2.创新创业教育模式在高校实践育人中的优势

（1）培养创新能力：创新创业教育模式注重培养学生的创新能力，通过实践和项目经验，激发学生的创造力和创新思维。这使得学生能够更好地应对未来社会的挑战，具备解决问题、创新改进的能力。

（2）实践导向：创新创业教育模式以实践为核心，提供实践机会和项目实施，让学生能够亲身体验创新和创业的过程。这种实践导向的教育方式能够培养学生的实际操作能力、解决问题的能力和团队合作能力。

（3）跨学科融合：创新创业教育模式鼓励学生进行跨学科的学习和合作。学生不是仅局限于某一学科领域，而是要将不同学科的知识和技能进行融合，以提升创新思维和解决复杂问题的能力。

（4）创业意识培养：创新创业教育模式培养学生的创业意识和创业精神，使他们具备自主创业的能力和意愿。这有助于增强学生的就业竞争力，将来不仅可以成为优秀的创业者，还能在工作中具备创新思维，推动企业的发展。

（5）与产业紧密结合：创新创业教育模式将教育与实际产业结合，注重培养学生在特定领域的专业知识和技能。通过与企业、行业合作，学生能够接触到最新的行业发展趋势和需求，提前了解和适应就业市场的变化。

（6）培养综合素质：创新创业教育模式不仅关注学生的学术成绩，更注重培养学生的综合素质。学生在实践中锻炼自己的团队合作、沟通能力、问题解决能力等，从而提高自身的综合素质，更好地适应职场需求。

3 创新和发展创新创业教育模式策略

（1）高校内部创新。

①教学方法创新：引入新的教学方法和技术，如倒置课堂、案例教学、问题导向学习等。这些方法能够激发学生主动学习和思考，培养他们的创新思维和解决问题的能力。

②创新课程设置：开设与创新和创业相关的课程，包括创新管理、创业实

践、商业模式设计等。这些课程能够帮助学生丰富创新创业的理论知识和实践经验，为他们未来的创新创业之路提供支持和指导。

③实践机会丰富：为学生提供更多实践机会，如创业实习、创新项目竞赛、企业合作等。通过实践活动，能够让学生将所学知识应用到实际情境中，提升他们的实践能力和创新能力。

④创新实验室建设：建立创新实验室和创客空间，提供先进的设备和资源，为学生提供创新创业的平台。可以让学生在实验室中进行自主实践和探索，培养他们的创新思维和实践能力。

⑤跨学科合作：鼓励不同学科之间的合作与交流，开展跨学科的创新研究和项目。通过跨学科的合作，能够促进不同领域的知识和技能的融合，培养学生的综合能力和创新思维。

⑥创新教师培训：为教师提供创新教育的培训和支持，提高他们的创新意识和教学能力。教师是推动创新创业教育的重要力量，他们的专业素养和教学方法对学生的创新能力培养起着至关重要的作用。

（2）产学研结合。

①建立联盟和合作机制：高校可以与企业、科研机构建立紧密的合作关系，形成产学研联盟。通过签署合作协议或建立实验室共享等机制，促进双方资源的互补和共享，可以为学生提供更多的实践机会和资源支持。

②创新项目合作：高校与企业、科研机构可以开展联合创新项目，共同研发新产品、新技术或解决实际问题。学生可以参与到这些项目中，与企业和科研人员一起合作，进行实践探索和解决方案的开发。

③实习与实训基地：高校可以与企业合作建立实习基地或实训基地，为学生提供真实的工作环境和实践机会。学生在实习期间能够接触到企业的运作方式，了解行业需求和市场动态，增强实践能力和市场意识。

④专家导师支持：邀请企业的专家、创业者或科研人员担任学生的导师，提供专业的指导和支持。导师可以向学生分享实践经验、行业动态和技术知识，帮助学生更好地理解和应用所学的知识。

⑤创业资源和支持：与企业合作，为学生提供创业资源和支持，如创业资

金、创业指导、市场推广等。通过与企业的合作，学生能够更好地了解创业过程和市场需求，获取创业所需的资源和支持。

⑥行业论坛和交流活动：组织行业论坛、创新大赛和交流活动，邀请企业代表、专家学者和创业者参与。这些活动能够促进高校与企业之间的交流与合作，搭建创新创业的平台，为学生提供展示自己的机会。

（3）创新导师指导。

①邀请优秀的导师：学校可以邀请企业家、行业专家和成功创业者等担任创新导师。这些导师具有丰富的实践经验和专业知识，能够为学生提供宝贵的指导和支持。

②提供实际指导：创新导师应该能够在学生的创新创业过程中提供实际的指导。他们可以帮助学生制订切实可行的创新计划，解决问题和难题，并给予实际操作的建议。

③经验分享：创新导师可以通过与学生分享自己的创业经验和故事，帮助他们扩大视野并激发灵感。这种经验分享不仅能够启发学生的创新思维，还能让他们了解创业的挑战和机遇。

④建立密切联系：创新导师应该与学生建立密切的联系，定期进行指导和交流。通过定期会面、讨论和反馈，导师可以了解学生的进展和困惑，并及时提供支持和帮助。

⑤激发创新能力：创新导师应该鼓励学生积极思考和尝试创新，并提供相应的支持和资源。他们可以引导学生探索新的想法和方法，培养创新意识和能力。

（4）跨学科整合。

跨学科整合在创新创业教育中扮演着重要的角色。鼓励不同学科之间的融合与交叉可以带来更丰富的思维和创意，开设跨学科的创新创业课程和项目可以培养学生的综合能力、团队协作能力和创新思维。

以下是跨学科整合的几个关键点。

①跨学科课程：学校可以开设跨学科的创新创业课程，将不同学科的知识和技能进行整合。这样的课程可以帮助学生了解不同领域的观点和方法，并培养他们的综合能力和创新思维。

②跨学科项目：学校可以组织跨学科的创新创业项目，让学生在团队中合作解决复杂的现实问题。通过与来自不同学科背景的同学合作，学生可以学习不同学科的专业知识和技能，并从多个角度思考和解决问题。

③教师合作：学校可以鼓励教师之间的跨学科合作，促进知识和经验的交流。教师可以共同设计和教授跨学科的创新创业课程，通过合作培养学生的综合能力和创新思维。

④资源整合：学校可以整合不同学科的资源，提供丰富的学习和研究条件。例如，搭建跨学科实验室或创客空间，为学生提供各种创新创业所需的设备和工具。

⑤培养团队协作能力：跨学科整合需要学生进行团队合作，因此学校应该注重培养学生的团队协作能力。通过组织团队项目和活动，学生可以学会与来自不同学科背景的人合作，并有效地沟通和协调。

（5）创新创业竞赛和活动。

①创新创业竞赛：组织创新创业竞赛可以激发学生的创新思维和创业能力。这些竞赛可以涵盖不同领域，如科技创新、社会创新等，为学生提供展示自己创新成果和创业计划的平台。竞赛过程中，学生可以通过与其他团队的比拼，锻炼团队合作和解决问题的能力。

②创业讲座：邀请成功创业者、行业专家和投资人等来校园进行创业讲座，可以为学生提供实践经验和专业知识的分享。这些讲座可以帮助学生了解创业的机遇和挑战，并启发他们的创业思维。

③创新创业展览：举办创新创业展览可以展示学生的创新成果和创业项目。学生可以通过展览的形式，向校内外的观众展示自己的创新能力和创业成果，并获得反馈和支持。这样的展览活动还可以促进学生之间的交流和合作。

④创新创业孵化器：学校可以设立创新创业孵化器，为有创新创业想法的学生提供支持和资源。孵化器可以为学生提供创业指导、办公场地、投资和市场资源等，帮助他们将创意转化为创业项目。

⑤创新创业导师：在创新创业竞赛和活动中，邀请企业家、行业专家和成功创业者等担任导师，为学生提供指导和支持。导师可以分享自己的创业经验，

帮助学生完善创业计划和解决问题。

（6）综合评价体系。

①多元评估指标：综合评价体系应该包括多个评估指标，不仅注重学术成绩，还要进行实践能力、创新能力和创业精神等方面的评估。这些指标可以通过多种方式进行评估，如考试、项目报告、实践经验记录、创新作品展示等。

②个性化评价：综合评价体系应该针对每个学生进行个性化评价，因为每个学生的兴趣、能力和发展方向都有所不同。通过了解学生的个人特点和优势，可以为他们提供更有针对性的指导和支持，促进其个人发展和创新创业能力的提升。

③综合评价结果反馈：评价结果应该及时反馈给学生，以便他们了解自己在各个方面的表现和进步空间。这样的反馈可以帮助学生认识到自己的优势和不足，并有针对性地制订个人发展计划。

④导师和专家参与：在综合评价过程中，可以邀请导师和行业专家等参与评估工作。他们可以提供专业的意见和建议，为学生的评价提供更全面的视角。

⑤跟踪评估：综合评价应该是一个持续的过程，而不仅是一次性的评估。学校可以定期进行跟踪评估，了解学生在创新创业能力方面的发展情况，并及时提供指导和支持。

第四章　新时代高校实践育人体系的构建

第一节　高校实践育人组织管理模式现状

一、高校实践育人组织管理模式概述

（一）高校实践育人组织管理模式的定义

高校实践育人组织管理模式是指高校为了促进学生全面发展和提高就业竞争力，通过有计划、有组织地安排学生参与各种实践活动，并采取一系列管理措施进行指导、评价和引导的一种管理模式。它是高校教育教学改革的重要组成部分，旨在将学生所学知识与实际应用相结合，培养学生的实践能力、创新精神和团队合作能力。通过实践活动的组织与管理，高校能够提供学生更多的实际操作经验和机会，促使学生在实践中不断成长和发展。这种管理模式强调高校在实践育人过程中的规划、组织、指导、评价和反馈等方面的有效管理，以确保学生能够获得良好的实践效果和个人成长。

（二）高校实践育人组织管理模式的内容

1.实践活动的规划与设计

（1）实践活动类型：根据学生的专业特点和培养目标，确定适合的实践活动类型。这可以包括实习、实训、科研项目、社会实践、创新创业实践等不同形式的实践活动。根据学生的专业需求和发展方向，选择最合适的实践活动类型。

（2）时间安排：制定实践活动的时间安排，确保学生能够在适当的时间段内参与实践活动。考虑到学生的学习负荷和其他课程的安排，合理安排实践活动的时间，避免与其他重要学习任务冲突。

（3）参与人员：确定参与实践活动的学生人员。根据实践活动的性质和目标，确定参与人员的范围和数量。这可能包括特定年级、专业或感兴趣的学生

群体。确保参与人员的合理配置，使每个学生都有机会参与实践活动。

（4）学习需求与发展目标：考虑学生的学习需求和个人发展目标，确保实践活动与之相匹配。根据学生的专业培养目标、职业规划和个人兴趣，设计实践活动的内容和目标，使其能够满足学生的学习需求和促进其个人成长。

2.组织与指导

（1）活动策划：负责制订实践活动的详细策划方案，包括确定活动的目标、内容、形式、参与人员等。活动策划要考虑学生的专业特点和培养目标，确保活动能够对学生的实践能力和综合素质有所提升。

（2）资源调配：负责协调和调配实践活动所需的各类资源，包括场地、设备、经费等。通过合理分配资源，确保实践活动能够顺利进行，并满足学生的实践需求。

（3）指导学生参与实践活动：为学生提供必要的指导和支持，帮助他们理解活动的目标和要求，明确自己的角色和责任。指导学生制订实践计划，提供技术、方法和工具的培训，帮助他们解决实践中遇到的问题。

（4）团队协作与沟通：促进学生之间的团队协作和良好的沟通合作氛围。组织实践活动时，可以安排学生组成小组或团队进行合作，并通过团队会议、讨论等形式加强沟通和协调。

（5）监督与评估：监督实践活动的进展情况，确保活动按照计划进行。对学生的参与情况、实践成果进行评估，及时反馈学生在实践中的表现，并提供必要的改进建议。

3.资源保障

资源保障在高校实践活动中起着重要的作用。高校为学生提供必要的场地、设备和经费等资源，以支持他们进行实践活动。这些资源包括但不限于实验室、实训基地、科研设备和创客空间等。

第一，实验室是进行科学研究和实验的重要场所。高校应当配备各类实验室，如物理实验室、化学实验室、生物实验室等，以满足不同专业的实践需求。这些实验室应当具备先进的实验设备和工具，以帮助学生进行实验探索和科学研究。

第二，实训基地是培养学生实际操作技能的关键环境。高校可以与相关行业合作建立实训基地，提供真实的工作场景和设备，让学生能够接触到实际的工作情况，提升他们的实际操作能力和职业素养。

第三，科研设备也是支持学生进行实践活动的重要资源。高校应当投入一定的资金用于购置先进的科研设备，以满足学生进行科研项目和实践活动的需求。这些设备可以包括高性能计算机、实验仪器和各类软件等，为学生提供良好的科研条件。

第四，创客空间是培养学生创新创业精神的重要场所。高校可以建立创客空间，提供创意设计工具和设备，让学生能够进行自主创造和实践，培养他们的创新思维和团队合作能力。

4.评价与考核

（1）实践报告：学生在实践活动中通常需要撰写实践报告，包括项目的目标、方法、结果和总结等。高校可以通过对实践报告的评价来了解学生对实践活动的理解和应用能力。

（2）项目成果：学生在实践活动中可能会完成一些具体的项目或任务。高校可以通过评估项目成果的质量、创新性和实用性等方面来评价学生在实践中的表现。

（3）实践能力评估：高校可以通过对学生在实践中展示的能力进行评估，如问题解决能力、团队合作能力、沟通能力等。这可以帮助高校了解学生在实践中的综合能力发展情况，并为他们提供相应的指导和培训。

（4）反馈和指导：评价与考核不仅仅是对学生表现的客观评价，也是为了给予学生及时的反馈和指导。通过评价与考核，高校可以发现学生在实践中存在的问题或不足，并提供相应的建议和指导，帮助他们改进和提升。

5.反馈与引导

高校对学生实践活动的成果和表现进行及时反馈是非常重要的，因为这能够帮助学生了解自己在实践中的表现如何，并且知道自己取得的成果。通过反馈，高校可以向学生提供具体的意见和建议，以帮助他们分析问题并改进自己的表现。

反馈应该是及时的，这样学生才能在实践活动的记忆还鲜新时，更准确地回想起自己的行为和思考过程。同时，反馈也应该是明确的，包括对学生的优点和不足之处的评价。这种全面的反馈有助于学生全面地认识自己，并从中找到提升的空间。

除了反馈，高校还应该给予必要的引导和建议。引导可以包括推荐相关的学习资源、提供专业知识和技能培训等。高校可以根据学生的实践表现，为他们制订个性化的学习计划和发展方向，以帮助他们在实践中不断改进和提升。

通过反馈与引导，高校能够促使学生在实践中进行深入的思考和总结经验。学生可以通过分析反馈和接受引导，了解自己在实践中的不足之处，并找到改进的方法和途径。这样，他们可以在日后的实践活动中更好地应对挑战并取得更好的成果。

（三）高校实践育人组织管理模式的作用

1.整合资源与优化环境

高校实践育人组织管理模式的一个重要作用就是整合资源与优化环境。通过整合校内外各种资源，包括教师、专业知识和实践基地等，高校可以为学生提供一个丰富多样的实践环境。

首先，高校可以通过建立合作关系和伙伴关系，整合来自不同领域和机构的资源。例如，与企业合作开展实践项目，向学生提供实际工作经验；与社会组织合作进行公益活动，培养学生的社会责任感。这样的合作能够丰富学生的实践经历，并提供更广阔的实践平台。

其次，高校可以通过有效的管理和规划，优化实践资源的配置。例如，根据学生的专业和兴趣，合理安排实践课程和实习机会，确保学生能够接触到与自己专业相关的实践内容。同时，高校还可以提供必要的设施和设备，以支持学生进行实践活动。

通过整合资源与优化环境，高校能够为学生创造一个良好的实践环境，使他们能够更好地利用各种机会进行实践活动。这不仅能够提升学生的实践能力，还能够培养他们的创新思维和问题解决能力。同时，学生也能够更好地与外部机构和社会联系，增强其就业竞争力和社会适应能力。

2.提供指导与支持

提供指导与支持是高校实践育人组织管理模式的重要内容。通过这种模式，高校能够为学生提供必要的指导和支持，帮助他们在实践中取得更好的成果。

首先，高校可以为学生制订个性化的学习计划和实践项目。根据学生的兴趣、能力和专业需求，高校可以为每个学生量身定制实践计划，确保他们能够参与到合适的实践活动中。这样的个性化计划能够使学生更加积极主动地参与实践，并发挥出自己的优势。

其次，高校可以提供专业指导和技能培训。在实践过程中，学生可能会面临各种问题和挑战，而高校可以派遣专业教师或行业专家为学生提供指导和解答疑惑。这样的指导可以帮助学生更好地理解和应用所学的知识，提升实践能力。

另外，高校还可以为学生提供相应的技能培训。实践活动往往需要一定的技能支持，如团队合作、沟通交流、项目管理等。通过提供相关的培训课程或研讨会，高校可以帮助学生提升这些必要的实践技能，使他们能够更好地应对实践活动中的各种情境。

3.促进交流与合作

促进交流与合作是高校实践育人组织管理模式的一个重要方面。通过团队项目和实践活动，学生有机会与其他同学进行合作，相互交流并共同解决问题。

第一，合作与交流可以促进学生之间的互动和思维碰撞。在团队项目和实践活动中，学生们可以分享各自的观点、经验和想法。通过与他人的交流，学生可以从不同的角度看待问题，并获得新的启发和思考。这种思维碰撞能够激发学生的创新思维和解决问题的能力。

第二，合作与交流还可以培养学生的团队合作能力和沟通能力。在团队项目中，学生需要协调彼此的工作，分配任务，并共同努力完成项目目标。通过这样的合作，学生可以学会倾听他人意见、尊重他人贡献，并有效地与团队成员进行沟通和协调。这些能力对于学生未来的职业发展和社会交往非常重要。

第三，合作与交流也可以加强学生的自我认知和人际关系建设。通过与他人合作，学生可以更好地了解自己的优势和不足，并学会与他人协作和相互支持。这有助于培养学生的自信心和团队精神，同时也建立了宝贵的人际关系网络。

4.评估与反馈

评估与反馈在实践育人组织管理模式中扮演着重要的角色。通过对学生实践活动的评估和提供具体的反馈意见,可以帮助学生了解自己在实践中的表现,并找到改进的方向。

第一,评估可以帮助学生了解自己在实践中的优点和不足。通过对学生的实践活动进行评估,可以客观地评价他们在实践过程中所展现出的能力和表现。这种评估可以让学生更加清楚地认识到自己的优势和弱点,从而有针对性地进行调整和提升。

第二,提供具体的反馈意见可以帮助学生找到改进的方向。通过及时、准确地给予反馈,指出学生在实践中存在的问题和不足之处,并提供具体的建议和指导,帮助学生明确自己需要改进的方面。这样,学生可以根据反馈意见来调整自己的行为和思考方式,提高实践能力和专业素养。

评估与反馈还可以激发学生的自我反思和持续改进的动力。通过接受评估和反馈,学生可以反思自己的实践过程和结果,并从中汲取经验教训。这种持续的反思和改进能够帮助学生不断提升自己,在实践中取得更好的成果。

5.激发创新与创业意识

(1)提供创新创业项目:高校可以设立创新创业项目,鼓励学生积极参与其中。这些项目可以是科技创新、社会创业或商业创新等不同领域的项目,旨在让学生有机会将理论知识应用于实践,并培养解决问题和创造价值的能力。

(2)资源支持:为了帮助学生实现创新创业的想法,高校可以提供相关资源支持,如资金投入、实验室设备、创客空间等。通过提供这些资源,学生可以更好地进行实验和测试,推动他们的创新项目得以落地和发展。

(3)相关培训:为了培养学生的创新思维和创业精神,高校可以开设相关的培训课程和工作坊。这些培训可以包括创新方法论、市场分析、商业模式设计、团队合作等内容,帮助学生掌握创新创业的基本知识和技能。

(4)创业孵化器:高校可以设立创业孵化器,为有创业意向的学生提供支持和指导。创业孵化器可以提供创业辅导、商业计划书编写、投资对接等服务,帮助学生将创新项目转化为具有商业价值的实体,并进一步推动其发展壮大。

（四）高校实践育人组织管理模式的意义

随着社会的不断发展和变革，高等教育在培养具有创新能力和实践能力的人才方面扮演着至关重要的角色。为了更好地满足社会对人才的需求，高校逐渐转变教育理念，注重实践教育的重要性，并推行实践育人组织管理模式。这种模式通过鼓励学生积极参与实践活动、提供资源支持和相关培训等方式，旨在激发学生的创新思维和创业精神，培养他们成为具有创造力和创新能力的人才。

1.提升学生的实践能力

实践是提升学生综合素质和实际能力的有效途径。传统的教育模式通常过于注重理论知识的传授，而忽视了对实践能力的培养。相比之下，实践育人组织管理模式强调将学生的学习与实践有机结合，使他们能够在真实场景中应用所学知识，培养解决问题、创新思维和团队合作等实践能力。

第一，实践能力的培养可以帮助学生更好地理解和掌握所学知识。通过参与实践活动，学生将抽象的理论知识转化为具体的操作技能，深化对知识的理解和运用能力。例如，在科学实验中，学生亲自动手进行实验操作，观察和记录结果，从而加深对科学原理的理解。

第二，实践活动可以促进学生的动手能力和实际操作能力的培养。在实践过程中，学生需要亲自解决问题、进行实验和测试，这样可以增强他们的动手能力和实际操作能力。通过实践，学生能够直接面对问题，并通过实际操作来找到解决方案，提高他们解决实际问题的能力。

第三，实践活动还可以培养学生的团队合作精神和沟通能力。在实践项目中，学生往往需要与他人合作，共同完成任务。通过团队合作，学生可以学会有效沟通、协调合作，并锻炼解决问题的能力。例如，在团队项目中，学生需要分工合作、协商决策，从而培养出良好的团队合作精神和领导能力。

实践育人组织管理模式注重将理论知识与实际应用相结合，通过实践活动来培养学生的综合素质和实际能力。这种教育模式使学生能够更加全面地发展自己，培养创新思维、解决问题的能力和团队合作精神。通过实践，学生能够更好地应对社会变革和经济发展的挑战，为社会进步做出积极贡献。

2.激发学生的创新与创业意识

创新和创业在推动社会进步和经济发展方面扮演着重要的角色。高校实践育人组织管理模式通过积极鼓励学生参与创新和创业活动，并为其提供支持和培训，旨在激发学生的创新思维和创业精神，培养他们成为具备创造力和创新能力的人才。

第一，高校可以通过项目实践的方式，让学生将自己的创新想法付诸实践。为此，高校可以设立各种类型的创新创业项目，涵盖科技创新、社会创业和商业创新等不同领域，给予学生实践的机会。这样一来，学生能够将所学的理论知识应用到实际问题中，并培养解决问题和创造价值的能力。

第二，高校可以提供资源支持，协助学生实现创新创业的想法。资源支持包括资金投入、实验室设备、创客空间等。通过提供这些资源，学生能够更好地进行实验和测试，推动他们的创新项目得以落地和发展。

第三，高校还可以开设相关的培训课程和工作坊，培养学生的创新思维和创业精神。这些培训内容可以包括创新方法论、市场分析、商业模式设计、团队合作等方面的知识。通过这些培训，学生能够掌握创新创业的基本概念和技能。

通过以上方式，高校实践育人组织管理模式能够激发学生的创新思维和创业精神，培养他们成为具备创造力和创新能力的人才。这种教育环境将有助于培养更多具备创新能力的人才，推动社会的创新与发展。高校应当积极引导学生关注社会问题，并鼓励他们提出解决方案，同时提供必要的支持和资源。这样的教育模式将培养出富有创造力、勇于尝试的创新型人才，为社会的进步和经济的发展做出重要贡献。

3.增强学生的就业竞争力

在当前就业形势下，仅有理论知识是远远不够的，拥有实践经验成为学生求职过程中的重要资本。高校实践育人组织管理模式通过参与实践项目，使学生能够积累实际工作经验，提升自身的就业竞争力。

首先，实践经验可以丰富学生的简历，增加求职时的筹码。与只有理论知识的同学相比，具备实践经验的学生更具吸引力，能够更好地展示自己在实践中所取得的成果和能力。实践经验可以证明学生具备将理论知识应用于实际工作中的能力，并展示学生在实践中所取得的成就和经验。这些丰富的实践经验能够让雇主对学生产生更大的兴趣，提高学生的就业竞争力。

其次，实践经验可以帮助学生更好地了解职业需求和行业发展趋势。通过参与实践项目，学生可以接触到真实的工作环境和行业情况，了解职业发展的方向和要求，提前做好职业规划和定位。实践经验使学生能够更加深入地了解自己所感兴趣的行业或领域，了解该行业的就业前景、技能要求和发展趋势。这样的了解可以帮助学生更有针对性地选择课程和专业方向，提高他们在求职过程中的竞争力。

第三，实践经验还可以培养学生的职业素养和实际操作能力。在实践项目中，学生需要具备良好的职业道德和团队合作精神，同时还要具备一定的实际操作技能。通过实践活动，学生可以培养自己的沟通能力、团队合作能力、问题解决能力等职业素养。此外，学生还可以通过实践活动锻炼自己的实际操作能力，熟练掌握相关工具和技术，为将来的工作做好充分准备。

4.增进产学合作

高校实践育人组织管理模式的一个重要意义在于促进与企业、行业等外部机构的紧密合作。通过与外部合作伙伴共同开展实践项目，高校能够使学生更好地了解行业需求、掌握实际技能，并为企业提供优秀的人才储备。

第一，与企业合作可以帮助学生更好地了解行业需求和发展趋势。企业作为行业的重要参与者，具有丰富的行业经验和资源。与企业合作开展实践项目，学生可以接触到真实的行业情况和挑战，了解行业的发展方向和需求。通过与企业的互动，学生可以深入了解行业内的新技术、新趋势以及市场需求，从而更好地规划自己的职业发展方向。

第二，与企业合作可以促进实践活动与实际工作的对接。企业在实践项目中可以提供实际的工作场景和问题，使学生能够更好地将所学知识应用于实践，锻炼实际操作能力。通过与企业合作开展实践项目，学生可以面对真实的挑战和问题，学习解决实际工作中遇到的难题。这种对接可以帮助学生更好地理解知识在实践中的应用，提升他们的实际操作能力和问题解决能力。

第三，与企业合作还可以促进学校与企业之间的长期合作关系。通过合作开展实践项目，学校可以为企业提供优秀的人才储备，为企业解决实际问题。学校可以为企业提供研究、咨询等方面的支持，帮助企业解决实际存在的问题和挑战。与企业的长期合作关系不仅有利于学生的就业，也可以为学校提供实践机会和资源支持，推动学校的教育质量和教学水平的提升。通过与企业的合作，高校可以更好地了解企业的需求，调整教学内容和方法，使教学更加贴近实际需求，培养出更适应社会发展的人才。

5.推动社会创新与发展

高校实践育人组织管理模式注重将知识转化为创新成果和社会价值。通过培养具有创新能力的人才，高校能够推动社会的创新与发展，为社会进步和经济繁荣做出贡献。

第一，实践项目可以激发学生的创新思维和创造力。在传统的教育模式中，学生往往只是被动地接受知识的灌输，缺乏主动思考和创新能力的培养。而实践育人组织管理模式强调学生参与实践活动，从而使他们不仅仅是被动地接触知识，而是主动思考、解决问题，培养了他们的创新意识和创新能力。在实践过程中，学生需要面对各种挑战和问题，需要思考出创新的解决方案，并付诸实践。这样的实践环境激发了学生的创新思维，培养了他们寻求新颖解决方案的能力。

第二，创新创业项目可以孕育出具有社会价值的创新成果。高校实践育人组织管理模式通过提供资源支持和培训，帮助学生将创新想法转化为具体的产品或服务，从而为社会创造新的价值。在实践项目中，学生有机会将自己的创新想法付诸实践，并逐步完善和推广。这样的实践活动不仅可以培养学生的实践能力，还可以促进他们对创新成果的孵化和商业化思考。一些优秀的创新项目经过培育和发展,最终可以转化为具有实际应用和社会影响力的产品或服务，为社会带来新的价值和效益。

第三，高校还可以设立创业孵化器，为有创业意向的学生提供支持和指导。创业孵化器是一个创新创业的孵化平台，为学生提供创业辅导、商业计划书编写、投资对接等服务。通过创业孵化器，学生可以得到专业的指导和支持，从而更好地将创新项目转化为具有商业价值的实体。创业孵化器不仅提供了必要的资源支持，还为学生搭建了与行业专家和投资人交流的平台，帮助他们建立起创业网络和资源，进一步推动其创新项目的发展壮大。创业孵化器的设立不仅有助于培养学生的创新创业意识，还可以为学生提供更多创业机会和资源，促进社会创新与发展。

二、高校实践育人组织管理模式的特点

（一）强调实践导向

高校实践育人组织管理模式的一个显著特点是强调实践导向。这种模式注重将学习与实践相结合，通过实践活动使学生能够亲身参与、实际操作，并将所学的理论知识应用到实际场景中。这样的实践导向性旨在增强学生的实践能力和解决问题的能力。

在高校实践育人组织管理模式下，学生不仅仅是被动地接受教师传授的知识，而是积极参与到实践活动中去。他们有机会亲自动手，实际操作，并将所学的理论知识付诸实践。通过实践活动，学生可以更深入地理解和应用所学的知识，将抽象的概念转化为具体的实践技能。例如，在工程类专业中，学生可能会进行设计和制作实验模型，从而将所学的理论原理运用到实际工程项目中。

此外，实践导向的高校实践育人组织管理模式也鼓励学生面对实际问题，并提供解决问题的机会。通过实践活动，学生能够遇到真实的挑战和问题，需要运用他们的知识和技能来寻找解决方案。这样的实践环境能够培养学生的问题解决能力、创新思维和分析能力。

（二）多样化的实践形式

高校实践育人组织管理模式的另一个特点是提供多样化的实践形式。这种模式通过提供多种多样的实践机会，如实验课程、实习实训、创新创业项目和社会实践等，以满足不同学科和专业领域的需求，让学生有机会在自己感兴趣的领域进行实践，培养专业技能和实际操作能力。

第一，实验课程是高校实践育人模式中常见的一种形式。学生通过参与实验课程，可以亲自动手进行实验操作，观察和记录结果，从而加深对理论知识

的理解和运用。例如，在化学实验中，学生可以进行不同实验室操作，掌握实验技巧和数据分析方法。

第二，实习实训是高校实践育人模式的重要组成部分。通过参与实习实训，学生有机会在真实工作场景中应用所学知识，并获得实际工作经验。这种实践形式能够使学生更好地了解专业行业的实际运作，培养实际操作能力和职业素养。

第三，创新创业项目也是高校实践育人模式中的一种重要形式。学生可以参与各类创新创业项目，如科技创新、社会创业或商业创新等，通过自主策划和实施项目，培养创新思维和创业能力。这种实践形式有助于培养学生的团队合作精神、市场分析能力和商业意识。（大学生可以参加的创新创业类比赛项目详见附录《教育部认可的 84 项全国大学生学科竞赛名单》）

第四，社会实践是高校实践育人模式中提供的另一个重要实践形式。通过参与社会实践活动，学生可以走出校园，亲身感受社会问题和需求，并探索解决方案。这种实践形式有助于拓宽学生的视野，增强学生的社会责任感和跨文化交流能力。

（三）跨学科融合

高校实践育人组织管理模式的另一个显著特点是鼓励跨学科的融合与合作。这种模式通过跨学科的实践项目，让不同专业的学生汇集各自的优势，共同解决复杂的问题。跨学科融合不仅能培养学生的团队合作精神，还能激发学生的创新思维和跨学科的综合能力。

在高校实践育人组织管理模式下，学生有机会参与到跨学科的实践项目中去。这些项目通常涉及多个学科领域，要求不同专业的学生共同协作，从而综合运用各自的知识和技能来解决实际问题。例如，在可持续发展项目中，环境科学专业的学生可以提供环境评估和资源管理的知识；工程专业的学生可以贡献设计和建设方面的专业技能；经济学专业的学生可以提供市场分析和可行性研究等方面的知识。通过跨学科的合作，学生们能够综合运用各自的专业知识，寻找创新的解决方案。

跨学科融合不仅培养了学生的团队合作精神，也激发了学生的创新思维。

不同学科背景的学生汇集在一起，能够带来不同的观点和思维方式。这样的多元化视角有助于拓宽学生的思维边界，促进创新思维的产生。学生们可以相互学习、交流和合作，从而培养出跨学科的综合能力。

此外，跨学科融合也能够更好地满足解决现实世界中复杂问题的需求。现代社会的问题往往不再局限于某一个学科领域，而是涉及多个学科之间的交叉与融合。通过跨学科的实践项目，学生们能够在解决复杂问题的过程中锻炼综合能力，提高问题解决的效率和质量。

（四）倡导自主学习

高校实践育人组织管理模式的另一个特点是倡导学生的自主学习和自主探索。这种模式鼓励学生在实践中扮演主动者的角色，通过自主选择项目、制订计划、解决问题等方式来培养独立思考和自我管理的能力。这种自主学习的方式有助于激发学生的创新思维和创业精神。

在高校实践育人组织管理模式下，学生被鼓励成为学习的主导者。他们可以自主选择感兴趣的实践项目，并制订相应的学习计划和目标。这种自主选择的过程使学生能够更好地将所学的内容产生关联，并提高学习的积极性和动力。同时，学生也需要在实践项目中自主探索和解决问题。他们需要运用已有的知识和技能，面对挑战并寻找解决方案。这样的自主探索过程培养了学生的独立思考和问题解决能力。

此外，高校实践育人组织管理模式还强调学生的自我管理能力。学生需要在实践活动中合理安排时间、资源和任务，制订有效的学习计划，并进行自我评估和反思。这种自我管理的能力使学生能够更好地掌控自己的学习进程，并不断提升自身的学习效果和能力。

倡导自主学习的高校实践育人组织管理模式有助于激发学生的创新思维和创业精神。通过自主选择项目和解决问题的过程，学生能够培养出敢于尝试、勇于创新的品质。他们不再仅仅是被动地接受知识，而是积极参与到学习中去，并从中获得自信和成长。

（五）提供全方位支持

高校实践育人组织管理模式的另一个特点是提供全方位的支持。这种模式通过资源支持、指导和辅导支持以及创业孵化等方式，为学生提供必要的支持和帮助。

第一，高校实践育人组织管理模式注重资源支持。学校会为学生提供必要的实践资源，如实验室设备、创客空间、材料和工具等。这些资源的提供可以让学生更好地进行实践活动，并将他们的创新想法付诸实践。例如，学生在科技创新项目中可能需要使用特定的实验设备和技术工具，学校可以提供这些设备和工具，以支持他们的实践研究。

第二，高校实践育人组织管理模式还提供指导和辅导支持。学校通常会配备专业导师和顾问，为学生提供有针对性的指导和建议。导师和顾问可以帮助学生制订实践计划、解决实际问题，并提供专业知识和经验的分享。他们的指导能够帮助学生克服困难和挑战，在实践过程中不断成长和进步。

第三，高校实践育人组织管理模式也重视创业孵化。学校会提供创业孵化平台和资源，支持有创业意向的学生将创新想法转化为商业实践。创业孵化可以包括提供办公空间、投资资金、导师指导等方面的支持，帮助学生创立自己的企业或项目。

通过全方位的支持，高校实践育人组织管理模式确保学生在实践过程中得到所需的资源和指导。这种支持能够帮助学生克服实践中的障碍，提升实践效果和成果。同时，还支持鼓励学生更加积极地参与实践活动，激发他们的创新思维和创业精神。

三、高校实践育人组织管理模式存在的问题

（一）缺乏统一规划

缺乏统一规划是高校实践育人组织管理模式存在的一个重要问题。由于缺乏整体性的规划和统筹，各学院、系部之间的实践育人活动往往呈现孤立、零散的状态，缺乏协同合作与资源共享。这种情况导致了资源的浪费和效果不佳。

第一，缺乏统一规划使得高校在实践育人活动上无法形成整体发展战略和目标。各个学院、系部独立开展实践育人活动，缺乏整体考虑，导致活动之间缺乏协同性和互补性。因此，一些重复性的活动会浪费资源，而其他潜在有益

的活动则可能被忽视。

第二，缺乏统一规划还导致实践育人活动的资源分配不均衡。由于各学院、系部之间没有明确的规划和统筹，导致一些学院可能拥有较多的资源，而另一些学院则面临资源匮乏的困境。这种不均衡的资源分配使得一些学生无法获得充分的实践机会，限制了他们的发展空间。

第三，缺乏统一规划也使得高校无法形成合理的实践育人活动体系。各学院、系部自行设计和组织实践活动，缺乏整体性和系统性的考虑，导致活动内容和形式存在较大的差异。这样一来，学生在参与不同实践活动时可能面临重复、冗余的情况，而且无法形成良好的知识和技能积累。

第四，缺乏统一规划还使得高校实践育人活动的效果难以评估和提升。由于各个学院、系部独立进行实践育人活动，缺乏共同的评价标准和指标体系，往往只注重学分的获取而忽视对学生综合素质和能力的培养。这种情况下，实践育人活动的效果难以客观评估，也难以及时调整和提升。

因此，解决缺乏统一规划的问题对于高校实践育人组织管理模式的改进至关重要。只有通过建立完善的规划和统筹机制，加强学院、系部之间的协同合作，才能充分利用资源，提高实践育人活动的效果和学生的发展水平。

（二）实践育人活动内容单一

实践育人活动内容单一是高校实践育人组织管理模式存在的一个显著问题。在许多高校中，实践育人活动过于注重理论知识的灌输，而忽视了培养学生实际操作能力、创新能力和解决问题的能力等方面。这种单一的内容设置限制了学生的全面发展。

第一，过于注重理论知识的灌输导致实践育人活动缺乏实际操作能力的培养。在这种情况下，学生在实践活动中往往只是被动地接受理论知识的传授，缺乏真正的实际操作机会。这使得学生无法将所学的理论知识应用于实践中，从而无法培养出独立思考和解决实际问题的能力。

第二，对创新能力的忽视也是实践育人活动内容单一的表现之一。在实践活动中，学生应该有机会进行创新实践，发挥自己的想象力和创造力。然而，在许多高校中，实践活动仅侧重于传授已有的理论知识和操作技能，缺乏鼓励学生进行创新和实践的机制。这使得学生在实践中缺乏积极性和主动性，无法培养出创新思维和创造力。

第三，忽视解决问题的能力也是内容单一问题的体现。实践育人活动应该培养学生解决实际问题的能力，让他们能够运用所学的知识和技能解决现实生活中的难题。然而，在一些高校中，实践活动往往只注重理论知识的传授，忽略了真实场景下的问题解决能力的培养。这样一来，学生在面对实际挑战时可能无法灵活运用所学的知识，导致实践效果不佳。

因此，解决实践育人活动内容单一的问题需要高校重新审视和调整活动的设置与安排。应该注重平衡理论与实践的比重，为学生提供更多的实际操作机会，激发他们的创新潜能，并设计实践活动使之能够真正锻炼学生解决实际问题的能力。只有如此，才能促进学生全面发展，提高他们的综合素质和能力水平。

（三）实践育人活动评价机制不完善

实践育人活动评价机制不完善是高校实践育人组织管理模式存在的一个显著问题。目前，高校对实践育人活动的评价主要以学分为主，忽视对学生综合素质和能力的考量。这样的评价机制容易导致学生仅关注取得学分而忽略实践活动的真正价值。

第一，以学分为主的评价机制使得学生过度追求数量而忽视质量。在当前的评价体系下，学生参与实践活动的主要目的变成了追求学分的获取，而非真正地从实践中获得经验、提升能力和发展个人素养。这种情况下，学生可能会选择容易获得学分的活动，而忽略那些需要投入更多时间和精力的有价值活动。

第二，以学分为主的评价机制无法全面考察学生的综合素质和能力。实践育人活动应该培养学生的各方面能力，包括创新思维、团队协作、沟通能力、领导力等。然而，目前的评价机制往往只关注学生是否完成了一定的实践任务，并按照学分进行奖励，忽视了对学生其他方面能力的全面考量。这样一来，学生在实践活动中可能只注重表面的任务完成，而忽略了个人成长和综合素质的提升。

第三，以学分为主的评价机制也容易导致学生对实践活动的真正价值产生误解。学生可能将实践活动仅仅视为达到学分要求的手段，而忽视了实践活动对于个人发展和职业准备的重要意义。他们可能缺乏对实践活动所能带来的经验、技能和人际关系等方面的认识，从而无法充分利用实践活动来提升自己的竞争力和适应能力。

因此，改进实践育人活动评价机制是提高高校实践育人组织管理模式的关键。评价机制应该更加注重对学生综合素质和能力的考量，包括创新能力、团队协作、问题解决能力等方面的评估。只有通过全面、客观地评价学生在实践活动中的表现，才能更好地引导学生认识实践活动的真正价值，并促使他们在实践中获得全面的成长和发展。

（四）学生参与积极性不高

学生参与积极性不高是高校实践育人组织管理模式存在的一个显著问题。由于实践育人活动的组织管理存在问题，学生对参与的积极性较低。这主要体现在两个方面：一方面，学生可能觉得实践活动与课程学习脱节，缺乏动力；另一方面，实践活动的组织安排可能存在不合理，导致学生对活动不感兴趣。

第一，学生可能认为实践活动与课程学习脱节，缺乏动力。在传统的教学模式下，学生更加注重课堂上的理论学习和考试成绩，而对于实践活动的重要性和意义缺乏深刻的认识。他们可能认为实践活动并不能直接提升他们的学术成绩或帮助他们找到理想的工作，从而对参与实践活动的积极性不高。

第二，实践活动的组织安排可能存在不合理，导致学生对活动不感兴趣。一些实践活动可能被过分强调某一特定学科或专业，使得其他学科的学生对该活动失去兴趣。另外，实践活动的安排可能与学生的课程安排冲突，导致他们无法全情投入到实践活动中。这样一来，学生对实践活动的参与积极性会大打折扣。

因此，为了提高学生的参与积极性，需要改进实践育人活动的组织管理模式。首先，要加强对学生的宣传和教育，让他们深刻认识到实践活动对于个人发展和职业准备的重要性。其次，应该合理安排实践活动，确保活动的内容和时间安排与学生的课程学习相协调，并且能够吸引不同学科背景的学生参与。

只有通过改善组织管理模式，激发学生的兴趣和积极性，才能真正实现高校实践育人的目标。

（五）实践育人资源不均衡

实践育人资源不均衡是高校实践育人组织管理模式存在的一个重要问题。由于各学院、系部之间资源配置不均衡，一些学院可能缺乏必要的实践育人资源，导致他们在实践育人活动中处于劣势地位，无法提供多样化的实践机会给学生。

第一，实践育人资源不均衡导致一些学院在实践活动方面面临困难。由于资源的限制，这些学院可能无法提供充足的实践场所、设备和师资力量，使得他们无法开展多样化和有深度的实践活动。相比之下，资源较为丰富的学院则能够为学生提供更多机会参与实践活动，从而获得更全面的发展。

第二，实践育人资源不均衡也导致学生面临机会不平等的问题。由于资源分配不均，一些学生可能无法获得充分的实践机会，限制了他们的实践经验和能力培养。而那些来自资源丰富学院的学生则可以享受到更多实践资源和机会，从而拥有更好的发展条件。

第三，实践育人资源不均衡还可能加剧学院之间的竞争与差距。资源相对匮乏的学院为了争夺有限的实践资源，可能会采取过分激烈的竞争方式，导致学院之间存在不健康的竞争关系。而那些拥有丰富资源的学院则能够更好地吸引优秀的学生和教师，进一步扩大资源优势，形成良性循环。

因此，解决实践育人资源不均衡的问题需要高校在资源配置上进行调整和改善。应该通过合理分配和共享资源，确保每个学院都能够获得必要的实践育人资源，从而提供公平的实践机会给所有学生。此外，高校还应加强对资源贫乏学院的支持和培养，帮助他们提升实践育人能力，缩小与资源丰富学院之间的差距。只有通过均衡的资源配置，才能真正促进高校实践育人工作的全面发展和学生的综合素质提升。

（六）缺乏有效的指导和辅导

缺乏有效的指导和辅导是高校实践育人组织管理模式存在的一个重要问题。在实践育人活动中，学生需要得到教师的指导和辅导，但由于管理模式问题，教师在实践育人活动中的角色定位不清晰，缺乏有效的指导和辅导，影响了学生的发展。

第一，教师在实践育人活动中的角色定位不明确。在一些情况下，教师可能仅担任组织者和监督者的角色，缺乏对学生的引导和指导。这样的情况下，学生往往无法获得及时的反馈和建议，难以理解实践活动的目标和意义，影响他们的学习和成长。

第二，缺乏有效的指导和辅导使得学生在实践活动中面临困惑和挫折。实践活动往往具有复杂性和挑战性，学生在遇到问题和困难时需要得到教师的指导和支持。然而，由于缺乏有效的指导和辅导，学生可能陷入迷茫、不知所措，无法充分发挥自己的潜力和能力。

第三，缺乏有效的指导和辅导也会影响学生的自信心和动力。在实践活动中，学生需要得到鼓励和认可，以激发他们的学习兴趣和积极性。然而，如果教师缺乏有效的指导和辅导，学生可能感到无所适从，失去对实践活动的信心，从而影响他们的学习热情和投入程度。

因此，为了解决缺乏有效的指导和辅导问题，高校应该明确教师在实践育人活动中的角色定位，并提供相应的培训和支持。教师应该具备专业知识和经验，能够给予学生及时的指导和反馈，帮助他们厘清思路、解决问题。此外，还应鼓励教师与学生建立良好的师生关系，提供必要的支持和鼓励，激发学生的学习动力和自信心。只有通过有效的指导和辅导，才能更好地促进学生在实践活动中的成长和发展。

（七）实践育人活动与社会需求脱节

实践育人活动与社会需求脱节是高校实践育人组织管理模式存在的一个显著问题。部分高校实践育人活动与社会对人才培养的要求存在脱节，无法满足实际需求。这种脱节可能是由于对行业动态和发展趋势的了解不够，导致实践育人活动的设置与实际需求不匹配。

第一，缺乏对行业动态和发展趋势的了解使得高校难以把握社会对人才的真正需求。在快速变化的社会背景下，各行各业的需求也在不断调整和变化。然而，一些高校在开展实践育人活动时可能没有及时了解和反馈行业动态，导致活动的内容和形式无法与实际需求相匹配。

第二，实践育人活动的设置与实际需求不匹配也可能是由于教师队伍的专业素养和能力有限。教师作为实践育人活动的组织者和指导者，他们的专业知识和经验直接影响着活动的质量和效果。如果教师对于行业动态和发展趋势了解不足，就很难将活动与实际需求相结合，从而导致脱节现象的出现。

第三，高校内部管理机制的僵化和缺乏灵活性也可能导致实践育人活动与社会需求脱节。一些高校可能存在刻板的规章制度和行政约束，限制了教师和学生在实践育人活动中的创新和变革能力。这种情况下，实践活动往往无法及时适应社会对人才培养的需求变化，导致与社会需求的脱节。

因此，为了解决实践育人活动与社会需求脱节的问题，高校应该加强与行业和社会的紧密联系，及时了解并反馈行业的发展动态和需求变化。同时，高校应该建立灵活、开放的管理机制，鼓励教师和学生在实践育人活动中进行创新和探索，以适应社会对人才培养的要求。只有通过与社会需求的紧密对接，高校才能更好地培养出符合实际需求的优秀人才。

第二节　高校实践育人组织模式的构建与优化

一、高校实践育人组织模式的构建原则

（一）专业对接原则

专业对接原则是指在构建高校实践育人组织模式时，实践活动应与学生所学专业紧密相关，并旨在提升学生的专业知识和实际操作能力。这一原则强调了将实践活动与学生的专业发展有机结合，以满足学生在该领域的需求和要求。

第一，实践活动应具备明确的专业定位和目标。针对不同专业的特点和发展方向，设计和组织与之相适应的实践活动。例如，在工程类专业中，可以设置实验室实践、工程设计等活动，让学生深入了解并应用相关技术和方法。

第二，实践活动的内容和形式应与学生所学专业的核心技能和素养相关。活动应注重培养学生在该领域的实际操作能力，使他们能够熟悉和掌握专业所

需的工具、设备和技术。例如，在计算机科学专业中，可以组织编程比赛、软件开发项目等实践活动，提升学生的编程能力和软件开发技巧。

第三，实践活动还应注重培养学生的专业素养和综合能力。除了专业知识和技能的培养，学生还应具备良好的职业道德、团队合作和沟通能力等。因此，实践活动可以设置与专业相关的团队项目、社会实践等，让学生在实际场景中锻炼这些综合素养。

第四，实践活动的评价标准和指标应与学生所学专业的要求相一致。通过科学、全面的评价机制，对学生在实践活动中的表现和成果进行评估，为他们提供个性化的反馈和指导，促进他们的专业发展和能力提升。

（二）教学目标一致原则

教学目标一致原则是指在构建高校实践育人组织模式时，实践活动应与课程教学目标相一致。通过学生参与实践活动并设计合适的实践环节，帮助他们将所学理论知识运用到实际问题中解决，促进学习成果的转化和应用能力的培养。

第一，实践活动应与课程教学目标紧密衔接。教学目标是课程设置和教学过程中的重要指导，而实践活动作为课程的延伸和补充，应能够与课程目标相契合。例如，在工程类课程中，目标可能是培养学生的工程设计能力和解决实际问题的能力，那么相应的实践活动可以是针对具体工程项目的实践任务和实地考察。

第二，实践活动的设计应使学生能够运用所学理论知识解决实际问题。通过实践活动的参与，学生有机会将课堂上学到的理论知识应用到实际情境中，从而加深对理论的理解和掌握。例如，在商科类课程中，可以组织学生参与模拟企业经营的实践活动，让他们运用所学的管理理论和技巧来管理企业，从而提升他们知识的应用能力。

第三，实践环节的设计应注重学习成果的转化和应用能力的培养。实践活动不仅仅是为了让学生接触实际问题，更重要的是促使学生将所学知识和技能转化为实际能力并能够在实践中灵活运用。因此，在实践活动的设计中，应设置相应的任务和项目，让学生通过解决实际问题来展现他们的学习成果，并培养他们的应用能力和创新思维。

第四，评价机制也应与教学目标一致。通过科学、全面的评价，对学生在实践活动中的表现和成果进行评估，验证他们是否达到了预期的教学目标。评价结果可以为学生提供个性化的反馈和指导，帮助他们进一步完善自身的学习成果转化和提升应用能力。

（三）跨学科融合原则

跨学科融合原则是指在构建高校实践育人组织模式时，鼓励不同学科之间的合作与交流，将各学科的专业知识和技能融入实践活动中，以培养学生的综合能力和创新思维。同时，跨学科合作也能够促进学科之间的交叉学习和互补发展。

第一，跨学科融合可以为学生提供更广泛的学习机会。通过与其他学科的合作，学生可以接触到不同领域的知识和技能，拓宽视野，加深对多个学科的理解。例如，在设计类实践活动中，可以邀请工程学、艺术学和市场营销学等学科的学生共同参与，从不同角度思考和解决问题，促进跨学科的学习和交流。

第二，跨学科合作有助于培养学生的综合能力。不同学科的融合可以让学生综合运用各自的专业知识和技能，解决复杂的实际问题。这种综合能力的培养涉及知识的整合、跨领域的思考和团队合作等方面。通过跨学科的实践活动，学生可以锻炼综合能力，提高解决问题的能力和创新思维。

第三，跨学科合作也有助于学科之间的交叉学习和互补发展。不同学科之间的合作与交流可以促进知识的交叉渗透，激发学科之间的创新和进步。通过共同参与实践活动，各学科的教师和学生可以相互借鉴和学习，拓宽自身的知识领域，促进学科的交叉融合和学科之间的互补发展。

第四，跨学科融合还能够培养学生的创新思维。跨学科合作和交流能够激发学生的创造力和创新意识，培养他们在复杂环境中解决问题的能力。通过与其他学科的合作，学生可以接触到不同的思维方式和解决问题的方法，从而拓展思维边界，培养创新思维能力。

（四）社会需求导向原则

社会需求导向原则是指教育活动应该与社会实际需求相结合，以培养学生适应未来就业市场的能力和竞争力。在这个原则下，学校应该密切关注行业动态和社会需求，及时调整教育内容和方法，以满足社会对人才的需求。

为了实现社会需求导向原则，以下几点是关键的：

（1）了解行业动态：学校需要积极获取并分析行业发展趋势、技术创新和职业需求等信息。这可以通过与企业、行业协会以及相关研究机构建立紧密联系来实现。了解行业动态有助于学校更好地调整教育计划和课程设置，使其与当前和未来的就业市场需求相匹配。

（2）与企业、社会组织等进行合作：学校应与企业、社会组织建立良好的合作关系。通过与企业合作，可以提供实践机会、实习项目和产学研合作等，使学生能够接触真实的工作环境和问题，提升他们的职业技能和实践经验。与社会组织合作，则可以帮助学生更好地了解社会问题和需求，培养他们的社会责任感和创新精神。

（3）调整教育内容和方法：根据行业动态和社会需求，学校需要及时调整教育内容和方法。这包括更新课程设置、引入新的教学资源和技术、开设实践项目等。通过灵活的教育方式和多样化的教学手段，学生可以更好地掌握所需的知识和技能，并培养适应未来就业市场的能力。

（4）提高竞争力和适应性：社会需求导向原则的核心目标是提高学生的竞争力和适应性。通过与企业合作和实践活动的参与，学生可以获得实际工作经验和专业技能，增加他们在就业市场上的竞争力。同时，通过了解社会需求和问题，学生可以培养创新思维、解决问题的能力，提高他们适应未来社会发展变化的能力。

（五）个性化发展原则

个性化发展原则是教育中的重要指导原则之一。它强调尊重学生的个体差异和发展特点，并在实践育人活动中提供多样化的选择和定制化的指导。这种原则认识到每个学生都具有独特的兴趣、能力和职业规划，因此需要根据学生的个体情况进行个性化的培养和引导。

在实践育人活动中，教育者应提供丰富多样的选择，让学生根据自己的兴趣选择适合自己的活动或项目。这样可以激发学生的主动性和积极性，使他们能够全身心投入到学习中去。同时，教育者也应根据学生的能力水平和发展需求，为他们提供个性化的指导和支持，帮助他们充分发展自己的潜力。

个性化发展原则还要求教育者关注学生的职业规划。他们应了解学生的职业兴趣和志向，根据学生的职业目标来制订相应的培养计划和引导方案。这样可以帮助学生更好地理解自己的兴趣和优势，并为未来的职业发展做出明智的选择。

（六）教师专业发展原则

（1）持续学习：教师应该保持持续学习的心态，积极主动地更新自己的专业知识和教育教学理念。他们应该主动关注最新的教育政策、教学方法和教材资源等方面的动态，不断学习和探索。

（2）学科研究：教师应该了解自己所从事的学科的最新研究成果和前沿技术，积极参与学科交流和学术研讨活动。通过与同行教师的互动和专业交流，教师可以拓宽自己的视野，提高自身的学科素养。

（3）教学改革：教师应积极参与学校和学科的教学改革工作。他们应当对自己的教学进行反思和调整，不断创新教学方法和手段，提高课堂教学效果。同时，教师还应关注教育技术的发展和运用，积极探索适合自己教学的创新教育工具和平台。

（4）专业发展计划：教师应该制订个人的专业发展计划，并将其与学校和学科的发展目标相结合。通过明确自己的发展方向和目标，教师可以有针对性地提升自己的专业能力，并为学校的发展贡献力量。

（5）合作与分享：教师应积极参与学科团队和教研活动，与同事们进行合作与分享。通过互相交流和借鉴，教师可以共同进步，提高教育教学水平。此外，教师还应主动与家长、社会资源等进行合作，形成育人工作的良好合力。

二、高校实践育人组织模式构建的路径

（一）课程设置与改革

高校应通过调整课程设置，将实践环节融入课程体系中。可以增设实践性强的专业课程或者开设实践类选修课程，鼓励学生参与实践活动。同时，推进

课程改革，注重培养学生的实践能力和创新精神，采用问题导向的教学方法，激发学生的学习兴趣和主动性。

实践环节的融入对于高校课程设置非常重要。这样做可以帮助学生将所学知识应用到实际情境中，并提升他们解决实际问题的能力。增设实践性强的专业课程或者开设实践类选修课程是一种有效的方式，可以让学生在实践中学习并运用所学知识和技能。这些课程可以涵盖实验、实训、实地考察等形式，帮助学生更好地理解和掌握专业知识。

此外，高校还应推进课程改革，注重培养学生的实践能力和创新精神。采用问题导向的教学方法是一种有效的教学策略，通过引导学生思考和解决实际问题，培养他们的创新思维和解决问题的能力。这种教学方法可以激发学生的学习兴趣和主动性，提高他们的学习效果。

（二）实践基地与资源建设

（1）建立校企合作关系：与企业建立密切的联系，开展校企合作项目。通过与企业的合作，学生可以参与真实的工作环境和项目，获得实践经验并了解实际工作需求。

（2）开展校社合作项目：与社会组织、非营利组织等建立合作关系，开展校社合作项目。通过与社会组织的合作，学生可以参与社区服务、公益活动等实践项目，培养社会责任感和团队合作精神。

（3）强化实验室、实训中心建设：加大对实验室、实训中心等教学设施的投入，提供先进的实践工具和装备。这样可以为学生提供更好的实践条件，使他们能够进行更深入、更实际的实践探索。

（4）拓展实践资源：与其他高校或研究机构建立合作关系，共享实践资源。通过合作，学校可以扩大实践资源的范围，提供更多元化的实践机会，使学生能够接触到不同领域和行业的实践经验。

（三）实践教师队伍建设

高校应加强对实践教师队伍的培养和引进，以提升学生的实践能力和就业竞争力。在培养实践教师时，需要注重专业知识和实践经验的结合，建立起理论与实践相结合的培养体系。

第一，高校可以通过改革教学模式，增加实践环节，让学生参与实际项目或实践活动，从而培养他们的实践能力。实践教师可以通过指导学生参与实际项目，帮助他们将所学知识应用到实践中，培养学生解决问题和创新的能力。

第二，高校可以与行业合作，引进具有丰富实践经验的人才担任客座教授或兼职教师。这些行业专家、企业人士等可以为学生提供实践领域的最新动态和实际案例，让学生了解实际工作环境和需求，并与他们互动交流，促进学生与实践专业人士之间的沟通和合作。

第三，高校还可以积极开展实践教师培训计划，提升教师的实践能力和教学水平。通过培训，教师可以了解最新的实践教学方法和技巧，提高教学效果，并将所学应用到教学实践中，不断优化教学内容和方法。

（四）学生参与与评价机制

（1）设置实践学分：将实践活动纳入学业评价体系，为学生提供一定数量的实践学分。这样可以激励学生主动参与实践活动，并通过实践来拓宽知识面和培养实际能力。

（2）开展实践项目竞赛：组织各类实践项目竞赛，鼓励学生参与创新实践。通过竞赛形式，可以激发学生的热情和创造力，同时提高他们解决问题和团队合作的能力。

（3）建立实践经历档案：学校可以建立学生的实践经历档案，记录学生在实践中的成果和经历。这样的档案可以为学生未来的就业或升学提供参考，使学生能够清晰地展示自己的实践经验和能力。

（4）提供实践指导和辅导：学校可以设立实践指导和辅导机构或岗位，为学生提供实践活动的指导和支持。这样可以帮助学生更好地规划和执行实践计划，提高实践活动的质量和效果。

（5）建立实践导师制度：学校可以引入实践导师制度，为学生配备有经验的导师指导他们的实践活动。导师可以提供专业知识和实践经验上的指导，帮助学生更好地理解实践过程并达到预期实践目标。

（五）跨学科合作与综合素质培养

（1）开设跨学科的实践项目：学校可以组织开设跨学科的实践项目，让学生从不同学科的角度去解决实际问题。这样可以促进学生的综合思考能力和跨学科的知识融合能力。

（2）组织跨学科的团队合作：学校可以组织跨学科的团队合作活动，让学生在团队中扮演不同的角色，共同完成项目任务。通过与不同学科的学生合作，可以培养学生的团队协作能力和跨学科交流能力。

（3）设立跨学科的课程或专业方向：学校可以设立跨学科的课程或专业方向，使学生能够在不同学科领域进行学习和研究。这样可以拓宽学生的知识广度，培养他们的综合素质和跨学科思维能力。

（4）提供跨学科的培训和资源支持：学校可以提供跨学科的培训和资源支持，帮助学生学习和应用不同学科的知识和技能。这样可以促进学生的跨学科交流和合作，提升他们的综合能力和创新思维。

（5）建立跨学科的研究中心或实验室：学校可以建立跨学科的研究中心或实验室，为学生提供开展跨学科研究的平台和机会。这样可以促进不同学科之间的合作与交流，培养学生的综合研究能力和解决复杂问题的能力。

（六）社会合作与实践项目

（1）与企业合作：高校可以与企业建立合作关系，共同开展实践项目。通过与企业合作，学生可以接触到真实的商业环境和问题，了解企业运作和管理的实际情况。这有助于学生将所学知识应用于实际情境中，培养解决问题的能力和创新思维。同时，企业也可以从学生身上获取新鲜的思维和创意，促进创新和发展。

（2）与政府部门合作：高校与政府部门的合作可以使学生更好地了解社会政策、法律法规等方面的内容，并参与到相关项目中。例如，学生可以参与社区建设、环保项目、公共服务等方面的工作，为社会发展做出贡献。通过与政府部门合作，学生可以了解政府工作的实际操作和挑战，培养责任感和社会参与意识。

（3）与非营利组织合作：高校可以与非营利组织合作，共同开展社会公益项目。例如，学生可以参与志愿者活动、社会调研、公益项目等，为弱势群体提供帮助和支持。通过与非营利组织合作，学生可以了解社会问题的真实情况，学会关爱他人拥有奉献精神。

（七）国际交流与实践经验

（1）拓宽视野：通过参与国际交流项目，学生可以亲身体验不同国家或地区的文化、教育制度和社会实践。这有助于拓宽他们的视野，培养跨文化交流的能力。学生可以更好地了解全球化背景下的挑战和机遇，提升自己在国际舞台上的竞争力。

（2）提升语言能力：参与国际交流活动可以提高学生的语言能力。在国外的学习或实习环境中，学生需要用目标语言与当地人交流和合作，这促使他们主动学习并提高语言表达能力。良好的语言能力对于学生未来的职业发展和跨国合作都非常重要。

（3）培养跨文化交流能力：国际交流活动可以帮助学生更好地理解和尊重不同文化背景下的习俗、价值观和思维方式。在与不同文化背景的人交流合作的过程中，学生需要学会倾听、包容和适应，培养跨文化交流和合作的能力。这对于今后在国际团队或跨国公司中工作具有重要意义。

（4）实践经验：参与国际性实习或志愿者活动可以使学生接触到真实的工作环境和社会问题。通过亲身参与，学生可以将所学知识应用于实际情境中，提升解决问题和创新思维的能力。同时，学生还可以积累宝贵的实践经验，增强就业竞争力。

（八）系统规划与支持机制

（1）制定规划：高校应该制定明确的实践育人规划，明确实践育人的目标、任务和指导原则。规划应考虑学校的特点和发展需求，并与学校整体发展战略相衔接。规划可以包括实践育人的重点领域、目标群体、时间安排等内容，为实践育人提供指导和支持。

（2）建立管理体系：高校需要建立健全的实践育人管理体系，明确责任分工和工作流程。可以设立实践育人办公室或类似部门，负责统筹协调实践育人工作，并与各相关部门密切合作。同时，建立监测评估机制，及时了解实践育人工作的进展情况和效果，进行必要的调整和改进。

（3）提供资源支持：高校需要为实践育人提供必要的资源和经费支持。这包括实践基地建设、实践项目经费、教师培训等方面的支持。学校可以积极争取政府和社会资源，为实践育人提供资金和场地等支持条件。同时，学校还可以建立实践基地，与企业、政府部门、非营利组织等合作，为学生提供实践活动的场所和平台。

（4）教师培训与激励：高校应该加强对教师的培训和激励，提升他们在实践育人方面的能力和积极性。可以开展相关的培训课程、研讨会或经验交流活动，帮助教师了解实践育人的理念、方法和最佳实践。同时，学校还可以设立奖励机制，鼓励教师积极参与实践育人工作，并对其在实践育人方面的突出贡献给予认可和激励。

（九）学生发展与个性化指导

（1）学生档案和发展规划：高校可以建立学生档案，记录学生的学习情况、兴趣爱好、特长和成长需求等信息。基于这些信息，为每个学生制定个性化的发展规划。发展规划可以包括学生的短期目标和长期目标，以及达成目标所需的实践活动和指导方案。

（2）个性化实践计划：根据学生的发展规划和个人需求，为他们量身定制实践计划。实践计划可以包括参与实践项目、实习、社会服务、科研等方面的活动。通过个性化实践计划，学生可以深入了解自己的兴趣和潜力，并有针对性地进行发展和提升。

（3）个性化指导：为学生提供个性化的指导和支持。学校可以设立专门的辅导员或导师制度，负责与学生进行一对一的指导和交流。通过与学生的沟通，了解他们的需求和困惑，并给予相应的指导和建议。个性化指导可以包括职业规划、学习方法、实践经验分享等方面的内容，帮助学生更好地发展和成长。

（4）引导学生参与实践活动：通过个性化指导和激励，引导学生积极参与实践活动。学校可以定期组织实践项目推介会、就业咨询会等活动，让学生了解不同的实践机会和资源。同时，学校还可以与企业、社会组织等合作，提供更多的实践机会和资源，满足学生的个性化需求。

（十）教学研究与反思

（1）教学研讨会：高校可以组织教学研讨会，为教师提供交流和分享的平台。教师可以分享自己的教学经验、教学策略和教学成果，借鉴他人的成功经验，并进行深入的讨论和思考。通过教学研讨会，教师之间可以互相启发和激励，共同提高教学水平。

（2）教学观摩：教师可以相互进行教学观摩，了解不同教学方式和方法的运用。观摩可以是面对面的课堂观摩，也可以是通过视频等形式进行远程观摩。通过观摩，教师可以学习他人的优点和创新做法，拓宽自己的教学思路，并将其应用到实践育人工作中。

（3）反思与调整：教师应该时刻反思自己的教学方式和效果。通过反思，教师可以审视自己的教学目标是否达到，教学方法是否有效，学生是否受益等方面的问题。根据反思的结果，教师应及时进行调整和改进，以适应学生的需求和社会的变化。同时，教师也可以通过学生的反馈和评价来了解自己的教学情况，并做出相应的改进。

（4）教学研究项目：高校可以鼓励教师参与教学研究项目，深入探索实践育人的理论和实践问题。教师可以申请教学研究项目经费，开展教学研究，提升教学水平。通过教学研究项目，教师可以系统性地研究和总结实践育人的经验和方法，为教学改革和创新提供有力支持。

三、高校实践育人组织模式的优化方向

（一）强化学校领导层的支持和重视

（1）明确政策和指导文件：学校领导应发布明确的政策和指导文件，将实践育人工作纳入学校发展战略的重要议程。这些文件可以包括实践育人目标、原则、要求和实施措施等内容，为实践育人提供指导和支持。

（2）提供资源投入：学校领导应充分认识到实践育人工作的重要性，并为其提供必要的资源投入。这包括经费、场地、设备等方面的支持。通过合理的资源配置，为学生提供良好的实践环境和条件，提升实践育人的质量和效果。

（3）设立专门部门或机构：学校可以设立专门的实践育人部门或机构，负责统筹协调实践育人工作。该部门或机构可以与各相关部门建立紧密联系，促进信息共享和资源整合，实现协同推进实践育人的目标。

（4）强化评估和监督机制：学校领导应建立健全的评估和监督机制，对实践育人工作进行定期评估和监测。通过对实践育人工作的评估，了解其效果和问题，并及时进行调整和改进。同时，建立学生参与实践育人工作的档案，记录学生的参与情况和成果，为评估提供依据。

（5）增强宣传和推广力度：学校领导可以加大对实践育人工作的宣传和推广力度，提高师生对实践育人的认识和重视程度。可以通过校报、校网、社交媒体等渠道，宣传实践育人的意义、目标和成果，激发师生的兴趣和积极性。

（二）加强与社会各界的合作

（1）建立合作关系：高校应积极与企业、政府部门、非营利组织等建立合作关系。可以通过签订合作协议或建立战略伙伴关系，明确双方的合作领域和目标。合作关系可以包括共同开展实践项目、提供实习机会、共享资源等方面的内容。

（2）实践项目与活动：与社会各界的合作可以通过共同开展实践项目和活动来实现。高校可以与企业合作开展行业实训项目、科研合作项目等；与政府部门合作开展社区服务、公共政策研究等；与非营利组织合作开展志愿者活动、社会调研等。这些实践项目和活动将为学生提供更多的实践机会和资源，丰富他们的实践经验。

（3）提供导师支持：与企业、政府部门、非营利组织建立合作关系的同时，可以安排专业人士担任学生的导师。导师可以为学生提供专业指导和支持，帮助他们将学习知识应用到实际项目中。导师的经验和指导将对学生的实践成果和能力提升起到重要作用。

（4）资源共享与互利共赢：与社会各界的合作应注重资源共享和互利共赢。高校可以向合作伙伴提供专业知识和人才培养支持，而合作伙伴可以为学生提供实践机会、实践基地、资金支持等。通过合作，双方可以共同推动社会进步和人才培养，实现互利共赢的目标。

（5）建立长期稳定的合作关系：与社会各界的合作应该是长期稳定的，而不仅仅是一时的合作项目。建立长期合作关系可以促进深入合作和持续发展，为学生提供更多的实践机会和资源。同时，合作伙伴也可以从稳定的合作关系中获得可靠的人才支持和创新思维。

（三）建立健全的实践育人管理体系

（1）设立实践育人办公室或类似部门：该部门应负责统筹协调实践育人工作，制定相关政策和规划，并与各相关部门密切合作，形成合力。该部门可以由专业的管理团队组成，包括实践育人专家、教师代表和学生代表等。

（2）明确责任分工和工作流程：在实践育人管理体系中，需要明确各个相关部门的责任分工，确保各项工作有序进行。例如，教务处可以负责实践课程的设置和监管，学生工作部门可以负责实践活动的组织和指导，就业指导中心可以负责实践经验的转化和职业发展引导等。

（3）制定实践育人政策和规范：实践育人管理体系需要建立相应的政策和规范，明确学校对实践育人的目标、原则、要求和评价体系等。这些政策和规范应当与学校整体发展战略相衔接，确保实践育人工作的有效性和可持续发展。

（4）加强师资队伍建设：高校应注重培养和引进具有实践育人经验和专业知识的教师，提供相应的培训和支持，使其能够更好地开展实践育人工作。同时，要建立激励机制，鼓励教师参与实践育人活动，并将其成果纳入教学评价体系中。

（5）建立实践育人数据管理系统：高校可以建立实践育人数据管理系统，记录学生的实践活动情况、成果和评价等信息。这样可以为学校提供科学依据，对实践育人工作进行监测和评估，及时调整和改进相关政策和措施。

（四）推进个性化指导与发展规划

（1）建立学生档案：高校可以建立学生档案系统，记录学生的个人信息、学业成绩、兴趣爱好、特长技能等方面的信息。通过这些档案，高校可以更好地了解每个学生的特点和需求。

（2）制定发展规划：基于学生档案的信息，高校可以制定个性化的发展规划。这个规划应考虑学生的兴趣、特长和职业发展目标，并为他们提供相应的实践计划和指导方案。

（3）量身定制实践计划：高校可以根据学生的个人需求，为他们量身定制实践计划。这些计划可以包括参与社会实践、实习、科研项目等活动，以帮助学生提升自己的专业能力和综合素质。

（4）提供个性化指导服务：高校可以设立专门的指导团队或机构，为学生提供个性化的指导服务。这些指导服务可以包括就业指导、学术指导、心理咨询等方面，以帮助学生解决问题并实现个人发展目标。

（5）强化师生互动：教师在课堂上应注重发现学生的特长和潜力，并与学生进行密切的互动和交流。通过了解学生的需求和兴趣，教师可以为他们提供更加有针对性的指导和建议。

（五）加强教师培训与专业发展

（1）设立教师培训课程：高校可以开设专门的培训课程，帮助教师了解实践育人的理念和方法。这些课程可以包括教学技巧、教育心理学、学科知识更新等内容，以提升教师的教育能力和专业水平。

（2）组织研讨会和交流活动：高校可以定期组织研讨会和交流活动，为教师提供一个互相学习和分享经验的平台。通过与同行的交流和讨论，教师可以不断改进自己的教学方法，增强实践育人的能力。

（3）提供专业发展机会：高校可以为教师提供参加学术会议、研究项目和教育实践的机会。这样可以帮助教师拓宽视野、深化专业知识，并将最新的研究成果应用到实际教学中。

（4）激励教师积极性：高校可以设立激励机制，奖励那些在实践育人方面表现出色的教师。例如，可以设立优秀教学奖，对教学成果显著的教师给予经济和荣誉上的奖励，以激发教师的积极性。

（5）提供持续支持和反馈：高校应该建立一个持续的支持体系，为教师提供必要的支持和指导。同时，及时给予教师反馈，帮助他们改进教学方法和技巧，不断提升自身的专业水平。

（六）建设多元化的实践平台和资源

（1）与企业合作建立实践基地：高校可以积极与企业合作，建立实践基地，为学生提供实习和项目合作的机会。这样的合作可以让学生接触真实的工作环境，将课堂知识应用到实际工作中，提升他们的实践能力和就业竞争力。

（2）与社会组织合作开展志愿者活动和社会服务：高校可以与社会组织合

作，开展志愿者活动和社会服务项目。通过参与社区服务、环保行动、公益项目等活动，学生可以锻炼自己的社会责任感和团队合作能力，培养公民意识和社会价值观。

（3）组织国际交流项目：高校可以组织国际交流项目，为学生提供赴外交流学习的机会。这样的交流项目可以让学生体验不同文化背景下的学习和生活，增加跨文化交流的能力，并开拓国际视野。

（4）提供创新创业支持：高校可以提供创新创业的支持，建立创业孵化器或实践创新中心，为学生提供创业培训、项目孵化和资源支持。这样可以激发学生的创新精神和创业意识，培养他们的创造力和实践能力。

（5）开展学科竞赛和科研项目：高校可以组织学科竞赛和科研项目，鼓励学生积极参与。通过参与学科竞赛和科研项目，学生可以深入学习和应用学科知识，培养问题解决和创新思维能力。

第三节　高校实践育人管理体系的建立与完善

一、高校实践育人管理体系的基本框架

（一）目标和理念

（1）综合素质培养：实践育人旨在培养学生全面发展的能力，包括知识、技能、情感态度和价值观等方面。使学生在实践中不仅能够掌握专业知识，还能培养批判思维、创新能力、领导力等综合素质。

（2）社会需求导向：实践育人应紧密结合社会需求，培养适应社会发展的人才。通过实践活动，使学生能够解决实际问题，为社会做出积极贡献。

（3）产学融合：实践育人要促进产学融合，加强学校与企业、行业等社会资源的合作。通过实践活动，让学生接触真实工作环境，提升他们的职业能力和就业竞争力。

（4）创新创业培养：实践育人应注重培养学生的创新精神和创业意识，鼓励他们勇于探索、敢于创新，培养创造力和创业能力。

（5）国际化视野：实践育人应注重培养学生的国际化视野和跨文化交流能力。通过开展国际交流项目、海外实习等活动，使学生了解不同文化背景下的学习和工作环境，提升他们的国际竞争力。

（二）组织架构

（1）建立实践育人部门：设立一个专门的实践育人部门或机构，负责统筹和协调实践育人的各项工作。

（2）明确职责和权限：明确实践育人部门的职责和权限，包括规划、组织、实施和评估实践育人活动等方面的职责。

（3）实践育人团队：组建一支具备丰富经验和专业知识的实践育人团队，包括教师、辅导员、实践指导员等人员，以确保实践育人工作的顺利进行。

（4）跨学科合作：鼓励不同学科的教师和专家参与实践育人工作，在实践项目中提供学科指导和支持，促进跨学科合作和综合素养的培养。

（5）学生参与：将学生纳入实践育人部门的运营中，组建学生实践育人委员会或类似机构，使学生能够参与决策、规划和组织实践活动，增强他们的主体性和参与度。

（6）资源协调：实践育人部门应与其他部门或机构进行资源协调，确保实践活动所需的场地、设备、资金等得到充分支持和保障。

（7）管理与督导：建立有效的管理和督导机制，对实践育人工作进行监督和评估，及时发现问题并采取措施加以改进。

（三）规章制度

（1）组织管理规定：明确实践育人部门的组织架构和职责分工，包括人员配备、岗位设置、工作流程等方面的规定。

（2）项目管理规定：规定实践项目的申报、审核、执行和总结等流程，明确项目负责人的责任和权限，确保项目按计划顺利进行。

（3）实践活动安全规定：制定实践活动的安全管理规定，包括风险评估、安全防范措施、事故处理等方面的规定，保障学生在实践活动中的安全。

（4）资金使用规定：设立实践育人经费管理制度，规定经费的使用范围、审批程序、报销要求等，加强对经费的监管和使用效果的评估。

（5）师生权益保障规定：明确师生在实践育人过程中的权益保障，包括师生双方的权利与义务、隐私保护、知识产权等方面的规定。

（6）评估考核规定：建立实践育人的评估和考核制度，包括对学生实践成果的评价、教师实践教学质量的考核等方面的规定，确保实践育人工作的质量和效果。

（7）纪律与处分规定：明确违反实践育人规章制度的纪律和处分措施，以维护实践育人工作的正常秩序和权威性。

（四）资源保障

（1）实践场所：为了进行实践活动，需要有适当的场所来开展各种实践项目。这些场所可以是实验室、工作室、实训基地、社区组织等。学校或机构应该提供充足的场地，并确保其安全、舒适和适用于实践目的。

（2）设备设施：实践活动通常需要使用特定的设备和设施。例如，科学实验需要实验器材，艺术实践需要绘画工具，职业培训需要相关的工具和机器设备等。为了保障实践育人工作的顺利进行，学校或机构应该提供必要的设备和设施，并保持其正常运转和维护。

（3）师资队伍：优秀的师资队伍是实践育人工作的关键因素之一。教师和指导员应该具备丰富的实践经验和专业知识，能够引导学生进行实践探索和学习。学校或机构应该通过培训和选拔来确保师资队伍的素质，并提供必要的支持和奖励，以激发教师和指导员的积极性和创造力。

（五）数据管理

（1）数据收集：数据管理系统需要能够收集各项实践育人活动的相关数据。这些数据可以包括学生的参与情况、实践项目的进展、成果和影响等。数据收集可以通过问卷调查、观察记录、学生反馈等方式进行。

（2）数据存储：收集到的数据应该进行有效的存储和管理。学校或机构可以建立数据库或使用专门的数据管理软件来存储和整理数据。同时，数据应该被妥善保存，并且保证数据的安全性和可靠性。

（3）数据分析：对收集到的数据进行分析可以揭示实践育人活动的效果和问题。数据分析可以采用统计方法、可视化工具等，通过比较、趋势分析等手段得出结论。通过数据分析，可以了解实践活动的优势和不足之处，为改进和决策提供依据。

（4）决策支持：基于数据分析的结果，学校或机构可以做出相应的决策和调整。例如，根据数据分析结果，可以对实践项目进行改进或调整，优化资源配置，提升实践育人工作的质量和效果。

（六）监督与评估

（1）监督机制：学校或机构应该建立监督机制来确保实践活动的规范和顺利开展。监督可以通过定期巡查、督导访问、实地观察等方式进行，以确保实践活动符合相关政策和要求。

（2）评估方法：为了对实践育人工作进行评估，需要选择适当的评估方法和工具。评估可以包括定量和定性的指标，例如学生参与度、实践成果、社会影响等。评估方法可以采用问卷调查、案例分析、专家评审等多种方式，综合考量实践活动的各个方面。

（3）反馈与改进：评估结果应该及时反馈给相关的教师、学生和管理者，并与他们进行讨论和交流。通过评估结果的反馈，可以发现问题和不足之处，并制定相应的改进措施。同时，评估结果也可以作为经验和教训，为今后的实践活动提供借鉴和指导。

（4）持续改进：监督与评估应该是一个持续的过程。学校或机构应该定期进行评估，并根据评估结果进行调整和改进。持续改进可以帮助提升实践育人工作的质量和效果，不断适应教育发展的需求和变化。

二、高校实践育人管理体系建立的关键要素

（一）支持保障

（1）.重视和认可：高校领导层应该理解实践育人的重要性，并将其作为学校发展的重要目标之一。他们应该认识到实践育人对学生综合素质的培养和就业竞争力的提升具有重要意义，并表达对实践育人工作的高度重视。

（2）资源支持：高校领导层应该为实践育人工作提供必要的物质和人力资源支持。这包括场地、设备、经费等方面的支持，以确保实践活动能够顺利进

行。同时，他们还应该为师资队伍提供培训和发展机会，提升他们在实践育人中的专业水平。

（3）政策支持：高校领导层应该制定相关政策，并将实践育人纳入学校的发展规划和战略中。他们可以出台激励政策，鼓励教师积极参与实践育人工作，并为学生提供实践机会和支持。同时，他们还应该建立健全的管理体系，确保实践育人工作能够得到有效组织和管理。

（4）启示和引领：高校领导层应该起到启示和引领的作用，通过自身的示范和倡导，鼓励教师和学生积极参与实践育人活动。他们可以组织交流和分享会议，邀请成功的实践案例进行经验分享，激发更多人参与实践育人工作。

（二）教师队伍建设

（1）加强教师培训：建立完善的教师培训机制，包括定期举办专题研讨会、教学方法培训、课程设计与评价培训等，帮助教师更新教育理念、提高教学技能。

（2）提供多元化的专业发展机会：为教师提供参观交流、学术研究、教育项目参与等机会，鼓励他们积极参与学术活动，不断提升自己的专业素养。

（3）建立导师制度：为新任教师配备经验丰富的导师，帮助他们适应教学工作，分享教学经验，并提供指导和支持。

（4）鼓励教师创新实践：提供创新教学的支持和资源，鼓励教师开展教育科研项目，推动教师在实践中不断探索和改进教学方法。

（5）建立教师评价体系：建立科学、公正的教师评价机制，通过评估教师的教学质量和学生评价，激励教师积极投入到实践育人中。

（三）学生参与

（1）提供多样化的参与机会：开展各类社团活动、志愿者服务等，鼓励学生参与校内外实践项目，培养学生的领导力、团队合作能力和创新思维。

（2）设立学生代表机构：设立学生会、班级委员会等学生代表机构，让学生参与到学校管理决策中，发表意见和建议，为管理体系的改进提供参考。

（3）建立学生评价机制：设立学生评教制度，鼓励学生对教师和管理体系进行评价，及时了解学生的需求和意见，推动管理体系的改进。

（4）鼓励学生参与自我管理：通过开展班级自治、学生干部培养等活动，培养学生的自我管理能力和责任意识，让他们成为管理体系的积极参与者。

（5）提供良好的沟通渠道：建立学生与教师、管理者之间的沟通渠道，鼓励学生表达自己的想法和需求，及时解决问题，提高管理体系的透明度和互动性。

（四）合作与共享

（1）建立校企合作关系：与企业建立紧密联系，开展实习、实训项目，使学生能够接触实际工作环境，提升实践能力，并从企业的经验中获益。

（2）与社会组织合作：与非营利组织、社区机构等建立合作关系，开展社会实践活动、公益项目等，培养学生的社会责任感和公民意识。

（3）资源共享与互助：与其他学校、教育机构进行资源共享与合作，开展联合课程、教师交流等活动，丰富学生的学习资源和机会。

（4）学术交流与合作：积极参与学术研讨会、学术交流活动，与其他学校、学者进行合作研究，推动教育领域的创新和发展。

（5）建立平台和网络：建立在线平台或网络社群，促进教师、学生和外部合作伙伴之间的沟通与交流，共享资源和经验。

三、高校实践育人管理体系的完善策略

（一）定期评估和改进

（1）问卷调查：通过向相关参与者（如学生、教师、家长等）发放问卷，收集他们的意见和反馈。问卷可以包括关于实践育人活动的内容、组织方式、效果等方面的问题。根据问卷结果，可以了解参与者对实践育人活动的满意度和改进建议。

（2）专家评审：邀请专家对实践育人管理体系进行评估。专家可以从教育、心理学、社会工作等领域招募。他们可以通过观察、访谈、文件分析等方式对实践育人管理体系进行评估，并提出改进建议。

（3）学生参与评估：鼓励学生参与对实践育人管理体系的评估。可以组织学生代表或学生评议小组，与学生进行沟通交流，了解他们对实践育人活动的

看法和需求，从而提供改进的方向。

（4）数据分析：对实践育人活动的数据进行分析，包括参与人数、活动效果等指标。通过分析数据，可以发现问题和趋势，并提出相应的改进措施。

在评估的基础上，制定改进措施是关键的一步。根据评估结果，可以有针对性地制定改进计划，例如加强教师培训、优化实践育人活动设计、改善资源配置等。同时，也要充分考虑各方利益和意见，确保改进措施的可行性和有效性。

定期评估和改进是一个循环的过程，在实践中需要持续进行。通过不断的评估和改进，可以逐步提升实践育人管理体系的质量和效果，更好地满足参与者的需求和期望。

（二）提供培训与支持

（1）管理知识培训：为管理体系的相关人员提供关于实践育人管理的专业知识培训。培训内容可以包括管理理论、实践育人的原则和方法、组织与协调等方面的知识。通过培训，可以提高相关人员对实践育人管理的理解和应用能力。

（2）组织技巧培训：组织技巧对于有效管理实践育人活动非常重要。培训可以涵盖项目管理、团队协作、沟通与决策等方面的技巧。通过培训，相关人员可以学习如何有效地组织和管理实践育人活动，提高工作效率和质量。

（3）数据分析培训：数据分析在实践育人管理中起着重要的作用。为相关人员提供数据分析的培训，包括数据收集与整理、统计分析、数据可视化等方面的技能培养。通过数据分析培训，可以帮助相关人员更好地利用数据进行管理决策和改进实践育人活动。

（4）持续支持：除了培训，还应提供持续的支持。这可以包括定期的指导与咨询、分享最佳实践、提供资源支持等。通过持续的支持，可以帮助相关人员在实践中遇到问题时及时解决，并保持对实践育人管理的积极性和动力。

提供培训与支持需要根据实际情况进行定制化设计。可以根据相关人员的需求和能力水平，结合具体的实践育人管理要求，制订相应的培训计划和支持措施。同时，也要注重培训与实践相结合，通过实际操作和反馈来加深理解和提升能力。

（三）加强信息化建设

（1）实践育人管理系统：建立专门的实践育人管理系统，用于统一管理和记录实践活动的相关信息。该系统可以包括学生报名、活动安排、资源管理、成果展示等功能。通过系统的使用，可以实现信息的集中管理、快速查询和统计分析，提高管理效率和决策的科学性。

（2）数据采集与分析工具：利用信息化技术开发数据采集与分析工具，用于收集实践活动的数据并进行分析。这些工具可以包括在线问卷调查平台、数据可视化工具等。通过数据采集与分析工具，可以更加方便地收集参与者的反馈和意见，对实践活动的效果和问题进行评估和改进。

（3）移动应用程序：开发移动应用程序，方便参与者随时随地获取实践活动的信息和参与互动。移动应用程序可以提供活动通知、报名注册、学习资料分享等功能，增强实践活动的便捷性和互动性。

（4）在线平台与资源库：建立在线平台和资源库，提供实践育人活动的相关资源和参考资料。这些平台可以包括在线学习平台、社区论坛等，为学生和教师提供交流、分享和学习的机会，促进实践育人的持续发展。

（四）鼓励创新与实验

（1）提供支持和资源：学校和相关部门应提供必要的支持和资源，包括经费、设备、场地等，以鼓励教师开展实践育人管理的创新和实验。同时，建立专门的创新基金或奖励机制，为那些有突出贡献的教师提供额外的支持和激励。

（2）创建创新环境：学校应营造积极的创新氛围，鼓励教师提出新的理念和方法，并尊重他们的创新意愿和尝试。创新需要容错和失败的空间，学校应提供支持和鼓励，帮助教师从失败中吸取经验教训，不断改进和优化。

（3）探索新的管理模式和方法：学校和教师可以积极探索适合自身特点的实践育人管理模式和方法。这可以包括灵活的课程设置、多元化的评估方式、创新的教学手段等。鼓励教师尝试不同的方法，从中发现适合自己学校和学生的最佳实践。

（4）持续总结和分享经验：学校和教师应定期总结和分享实践育人管理方面的经验和成果。可以组织专门的研讨会、经验交流会或论文发表会，让教师有机会展示他们的创新实践，同时也能够从其他人的经验中获得灵感和启发。

（5）建立合作网络：学校可以与其他学校、企业、研究机构等建立合作网络，共同探索实践育人管理的创新和实验。这样可以借鉴和学习其他机构的成功经验，同时也可以分享自己的实践成果，促进更广泛的合作和交流。

（五）搭建交流平台：

（1）平台建设：选择合适的技术平台或软件工具来搭建交流平台，例如建立一个在线论坛、社交媒体群组或专业网络平台。确保平台易于使用、功能完善，并提供足够的安全性和隐私保护措施。

（2）成员招募：邀请学校和企业的相关负责人、教师、学生和专业人士加入交流平台。可以通过邮件邀请、宣传推广或口碑传播等方式扩大平台的成员基础。

（3）经验分享：鼓励平台成员分享实践育人管理方面的经验和案例。可以设置专门的板块或主题，让成员发布他们在实践育人管理方面的成功经验、挑战和解决方案。这样可以促进不同学校和企业之间的交流和互动，为其他成员提供有价值的参考和借鉴。

（4）资源共享：平台可以作为资源共享的中心，学校和企业可以分享他们开发的教材、课程设计、实践项目等资源。这样可以提供更多的资源选择和灵感，帮助其他成员改进实践育人管理的方法和策略。

（5）专家指导：邀请实践育人管理领域的专家、学者或成功案例的代表加入平台，并提供指导和建议。他们可以通过在线讲座、答疑等形式与平台成员进行互动，分享最新的理论知识、研究成果和实践经验。

（6）定期活动：组织定期的线上或线下活动，如研讨会、工作坊、交流会等，为平台成员提供面对面的交流机会。这些活动可以促进更深入的讨论和合作，加强学校之间、学校与企业之间的联系和合作。

在搭建交流平台的过程中，需要注意以下几点。

①确保平台的内容健康、积极向上，避免不当言论和虚假信息的出现。

②提供良好的管理机制，确保平台的秩序和安全。

③鼓励平台成员积极参与，建立良好的互动氛围。

④定期评估和改进平台的功能和服务，以满足成员的需求和期望。

第五章　新时代下高校实践育人的创新与发展

第一节　新时代背景下高校实践育人创新的意义

一、适应时代需求

（一）科技进步的加速

随着信息技术和人工智能的快速发展，科技进步正深刻改变着社会的方方面面。高校实践育人创新有助于培养学生的实际动手能力和创新思维，使他们能够适应科技进步带来的变革，积极参与到科技创新中去。

在当前新时代背景下，科技进步呈现出加速的趋势。信息技术和人工智能的快速发展正在深刻地改变着社会的各个领域。这种科技进步不仅给产业结构带来了巨大的变革，也对就业形势和职业发展提出了全新的要求。因此，高校需要及时调整自身教育模式，注重实践育人创新，以培养具备实际动手能力和创新思维的学生。

高校实践育人创新的意义在于，它能够帮助学生将所学的理论知识转化为实际能力。通过实践项目和实践机会，学生可以接触到最前沿的科技进展，学习并应用新的技术和方法。这不仅能够提高学生的实践动手能力，还能够培养他们的创新思维。在面对科技进步带来的变革时，他们能够积极适应，并主动参与到科技创新中去。

高校实践育人创新也有助于学生的职业发展。随着科技进步的加速，传统的工作方式和岗位需求正在发生巨大的变化。许多新兴行业和职业正在崛起，对人才的需求也在不断增加。通过实践育人创新，学生可以获得更多的实际经验和技能，提高自身的竞争力，在职业市场中脱颖而出。

（二）经济全球化的影响

1.经济全球化的趋势

经济全球化已经成为当今世界的主流趋势，各国之间的联系更加紧密。全球贸易和投资不断增长，跨国公司的兴起改变了产业格局，国际合作与竞争日益激烈。在这样的背景下，高校实践育人创新具有重要意义。

2.培养跨文化交流能力

经济全球化使得不同国家、不同文化之间的交流日益频繁。高校实践育人创新可以培养学生的跨文化交流能力，使他们能够理解并尊重不同文化的差异，有效地进行国际合作与交流。

通过实践项目和国际交流活动，学生可以与来自不同国家和地区的同学共同工作，面对不同文化的挑战。这种经历可以帮助他们建立广泛的人际关系网络，拓宽视野，增强跨文化沟通的能力。这对于在国际舞台上发挥作用是至关重要的。

3.培养全球视野

经济全球化使得世界各地的经济、政治和社会事件相互关联。高校实践育人创新可以培养学生的全球视野，使他们能够更好地理解全球问题和趋势。

通过参与国际项目、国际研究和交流活动，学生可以了解不同国家和地区的经济、政治、文化等方面的差异和相似之处。这有助于他们形成全球思维和洞察力，能够从全球的角度来看待问题和提出解决方案。

4.在国际舞台上发挥作用

随着经济全球化的深入发展，各个国家都需要能够在国际舞台上发挥作用的人才。高校实践育人创新可以培养学生在国际事务中的参与能力和竞争力。

通过参与国际组织、国际合作项目和国际会议等活动，学生可以积累国际经验，建立广泛的人际关系网络，并且了解国际规则和标准。这将为他们在国际舞台上发挥作用提供宝贵的资本，使他们能够更好地适应全球化的挑战和机遇。

（三）社会问题的多元性

1.社会问题的日益凸显

随着社会的不断发展，各种复杂的社会问题也日益凸显。例如，环境污染、资源短缺、贫困与不平等、人口老龄化、教育和就业问题等。这些问题给社会发展带来了挑战，需要有能力解决问题的人才。

2.培养问题解决能力

高校实践育人创新可以培养学生的问题解决能力，使他们能够主动应对社会问题。通过参与实践项目和社会调研，学生可以深入了解社会问题的本质和原因，并掌握解决问题的方法和技巧。

实践育人创新注重学生的实际动手能力和创新思维。学生在实践中将面临各种复杂的问题，需要运用所学知识和技能去解决。这培养了他们分析问题、寻找解决方案的能力，使他们成为能够有效解决社会问题的中坚力量。

3.培养创新精神

解决社会问题需要创新思维和创新方法。高校实践育人创新可以培养学生的创新精神，使他们能够提出新颖的解决方案。

在实践项目中，学生面临的问题往往是复杂而多样的，传统的解决方法可能不再有效。因此，学生需要具备创新精神，敢于挑战现有的思维模式，提出新的观点和解决方案。这将为社会问题的解决带来新的思路和途径。

4.推动社会发展与进步

高校实践育人创新不仅能够培养学生的问题解决能力和创新精神，还能够推动社会发展与进步。

通过参与社会实践和社会调研，学生可以深入了解社会问题的背后原因，为解决问题提供全面的视角和建议。他们可以运用所学知识和技能，结合创新思维，提出可行的解决方案，并积极参与到社会改革和发展中去。

二、培养创新型人才

（一）培养实践能力

（1）价值认知：通过实践，学生能够亲身体验到知识的应用和实际效果，从而深入理解知识的价值和意义。

（2）动手能力：实践中，学生需要动手实施理论知识，如实验操作、实地考察等，从而培养他们的动手能力和实际操作技巧。

（3）创新思维：实践活动鼓励学生主动探索、独立思考和解决问题，培养他们的创新思维和解决实际问题的能力。

（4）团队合作：实践项目通常需要学生进行团队合作，学生需要与他人共同完成任务，这有助于培养学生的团队合作精神和沟通协作能力。

（5）职业素养：通过实践，学生能够更好地了解自己所学专业的实际工作环境和要求，培养他们的职业素养和就业竞争力。

（二）培养团队合作意识

（1）沟通协作能力：在团队合作中，学生需要与他人进行有效的沟通和合作。通过与团队成员交流、协商和解决问题，学生能够提高自己的沟通能力和协作能力。

（2）领导才能：在团队中，学生有机会担任领导角色，学习如何管理和激励团队成员，培养自己的领导能力和组织能力。

（3）团队意识：团队合作能够培养学生的团队意识和集体荣誉感，使他们明白团队的重要性，并能够主动为团队目标而努力。

（4）问题解决能力：团队合作中，学生需要面对各种问题和挑战，并通过合作找到解决方案。这有助于培养学生的问题解决能力和创新思维。

（5）多元合作：团队合作通常涉及来自不同背景和专业的成员，学生需要学会与不同类型的人合作。这有助于拓宽学生的视野，增强他们的包容性和跨文化交流能力。

（三）培养创新精神

（1）激发创新意识：实践活动为学生提供了切实的问题和挑战，促使他们思考并尝试寻找创新的解决方案。这种经验可以激发学生的创新意识，使他们在面对问题时更加积极主动。

（2）开拓思维模式：创新实践鼓励学生超越传统思维模式，挑战常规观念，寻找新的思路和方法。通过实践，学生可以培养灵活性、独立思考和批判性思维，从而开拓自己的思维模式。

（3）培养解决问题的能力：创新实践要求学生面对各种问题和挑战，并寻找独特的解决方案。通过实践，学生能够培养解决问题的能力，包括分析问题、寻找信息、整合资源等，从而成为解决实际问题的能手。

（4）推动社会进步：创新实践的目标是为社会发展做出贡献。通过提供实践机会和平台，高校可以培养学生的创新能力，使他们能够提出新颖的解决方案，推动社会进步和经济发展。

（5）培养创业精神：创新实践可以培养学生的创业精神和创业能力。学生通过实践活动，了解创业过程和挑战，锻炼自己的创业意识、市场洞察力和商业思维。

三、促进社会发展

（一）科技创新的推动

高校实践育人创新的推动作用在于为科技创新提供源源不断的人才支持。通过参与实践项目，学生能够亲身体验科技研究和创新的过程，积累相关专业知识和实践经验，并且培养解决问题和创新思维的能力。这样的实践活动不仅可以激发学生对科技创新的兴趣，还可以帮助他们更好地理解科技的应用和影响。

高校实践育人创新的项目还有以下几个方面的推动作用。

（1）促进学科交叉融合：科技创新往往需要不同学科的知识和技术的交叉应用。通过实践项目，学生有机会与来自不同学科背景的同学一起合作，共同解决复杂的科技问题，促进学科间的交流与融合。

（2）培养团队合作能力：科技创新通常需要多人合作完成，而高校实践育人创新项目提供了良好的团队合作平台。学生在实践中学会协调合作、分工合作、沟通协商等团队合作技能，为将来的科技创新工作打下基础。

（3）提升实践能力和创新思维：通过实践项目，学生可以将所学知识应用到实际问题中，培养解决问题的能力。同时，他们还能够尝试新的想法和方法，锻炼创新思维和创造力，从而为科技创新提供新的思路和方向。

（4）促进产学研结合：高校实践育人创新项目通常与企业、科研机构等进行合作，这有助于促进产学研结合。学生在实践中可以接触到真实的科技问题和需求，并且与企业、科研机构的专业人员进行交流和合作，提高了科技研究与实际应用的紧密度。

（二）社会问题的解决

高校实践育人创新的重要性不言而喻，它能够培养学生解决实际问题的能力，为社会问题的解决提供智力支持。以下是高校实践育人创新对社会问题解决的积极影响。

（1）深入了解社会问题：通过实践，学生能够亲身接触和研究各种社会问题，深入了解问题的本质、原因和影响。这种深入了解有助于学生形成全面的问题意识，并为他们提供解决问题的基础。

（2）创新解决方案：实践育人鼓励学生以创新的方式思考和解决问题。学生在实践中可以发挥想象力和创造力，尝试不同的方法和途径来解决社会问题。他们可以利用专业知识和技能，结合实践经验，提出独特而有效的解决方案。

（3）推动社会发展和进步：高校实践育人创新的成果和解决方案可以直接应用于社会实践中，为社会问题的解决提供智力支持。学生的创新成果可能涉及科技、工程、医学、环境保护等领域，对社会的发展和进步产生积极影响。

（4）培养综合素质：实践育人创新不仅培养学生解决问题的能力，还培养他们的团队合作、沟通协调、领导才能等综合素质。这些素质在解决社会问题时起到重要作用，能够促进团队合作和资源整合，提高解决问题的效率和质量。

（三）人才培养的改革

（1）实践导向：传统的教育模式注重理论知识的传授，而实践育人创新则强调将学生置身于实际环境中，通过实践活动培养他们的实践能力和解决问题的能力。这种实践导向的教育方式使学生能够更好地适应社会需求，提升就业竞争力。

（2）跨学科融合：实践育人创新鼓励学生进行跨学科的学习和研究。它打破了传统学科之间的界限，鼓励学生从多个学科领域获取知识，并将不同学科的理论与实践相结合，培养学生的综合素质和创新思维。

（3）创新意识培养：实践育人创新注重培养学生的创新精神和创造力。学生通过实践活动，探索问题背后的原因和解决方案，培养发现问题、分析问题和解决问题的能力。这种创新意识的培养有助于学生在未来的工作和生活中具备应对变化和创新的能力。

（4）产学研结合：实践育人创新鼓励学校与企业、科研机构等社会资源进行紧密合作，将教学与实践相结合。学生可以参与企业实习、科研项目等活动，获得真实的实践经验，并与专业人士进行交流和合作，加深对实际问题的理解并提高解决问题的能力。

第二节　高校实践育人创新策略与规律

高校实践育人创新是新时代发展的必然需求，《教育部等部门关于进一步加强高校实践育人工作的若干意见》中指出，要加强实践育人工作总体规划，强化实践教学环节，深化实践教学方法改革，加强综合性实践科目设计和应用。支持学生参加企业技改、工艺创新等实践活动。组织编写一批优秀实验教材。思想政治理论课所有课程都要加强实践环节。要加强大学生创新创业教育，支持学生开展研究性学习、创新性实验、创业计划和创业模拟活动。系统开展社会实践活动。社会调查、生产劳动、志愿服务、公益活动、科技发明和勤工助学等社会实践活动是实践育人的有效载体。要倡导和支持学生参加生产劳动、志愿服务和公益活动，鼓励教师增加实践经历，参与产业化科研项目，积极选派相关专业教师到社会各部门进行挂职锻炼。要充分发挥学生在实践育人中的主体作用，建立和完善合理的考核激励机制，加大表彰力度，激发学生参与实践的自觉性、积极性。

一、高校实践育人创新策略

（一）课程体系改革

构建理论与实践相结合的课程体系，强化实践教学环节。将专业课程与社会实践、创新创业、实验实训等紧密结合，如增设实践学分、实施项目驱动式学习、设立"第二课堂"等，通过合理的课程设计和创新性的教学内容，可以提升学生的实践能力，激发创新精神。以下是一些具体的措施和方法。

（1）课程结构及内容调整：加强思政教育融入实践。在实践中融入思想政治教育内容，培养学生良好的道德品质和社会责任感，做到知行合一，全面发展。整合现有课程，增加实践类必修课和选修课的比例，确保每个专业都有相应的实践教学环节，合理设置学分。设计递进式的实践课程体系，从基础技能训练到高级综合实践项目，形成完整的实践教学链。

（2）模块化与项目化教学：实施模块化的实践课程设计，将专业知识分解为多个实践模块，每个模块对应一项或多项实践任务。推广项目化教学模式，学生在导师指导下，以团队的形式完成真实的工程项目或科研课题，获得直接的实践体验。

（3）产教融合与校企合作：与行业企业紧密合作，共建校外实践基地，将企业的实际需求融入课程设计，实行"订单式"人才培养。引入企业导师，开设企业案例分析、现场教学、实习实训等环节，让学生能在真实的产业环境中学习和成长。

（4）实践案例引入：教师可以引入实践案例，将真实的问题融入课程中。通过分析和讨论实践案例，学生可以了解实际问题的背景、挑战和解决方案，培养解决问题的能力。

（5）实验研究和实地考察：通过实验研究和实地考察，让学生亲身参与到科学研究或实际场景中。他们可以进行实验设计、数据收集和分析，在实践中掌握科学方法和技能，并将理论知识应用到实际问题中。

（6）跨学科交叉实践：鼓励不同学科间的交叉融合，开设跨学科的实践课程和项目，培养学生的跨界整合能力和创新能力。

（7）社会调查和问卷调查：通过社会调查和问卷调查的方式，让学生深入了解社会问题和需求。他们可以设计调查问卷、收集数据，并对结果进行分析和解读，为解决实际问题提供参考和建议。

在实施课程设计与改革时，教师需要关注以下几点。

①确保课程内容与实际需求相匹配，紧密结合行业发展和社会变化。

②提供充分的实践机会，让学生能够实际操作、实地考察和实践项目。

③注重培养学生的团队合作能力和创新思维，鼓励学生在实践中发挥主动性和创造力。

④给予学生及时的反馈和评价，帮助他们不断改进和提高。

⑤通过课程设计与改革，高校可以为学生提供更具有实践性和创新性的教学内容，培养他们解决实际问题的能力，并为社会问题的解决提供智力支持。

（二）搭建实践平台

建设校内外实习实训基地，提供丰富的实践资源，促进产教融合。例如，与企业深度合作共建实习基地，创建实验室、工作室，举办各类学科竞赛和创新创业活动等。实践机会与平台的搭建对于培养学生的实践能力至关重要。以下是一些具体的策略和方法。

（1）深化产教融合：推进校企深度融合，实现资源共享、优势互补，让企业参与到人才培养全过程，使学生在真实的工作场景中接受锻炼和培养。高校可以积极与企业、科研机构建立合作关系，开展实践项目。通过与实际工作场景的接触，学生可以了解行业需求，参与真实项目，并从专业人士身上学习实践经验。

（2）提供实习实训基地：高校可以与企业、政府部门等合作建立实习实训基地。这样的基地可以提供学生实践的场所和条件，使学生能够在真实环境中进行实践活动，锻炼实际操作能力。

（3）创新实验室和创客空间：高校可以建立创新实验室、创客空间等创新平台，为学生提供实践的场所和设施。学生可以在这些空间中进行创新性的项目和实践活动，培养创新精神和实践能力。

（4）外出考察和交流：高校可以组织学生外出考察和交流，让他们亲身感受不同地区、不同文化背景下的实践经验。这样的交流活动有助于开拓学生的视野，促进跨文化交流和合作。

（5）组织社会服务和志愿者活动：通过组织学生参与社会服务和志愿者活动，高校可以为学生提供实践机会。学生可以参与各种社区服务项目、公益活动等，通过服务他人来培养实践能力和社会责任感。

在搭建实践机会与平台时，高校需要注意以下几点。

①确保实践机会与学生专业相关，与课程内容相衔接。

②提供足够的资源支持，包括场地、设备、导师指导等。

③做好对学生的管理和安全保障工作，确保实践活动的顺利进行。

④定期评估和改进实践机会与平台，根据学生反馈和实际效果进行调整和优化。

（三）师资队伍建设

培养具备丰富实践经验的教师队伍，鼓励和支持教师参与产学研合作，提升教师指导学生实践的能力。提供教师培训机会，提升专业素养。

（1）鼓励教师团队合作：教师可以组建教师团队，进行合作研究和教学改进。鼓励跨学科、跨部门老师结合专业特色，进行跨学科合作，通过团队合作，教师可以相互借鉴和启发，共同探索实践育人创新的方法和策略。

（2）参加教学研讨会和研究活动：教师可以参加各类教学研讨会、学术会议和研究活动，了解最新的实践育人创新策略和方法。通过与同行交流和分享经验，教师可以获取新的思路和灵感，并将其运用到自己的教学实践中。

（3）教学观摩与交流：教师可以互相进行教学观摩和交流，借鉴和学习其他教师的好的教学实践。通过观摩他人的课堂，教师可以发现自己的不足之处，并积极改进自己的教学方法。

（4）提供专业培训机会：高校可以组织专业培训课程和工作坊，帮助教师提升实践育人创新能力。培训内容可以涵盖教学理念、教学设计、评估方法等方面，以满足教师的专业发展需求。

（5）建立教学反思机制：教师应该建立起教学反思的机制，定期对自己的教学进行反思和评估。通过反思，教师可以发现自己的教学优点和不足，并寻找改进的方法和途径。

在教师专业发展与培训时，高校需要注意以下几点。

①提供多样化的培训形式和内容，满足教师的不同需求和兴趣。

②建立反馈机制，让教师可以及时了解自己的培训效果，并得到相关支持和指导。

③鼓励教师参与教学研究和创新项目，为教师提供更广阔的发展平台和机会。

④建立教师专业发展档案，记录教师的专业成长和学习经历。

⑤通过积极参与专业发展和培训，教师可以不断更新教学理念和方法，提升实践育人创新能力。高校也应该为教师提供相应的培训机会和支持，以促进教师个人的专业发展和整体教学水平的提升。

（四）导师制度建设

建设导师制度，是为了更好地贯彻"立德树人"的教育理念，全面提升技术技能型人才培养质量，有效提升教育教学质量，拓宽学生的视野，增强其就业竞争力和社会适应能力，主要可以通过以下几方面的措施来进行。

（1）全过程育人理念落实：将导师制度贯穿于学生从入学到毕业的全过程，涵盖德育、智育、体育、美育、劳动教育等多个方面，助力学生全面发展。

（2）生涯规划教育：引导学生根据自身特点和市场需求进行职业规划，通过实践活动帮助他们提前适应社会环境，提高就业竞争力。

（3）个性化指导与关怀：实施"一对一"或"一对多"的导师制，每位导师负责一定数量的学生，定期开展个别谈话、学业指导、职业生涯规划等工作，关心学生的思想动态和心理健康，提供有针对性的成长建议。

（4）双师型导师团队建设：结合教育特点，聘请行业企业专家和技术能手担任兼职导师，与校内专业教师共同构成双师结构的导师团队，既保证理论教学的专业性，又能确保实践教学的实效性。

（5）校企协同育人机制：导师制度可以与校企合作模式相结合，推动企业导师参与学生的实习实训、毕业设计等环节，让学生在实际工作中得到充分的技能训练和职场经验积累。

（6）实践教学体系建设：建立基于导师指导下的实践教学模式，包括企业导师制、项目制学习、顶岗实习、技能大赛等多种形式，强化学生的实践操作能力和岗位胜任力。

（7）制度保障与激励机制：制定和完善导师工作职责、考核评价制度以及激励政策，对导师的工作量、指导效果、学生反馈等方面进行综合评估，调动导师参与育人的积极性和主动性。

在导师制度建设时，高校需要注意以下几点。

①导师的选拔与培养：确保导师具备良好的专业素养和实践经验，能够给

予学生有效的指导和支持，以根据学生的专业方向和兴趣进行导师的分配，确保每位学生都有一个专业导师进行指导

②学生导师配对的匹配度：尽可能将学生与适合其专业方向和兴趣的导师进行匹配，以确保指导的针对性和有效性。导师可以根据学生的兴趣和能力，推荐适合的实践项目或课题。

③导师的时间管理和学生关怀：导师需要合理安排自己的时间，保证给予每位学生足够的关注和指导。

④导师团队的协作与交流：导师团队应该加强协作和交流，共同探讨实践育人创新的方法和经验，为学生提供更好的指导和支持。

⑤通过建立良好的导师制度，高校可以为学生提供个性化的指导和支持，帮助他们培养实践能力，并在实践过程中获得宝贵的经验和反馈。导师的引导将对学生的成长和发展产生积极的影响。

⑥建立导师团队：高校可以建立导师团队，由具有丰富实践经验和专业知识的教师组成。导师团队可以共同合作，为学生提供多角度、多领域的指导和支持，促进学生全面发展。

（五）跨学科与综合素养培养

跨学科与综合素养的培养是高校实践育人创新的重要目标之一。通过跨学科学习和团队合作，学生可以在实践中获得不同学科的知识和技能，并将其综合应用于解决实际问题。

（1）跨学科课程设置：高校可以设计跨学科的课程，将不同学科的知识融入课程中。例如，在创业教育中，可以将经济学、市场营销、人力资源管理等学科进行整合，让学生全面了解创业过程中的各个环节。

（2）团队合作项目：高校可以组织多学科的团队合作项目，让学生在实践中互相借鉴和协作。团队成员可以来自不同专业，通过合作解决复杂问题，培养学生的团队合作和沟通能力。

（3）跨学科研究和实验：鼓励学生参与跨学科的研究和实验活动。例如，在环境保护领域，学生可以结合地理、生态学、化学等学科，开展研究和实验，探索环境问题的综合解决方案。

（4）跨学科导师指导：导师可以来自不同学科，为学生提供跨学科的指导和支持。导师可以引导学生整合各个学科的知识，帮助他们形成综合思维和解决问题的能力。

（5）学术交流和研讨会：高校可以组织学术交流和研讨会，邀请不同学科的专家和学者进行讨论和分享。学生可以参与其中，了解不同学科领域的前沿研究成果，并从中获得启发和借鉴。

在跨学科与综合素养培养时，高校需要注意以下几点。

①鼓励学生开放思维，跨越学科边界，尝试探索多元化的学习和实践机会。

②提供合适的资源和支持，包括课程设置、实验设备、导师团队等，以促进跨学科的学习和合作。

③强调团队合作和沟通能力的培养，让学生学会在跨学科团队中有效协作和交流。

④关注学生的个体差异，根据学生的兴趣和能力，提供个性化的跨学科培养方案。

（六）创新文化建设

（1）创新竞赛与活动：高校可以组织创新竞赛、创业比赛等活动，激发学生的创新意识和竞争力。这样的活动可以提供学生展示创新成果的平台，鼓励他们尝试新的想法和解决方案。

（2）讲座与研讨会：邀请创新领域的专家和企业家进行讲座和研讨会，向学生分享创新经验和成功故事。这样的活动可以拓宽学生的视野，激发他们的创新思维，并为他们提供学习和借鉴的机会。

（3）创新实验室与创客空间：建立创新实验室、创客空间等创新平台，为学生提供创新的环境和资源。这样的空间可以配备先进的设备和工具，供学生进行创新项目和实践活动，促进他们的创造力和实践能力的发展。

（4）导师指导与鼓励：导师在学生的创新实践中起到重要的指导和鼓励作用。他们可以为学生提供专业指导和反馈，帮助他们克服困难和挑战，培养创新精神和解决问题的能力。

（5）创新文化宣传与培养：高校可以通过校园媒体、社交平台等渠道，宣传和弘扬创新文化。教师可以向学生灌输创新思维的重要性，并鼓励他们勇于尝试、接受失败、持续创新。

在创新文化建设时，高校需要注意以下几点。

①提供支持与资源：为学生提供充足的创新资源和支持，包括资金、设备、人员等，以激发他们的创新热情和动力。

②跨学科交流与合作：鼓励不同学科的学生进行交流和合作，促进跨领域的创新活动和思维碰撞。

③鼓励多样性与包容性：创新需要多样性和包容性的环境，高校应该鼓励学生表达自己的创新想法，并尊重不同的观点和思维方式。

④建立创新评价机制：建立科学、公正的创新评价机制，鼓励和奖励学生的创新成果和实践经验。

通过积极营造创新文化，高校可以激发学生的创新精神，培养他们的创造力和实践能力。创新文化的建设将为学生提供更好的创新环境和资源，促进他们在实践中不断探索、尝试和创新。

二、高校实践育人创新遵循规律

（一）学科特点和专业需求

1.学科背景和特点

（1）核心概念和理论体系：深入了解所在学科的核心概念和理论体系。这包括学科的基本原理、基本概念以及相关的理论框架。通过对核心概念和理论体系的了解，可以为实践育人的目标和内容提供基础。

（2）研究方法和技能：了解学科的研究方法和技能，包括实验设计、数据分析、文献综述等。通过掌握学科的研究方法和技能，可以帮助学生更好地进行实践活动，并培养他们的科学研究能力。

（3）行业需求和趋势：了解学科在行业中的应用和发展趋势。考虑当前行业对该学科专业人才的需求和变化，以及未来的发展趋势。通过了解行业需求和趋势，可以调整实践育人的目标和内容，使其更贴合行业需求。

（4）专业认证和职业资格：了解学科相关的专业认证和职业资格要求。

这包括行业认可的资格考试、职业培训等。通过对专业认证和职业资格的了解，可以为学生提供相关的实践经验和培训机会，帮助他们更好地适应职业发展需求。

2.行业需求和就业市场

（1）行业发展趋势：研究所在学科所涉及的行业的发展趋势和前景。了解当前行业的发展情况、主要领域和新兴方向，以及未来的发展趋势。这有助于确定学生毕业后可能从事的职业领域和岗位。

（2）专业技能和素养需求：分析行业对该学科专业人才的技能和素养需求。了解行业对专业知识、实践能力、创新意识、沟通能力等方面的要求。通过了解行业需求，可以有针对性地设计实践活动和项目，培养学生所需的职业能力。

（3）就业市场竞争情况：评估就业市场对该专业的竞争情况。了解该专业毕业生的就业率、就业岗位数量、薪资水平等数据，以便更好地指导学生进行实践准备和职业规划。

（4）行业合作和实践机会：寻找与行业相关的合作伙伴，建立行业合作和实践机会。通过与行业企业、组织或专业协会的合作，为学生提供实践机会和项目，让他们能够接触真实的行业环境和问题。

（5）职业发展支持：了解就业市场对应专业的职业发展支持和培训需求。了解行业对于专业人才的进一步培训、认证要求等。通过提供职业发展支持和指导，帮助学生更好地适应职场需求并提升职业竞争力。

3.课程设置和教学目标

（1）教学目标：重新审视现有课程的教学目标，思考是否包括培养学生的实践能力和解决问题的能力。如果目标中已经涵盖了这些要素，那么可以通过具体的实践活动来实现；如果没有，则需要重新考虑教学目标，将实践育人作为重要的组成部分。

（2）实践与理论的结合：思考如何将理论知识与实际应用相结合，以提升学生的实践能力。可以通过案例研究、实验室实践、项目设计等方式，让学生将所学的理论知识运用到实际情境中，加深对理论的理解和应用能力。

（3）问题导向的学习：采用问题导向的学习方法，鼓励学生主动探索和解决问题。通过引导学生提出问题、分析问题、寻找解决方案，并进行实践验证和改进，培养学生的问题解决能力和创新思维。

（4）实践项目和团队合作：设计实践项目，让学生通过团队合作的方式进行实践。通过项目管理、团队合作、沟通协作等环节，培养学生的团队合作精神、领导能力和实际操作技能。

（5）反馈和评估机制：建立有效的反馈和评估机制，及时对学生的实践成果进行评估和指导。提供具体的评价标准和反馈机制，帮助学生了解自己的实践表现，并提供有针对性的指导和改进建议。

4.学科交叉和综合能力

（1）学科融合与交叉：探索与其他学科的合作和融合机会。通过跨学科的课程设计和教学活动，让学生将不同学科的知识和方法相互交叉和应用。例如，可以与相关学科的教师合作开设跨学科的实践课程或项目，让学生从多个学科角度进行综合性的研究和实践。

（2）跨学科思维和解决问题能力：培养学生的跨学科思维和解决问题的能力。通过引导学生从不同学科的视角来分析和解决问题，鼓励他们运用多种方法和概念进行创新性的思考和行动。同时，也可以提供相应的培训和资源支持，帮助学生更好地理解和应用跨学科的知识和技能。

（3）综合实践项目：设计综合实践项目，要求学生结合多个学科的知识和技能，解决现实世界的复杂问题。通过团队合作、数据分析、创新设计等环节，培养学生的综合能力和跨学科协作能力。这样的实践项目可以模拟真实的工作环境，让学生体验综合应用知识的过程。

（4）跨学科交流与合作：鼓励学生进行跨学科交流与合作，促进不同学科之间的互动和学习。例如，组织学术研讨会、专题讲座或跨学科项目竞赛等活动，为学生提供展示和交流的平台。通过与其他学科的学生和教师互动，学生可以更深入地了解其他学科的知识和方法，培养综合能力。

5.学术研究和创新实践

（1）学科前沿与研究项目：关注学科的前沿研究领域和课题，将学生引入到学科的研究过程中。提供机会让学生参与学科教师的研究项目，了解学科研究的实际操作和方法。

（2）实验室实践和科学探究：建立实验室实践和科学探究的机制，让学生进行实践性的科学研究和探索活动。通过设计实验、收集数据、分析结果等环节，培养学生的科研能力和实践技能。

（3）创新项目和竞赛活动：鼓励学生参与创新项目和竞赛活动，激发他们的创新思维和创造力。提供支持和资源，让学生自主提出创新项目并实施，参加相关的竞赛和展示活动。

（4）学术交流与发表：鼓励学生参与学术交流与发表，分享他们的研究成果和创新项目。组织学术研讨会、学生论坛或学术期刊等平台，让学生展示和交流他们的科研成果，培养学术交流和表达能力。

（5）指导与导师资源：提供指导和导师资源，帮助学生进行学术研究和创新实践。教师可以担任导师角色，引导学生在研究和创新过程中解决问题，并提供反馈和指导。

（二）教学目标和课程设置

1.教学目标

（1）教学目标的评估：仔细审视现有课程的教学目标，并评估其中是否已经包含了培养学生实践能力和创新意识的要素。如果目标已经涵盖了这些要素，则可以进一步思考如何通过设计相应的实践活动来实现这些目标。如果目标缺乏相关内容，则需要重新考虑并调整教学目标。

（2）实践能力的培养：确定在课程中培养学生实践能力的重要性，并明确所希望学生具备的具体实践能力。这些能力可能包括实际操作技能、问题解决能力、团队合作能力等。根据所需的实践能力，调整教学目标以确保其对应于培养学生的实践能力。

（3）创新意识的引入：考虑如何引入创新意识的培养，使学生具备发现问题、提出解决方案和推动创新的能力。通过让学生参与创新项目、案例研究、创造性思考等方式，激发学生的创新意识和能力，并将其纳入到教学目标中。

（4）教学目标的明确性：确保教学目标具有明确性和可测量性，以便能够评估学生是否达到了预期的实践能力和创新意识。使用具体的描述和明确的行动动词来表达目标，例如"学生能够运用某种方法解决实际问题"或"学生能够提出创新的解决方案"。

2.课程内容

（1）实际应用案例：选择与实际应用相关的案例，让学生通过实践去探索、分析和解决问题。这些案例可以来自真实的行业情境，或者是基于真实情境进行设计的模拟案例。通过让学生在实践中运用所学知识，加深对理论的理解，并培养他们解决实际问题的能力。

（2）实践性小组讨论：引入实践性的小组讨论，让学生在小组中共同探讨和解决实际问题。通过小组讨论，学生可以分享不同的观点和经验，促进彼此的学习和合作，培养团队合作和沟通能力。

（3）角色扮演和模拟实验：利用角色扮演或模拟实验等形式，让学生亲身体验实践过程，增强他们的参与感和实践能力。通过扮演不同角色或进行模拟实验，学生可以更深入地理解实践环境和挑战，并培养解决问题和创新思维的能力。

（4）项目实践和实验研究：设计项目实践或实验研究，让学生在实践中应用所学知识和技能。通过实践项目或实验研究，学生可以通过自主探索和实践验证，加深对理论知识的理解，并培养实践能力和创新意识。

（5）实践报告和展示：要求学生撰写实践报告或进行实践成果的展示。通过书面报告或口头展示，学生可以总结和分享他们在实践中的经验和成果，培养他们的表达能力和批判性思维。

3.教学方法

（1）问题导向的教学：采用问题导向的教学方法，引导学生在实际情境中发现问题，提出解决方案，并通过实践验证和改进。教师可以提出具体问题或挑战，鼓励学生主动思考和探索解决方案，培养他们的问题解决能力和创新思维。

（2）案例分析：运用案例分析的教学方法，让学生通过分析真实或模拟的案例来理解和应用所学知识。教师可以设计相关的案例，让学生进行深入的分析、讨论和解决问题，培养他们的实践能力和批判性思维。

（3）团队合作和项目实践：通过团队合作和项目实践的方式，让学生在小组中共同参与实践活动。学生可以分工合作、协作解决问题，同时也可以学习团队沟通、领导和协调能力。这样的教学方法可以培养学生的团队合作精神和实践能力。

（4）实地考察和实验研究：组织实地考察和实验研究活动，让学生亲身体验和探索实践环境。通过实地考察和实验研究，学生可以将理论知识应用到实际情境中，并进行实践验证和改进，培养他们的实践能力和创新意识。

（5）反思与反馈：在教学过程中注重学生的反思和反馈机制。鼓励学生对自己的实践经验进行反思，思考所学知识在实践中的应用效果，并提供及时的反馈和指导，帮助他们不断改进和提高。

4.评估方式

（1）项目报告：要求学生撰写关于他们参与的项目的详细报告，包括项目的目标、方法、结果和总结。这将帮助评估学生在实践中的问题解决能力、团队合作能力和项目管理能力。

（2）展示演示：要求学生以展示或演示的形式呈现他们完成的项目或解决方案。这种方式可以更直观地展示学生的实际操作能力和创新思维，并为评估者提供直接的反馈和观察机会。

（3）团队评价：对于团队项目，可以引入团队评价的方式。通过同伴评价或团队成员之间的评估，可以评估学生在团队合作、沟通和协调方面的能力，以及对团队目标的贡献程度。

（三）学生特点和学习方式

1.学生兴趣和动机

（1）个性化项目选择：给予学生在实践活动中选择的权力，让他们能够根据自己的兴趣和目标选择合适的项目。这样可以增加学生的主动性和参与度。

（2）真实世界的应用：将实践活动与真实世界的问题或案例相结合，使学生能够看到他们所学知识的实际应用场景。这样可以激发学生的学习兴趣和动机，因为他们能够理解他们所学知识的实际意义。

（3）挑战性的任务：提供具有挑战性的实践项目或任务，鼓励学生超越舒适区，发展解决问题和创新的能力。挑战性的任务能够激发学生的好奇心和动力，促使他们更深入地学习和探索。

（4）融入兴趣点：了解学生的兴趣爱好和特长，并尽可能将这些兴趣点融入实践活动中。例如，如果学生对音乐感兴趣，可以设计一个与音乐相关的实践项目，让他们能够将自己的兴趣和所学知识结合起来。

2.学习风格和偏好

了解学生的学习风格和偏好对于个性化教育和实践育人非常重要。以下是一些了解学生学习风格和偏好的方法。

（1）学习风格测试：可以使用学习风格测试来评估学生的学习倾向。这些测试通常包括问题和场景，以帮助学生发现他们更适合的学习方式，如视觉学习、听觉学习或动手学习。

（2）观察和反馈：密切观察学生在学习环境中的行为和偏好，并提供及时反馈。通过观察他们是否更喜欢独立工作还是与他人合作，他们在何种情况下表现最佳等，可以更好地了解他们的学习风格和偏好。

（3）学生问卷调查：设计一份调查问卷，向学生询问他们对学习方式的偏好。例如，他们是否更喜欢小组合作还是独立完成任务，他们在什么时间段最有效率等。通过学生的回答，可以更加了解他们的学习特点。

（4）小组合作项目：对于喜欢与他人合作学习的学生，可以组织小组合作项目。这样可以促进学生之间的互动和合作，培养团队合作能力和沟通技巧。

（5）自主学习机会：对于更倾向于独立工作的学生，提供自主学习的机会是很重要的。例如，可以给予他们选择任务的自由，让他们根据自己的兴趣和学习风格来制订学习计划和目标。

（6）多样化的教学方法：为了满足不同学习风格和偏好的学生，教师可以采用多种教学方法和策略。例如，通过视觉辅助材料、口头解释和实际操作相结合的方式来教授知识，以满足不同学生的学习需求。

3.多元化的学生群体

（1）制定多元化的课程：设计包含不同专业、年级和文化背景的学生感兴趣的课程内容。这些课程应该涵盖各种学科领域，以满足不同学生的学习需求和兴趣。

（2）采用多样化的教学方法：使用多样化的教学方法，如小组讨论、案例分析、实地考察、合作项目等，以激发学生的思维和创造力。这些方法能够促进学生之间的交流和合作，提高他们的团队合作能力和跨文化交流技巧。

（3）提供个性化辅导和支持：了解学生的个别需求，为他们提供个性化的辅导和支持。这可以包括安排导师制度，为学生提供指导和建议，帮助他们在学术和个人发展方面取得成功。

（4）创建跨文化交流平台：建立一个跨文化交流平台，鼓励学生分享自己的文化背景和经验。这可以是学生组织、国际交流项目或跨学科合作项目，为学生提供互相学习和了解不同文化的机会。

（5）促进学生群体间的合作：组织各种活动和项目，鼓励不同学生群体之间的合作和交流。这可以包括学术竞赛、社区服务项目、艺术表演等，以培养学生的团队合作精神和互相尊重的意识。

4.反馈和支持

（1）及时提供反馈：在学生完成实践任务后，及时提供详细、具体的反馈。这包括表扬他们的优点和取得的进展，同时指出需要改进的地方。反馈应该具有建设性，帮助学生意识到自己的强项和发展的领域。

（2）个别辅导：为学生提供个别辅导和指导。这可以是与导师或教师的一对一会议，讨论学生在实践中遇到的问题、困惑以及未来的发展方向。个别辅导可以帮助学生更好地理解自己的实践经验，提供专业的建议和支持。

（3）团队评估：在团队实践项目中，鼓励团队成员相互评估。通过互评，学生可以了解自己在团队中的角色和贡献，同时从其他成员的反馈中获得启示和改进的建议。这有助于学生发展合作能力和团队意识。

（4）学生讨论会：定期组织学生讨论会，让他们分享实践经验、解决问题和互相支持。这种交流平台可以促进学生之间的合作和学习，同时提供一个互相鼓励和激励的环境。

（5）提供资源和指导：为学生提供必要的资源和指导材料，帮助他们在实践中获得支持。这可能包括技术设备、文献资料、专业知识和实践指南等。学生可以利用这些资源加深对实践的理解并提高实践效果。

(四) 实践资源和合作机会

1.实验室设备和场地

（1）设备充足度：评估实验室中所需设备的数量是否足够满足学生的实践需求。确保设备的供应量与学生人数相匹配，并且可以满足实践项目的要求。

（2）设备更新性：检查实验室设备的更新情况，确保学生使用的设备是先进的、符合最新技术标准的。这样可以提供更好的实践体验，使学生熟悉并掌握最新的实验方法和工具。

（3）安全性：确保实验室设备符合安全标准，并采取必要的安全措施和培训，以保障学生在实践中的安全。这包括提供必要的个人防护装备、安全操作指南和事故应急预案等。

（4）多功能性：考虑实验室设备的多功能性，以满足不同实践项目的需求。确保设备可以支持各种实验、研究和创新活动，并提供灵活性和可扩展性。

（5）场地可用性：评估实践场地的可用性和适用性，确保能够满足不同实践项目的需求。这可能包括实验室、工作坊、创客空间等，需要考虑面积、布局、通风等因素。

2.合作企业和社会组织

（1）建立合作伙伴关系：寻找与高校专业相关的企业和社会组织，建立合作伙伴关系。这可以通过与企业联系、参加行业展览、参观实地考察等方式实现。

（2）实习和实践项目：与合作企业和社会组织合作开展实习和实践项目。为学生提供机会在真实的职业环境中实践，并与专业人士合作解决实际问题。这种实践经验能够增强学生的专业能力和就业竞争力。

（3）导师制度：建立导师制度，邀请企业和社会组织的专业人士担任学生的导师。导师可以提供实践指导和职业发展建议，帮助学生更好地理解行业需求并规划自己的职业发展路径。

（4）核心课程与企业合作：与企业合作开发核心课程，结合实际案例和项目，使学生能够应用所学知识解决实际问题。这可以通过与企业进行合作研究、提供实践案例等方式实现。

（5）职业讲座和工作坊：邀请企业和社会组织的代表来学校进行职业讲座

和工作坊。他们可以分享行业经验、职业技能和最新趋势，帮助学生了解行业要求和就业市场。

3.校内外合作机会

（1）跨学科项目：鼓励不同学科的教师和学生之间开展跨学科的合作项目。通过将不同专业的知识和技能结合起来，可以解决更复杂的问题，并培养学生的综合能力。

（2）学术研究合作：与其他学院和研究所的教师和学生展开学术研究合作。这可以是共同申请科研项目、撰写合作论文或参与学术研讨会等形式。通过合作研究，学生可以接触到前沿的学术领域，扩展自己的研究视野。

（3）社区服务项目：与社会组织、非营利机构等进行合作，开展社区服务项目。这可以是为当地社区提供支持和资源，解决社会问题，同时让学生了解社会需求，提高他们的社会责任感。

（4）学生交流活动：组织学生交流活动，邀请其他学校的学生参与。可以是学术竞赛、文化交流活动、创新创业比赛等，为学生提供广泛的交流和合作机会。

（5）实践导师资源共享：与其他学院或相关领域的教师建立实践导师资源共享机制。通过共享资源，学生可以获得更多专业领域的指导和支持，丰富他们的实践经验。

4.资源整合和共享

（1）实验设备共享：与其他学院或机构合作，共同使用实验设备。这可以通过协商合作协议，制定设备使用规则和时间安排，以最大化设备的利用率，减少资源浪费。

（2）实践基地共建：与企业、研究所等合作，共同建立实践基地。通过共建实践基地，可以为学生提供更真实的实践环境和机会，并充分利用各方的资源和专业知识。

（3）联合项目开展：与其他学院或机构合作，开展联合项目。这可以是研究项目、创新竞赛、社会服务项目等，通过合作可以整合各方的优势资源和专业能力，提高项目的质量和影响力。

（4）教师交流和培训：促进教师之间的交流和合作，分享教学资源和经验。可以组织教师研讨会、工作坊、培训课程等，提升教师的教学水平和实践指导能力。

（5）学生资源共享：建立学生资源共享平台，让学生能够互相分享实践经验、项目资源和资料。这可以是在线平台、社交媒体群组或学生组织的合作项目等形式。

5.创新平台和比赛活动

（1）创新平台搭建：建立一个专门的创新平台，为学生提供展示和分享创新成果的机会。这可以是一个线上平台，如学校的创新网站或学生创新社交平台，也可以是一个线下展示空间，如创客空间或展览中心。

（2）比赛活动组织：定期举办创新比赛活动，鼓励学生参与并展示他们的实践项目和创新成果。比赛可以涵盖各个领域，如科技创新、社会创新、艺术设计等，以满足不同学生的兴趣和专业领域。

（3）吸引合作伙伴和资源：与企业、社会组织以及相关行业合作，邀请他们作为合作伙伴支持创新平台和比赛活动。这可以包括提供资金、资源、导师支持和专业评审等方面的支持，为学生提供更广阔的发展机会。

（4）提供创新指导和培训：为参与创新平台和比赛活动的学生提供创新指导和培训。这可以包括创新方法论、设计思维、项目管理等方面的培训，帮助学生提升创新能力和实践技能。

（5）推广实践育人创新模式：将成功的实践育人创新模式推广到其他学校和教育机构。可以举办研讨会、分享会或合作交流活动，分享经验和最佳实践，并建立合作网络，促进实践育人创新模式的共同发展。

（五）教师支持和培训需求

1.教师理解和认知

（1）调研和问卷调查：设计调研或问卷调查，向教师了解他们对实践育人模式的理解和认知程度。通过针对实践育人目标、方法、挑战等方面的问题，收集教师的观点和意见。

（2）专业交流会议：组织专业交流会议，让教师有机会分享对实践育人的理解和经验。通过听取教师的演讲、参与小组讨论等形式，了解他们在实践育人方面的看法和实践。

（3）教师培训和研讨会：开展针对实践育人的教师培训和研讨会，为教师提供更多关于实践育人的知识和方法。在培训和研讨会中，可以通过互动和案例分析等方式，了解教师对实践育人的认知情况。

（4）学校内部交流平台：建立学校内部的交流平台，如在线论坛、教师博客等，让教师可以分享实践育人经验和观点。这样可以促进教师之间的交流和合作，共同提高对实践育人模式的理解和认知。

2.教师能力和经验

（1）教师自评和反思：鼓励教师进行自我评估和反思，了解他们对实践育人能力和经验的认知。可以提供自评表或反思指导，让教师回顾自己在实践育人中的角色和经历。

（2）观察和评估教学实践：观察和评估教师在实践育人中的教学实践。这可以包括课堂观察、项目评估或学生反馈等方式，来了解教师在实践育人中的教学方法、互动方式和学生参与度。

（3）个别谈话和面谈：与教师进行个别谈话和面谈，探讨他们在实践育人方面的经验和能力。通过深入交流，了解教师在实践育人中所面临的挑战、成功经验和需求。

（4）教师培训和发展机会：提供教师培训和发展机会，以提升他们在实践育人方面的能力和经验。这可以是专门的实践育人培训课程、研讨会、工作坊等，针对实践育人方法和技巧进行培训。

（5）经验分享和合作交流：组织教师之间的经验分享和合作交流活动，让教师互相学习和借鉴。这可以是教师分享会、小组讨论、合作项目等形式，促进教师之间的互动和合作，共同提高实践育人能力。

3.培训需求和兴趣

（1）调研和问卷调查：设计调研或问卷调查，向教师征求他们对实践育人培训的需求和兴趣的意见。通过提供多个选择和开放式问题，收集教师对于培训主题、形式和时间安排的看法。

（2）教师会议和座谈会：组织教师会议和座谈会，为教师提供一个集体交流和讨论的平台。在会议和座谈会中，可以引导教师分享他们对实践育人培训的期望和关注点，以及自身的需求和经验。

（3）个别面谈和反馈：与教师进行个别面谈，并征求他们对实践育人培训的反馈和建议。通过深入的交流，了解教师对培训内容、形式和资源的需求和偏好。

（4）教师提案和建议：鼓励教师提交培训提案和建议，让他们主动参与培训内容的规划和设计。这可以通过征集教师的意见和建议的方式来实现。

（5）教师资源共享平台：建立一个教师资源共享平台，让教师可以分享培训资源和经验。教师可以上传自己的培训材料、推荐相关资源，并进行评论和交流，从中了解其他教师的需求和兴趣。

4.培训计划和资源支持

（1）确定培训主题：根据教师的需求调研结果和反馈，确定培训主题。这可以包括实践育人理论与方法、项目设计与管理、评估与反馈等方面的内容，以满足教师在实践育人中的培训需求。

（2）制订培训计划：根据培训主题和教师的时间安排，制订具体的培训计划。考虑到教师的实际情况和可行性，合理安排培训的时间、地点和形式。可以是短期集中培训、定期分阶段培训或线上培训等。

（3）开发培训资源：根据培训计划，开发相关的培训资源。这可以包括教材、案例分析、教学视频、互动课件等。确保培训资源内容准确、实用，并符合教师的实践育人需求。

（4）提供专业导师和辅导支持：为参加培训的教师提供专业导师和辅导支持。导师可以是具有丰富实践育人经验的教师或相关领域的专家。他们可以提供个别指导、答疑解惑，并帮助教师将培训知识应用到实际教学中。

（5）实践机会和互动交流：安排实践机会和互动交流，让教师能够在实际场景中应用所学知识。这可以是教学观摩、团队合作项目、分享会等形式，促进教师之间的互相学习和经验交流。

5.教师交流和合作

（1）教师研讨会和座谈会：组织定期的教师研讨会和座谈会，提供一个讨论实践育人经验和教学资源的平台。教师可以分享自己的实践育人案例、教学策略和课程设计等，同时借鉴他人的经验和意见。

（2）教学观摩和互访：安排教师进行教学观摩和互访，以相互学习和借鉴最佳实践。教师可以到其他教师的课堂进行观摩，或者邀请其他教师到自己的课堂进行观摩，从中获得灵感和启发。

（3）教师团队合作项目：鼓励教师参与团队合作项目，共同开展实践育人活动。这可以是跨学科的团队合作，也可以是同一学科不同年级的教师合作。通过合作项目，教师可以相互补充专业知识和经验，提供更丰富的实践育人机会。

（4）教师资源共享平台：建立一个教师资源共享平台，让教师可以分享实践育人经验、教学资源和教学资料。这可以是一个在线平台，如教师博客、社交媒体群组或学校内部的资源库等。教师可以互相评论、评价和分享资源，促进教学资源的共享和交流。

（5）学术研究合作：鼓励教师进行学术研究合作，共同探索实践育人模式的有效实施。可以通过合作申请科研项目、撰写合作论文或参与学术会议等方式，促进教师之间的学术交流和合作。

第三节　高校实践育人创新的政策支持与保障

一、高校实践育人创新政策支持

（一）加大经费投入

加大经费投入是加强高校实践育人工作的根本保障和基本前提。高校作为实践育人经费投入主体，要统筹安排好教学、科研等方面的经费，新增生均拨款和教学经费要加大对实践教学、军事训练、社会实践活动等实践育人工作的投入。要积极争取社会力量支持，多渠道增加实践育人经费投入。

（1）启动资金：学生在进行实践育人创新项目时，通常需要一定的启动资金来购买材料、设备和工具等。政府的资金支持可以帮助学生更好地开展项目，提高项目的质量和成果。

（2）科研设备购置：实践育人创新项目可能需要使用到一些特殊的科研设备或仪器。政府资金可以用于购买这些设备，为学生提供先进的科研条件，提升他们的实验能力和科研水平。

（3）创业孵化器建设：政府资金可以用于建设和支持高校的创业孵化器。创业孵化器提供创业团队所需的场地、设施和服务，帮助学生将创新创业项目转化为商业化的产品和服务。

（4）研究经费：政府资金可以用于支持学生进行实践育人创新项目的研究经费。这包括实验材料、调查采访、市场调研等所需的费用，确保学生有足够的资源开展研究工作。

（二）项目评审和认可

（1）评审标准：制定明确的评审标准，包括项目的创新性、实践价值、成果可行性、团队合作等方面。评审标准应该具有客观性和公正性，并根据不同类型的项目设定相应的指标和权重。

（2）评审专家：组建由相关领域的专家组成的评审委员会，确保评审过程的专业性和权威性。评审专家可以来自高校、科研机构、产业界等，具备丰富的实践经验和专业知识。

（3）评审流程：建立完整的评审流程，包括申报材料提交、初步评审、现场答辩或展示、终审等环节。每个环节都应有明确的时间节点和评审方式，确保评审过程的透明度和公正性。

（4）奖励和认可：对评审通过的优秀项目给予奖励和荣誉称号，如资金支持、证书、奖金等，以激励更多学生参与实践创新活动。政府可以设立专项基金，用于支持优秀项目的发展和转化。

（5）反馈和改进：及时向参与项目的学生和指导教师提供评审结果和意见反馈，帮助他们总结经验、改进不足，并为以后的项目申报提供指导和参考。

（三）建立合作平台

（1）资源共享：政府可以搭建一个平台，促进高校与企业、研究机构之间的资源共享。高校可以将自身的实验室、设备、图书馆等资源对外开放，为合作伙伴提供便利条件。企业和研究机构也可以向高校开放其资源，如技术、专利、市场信息等，以便学生能够更好地进行实践创新活动。

（2）技术转移：政府可以设立技术转移中心或科技孵化基地，为高校和企业之间的技术转移提供支持和咨询服务。通过技术转移，高校的科研成果可以更快地应用于实践创新项目中，促进产学研结合，推动科技成果的转化和社会经济的发展。

（3）专家指导：政府可以引导企业、行业组织等为高校实践育人创新项目提供专家指导。这些专家可以是行业内的知名专家、企业的技术骨干或成功创业者，他们可以通过指导学生的实践项目，分享经验和知识，帮助学生提升实践能力和创新思维。

（4）战略合作：政府可以鼓励高校与企业、行业组织进行战略合作，共同开展研究项目、技术创新等。通过建立长期稳定的合作关系，高校可以更好地了解产业需求，为学生提供更具实践价值的项目机会，同时也为企业培养人才和解决问题提供支持。

（四）加强考核管理

（1）体系完善：教育部门要把实践育人工作作为对高校办学质量和水平评估考核的重要指标，纳入高校教育教学和党的建设及思想政治教育评估体系。

（2）奖罚分明：及时表彰宣传实践育人先进集体和个人，推动实践育人有效落实。

（3）制定考核办法：各高校要制订实践育人成效考核评价办法，切实增强实践育人效果。

（4）制定安全预案：大力加强对学生的安全教育和安全管理，确保实践育人工作安全有序。

（五）专业导师培养计划

（1）培养标准：政府可以制定导师培养的相关标准和要求，包括导师的学术背景、实践经验、教学能力等方面。确保导师具备良好的专业素养和教育能力，能够有效地指导学生参与实践创新活动。

（2）培训计划：政府可以组织导师培训班或研修活动，提升导师的教育理念、指导方法和沟通技巧。培训内容可以包括项目管理、团队合作、创新思维等方面的知识和技能，以及教育伦理和学生心理健康等方面的培训。

（3）导师资源库：政府可以建立导师资源库，收集和管理具有实践经验和专业知识的导师信息。这样，学生可以根据自身的需求和兴趣选择适合自己的导师，并与他们进行深入的交流和指导。

（4）激励机制：政府可以通过奖励和荣誉的方式，激励导师积极参与实践育人创新活动。例如，设立导师荣誉称号、表彰优秀导师、提供专项经费支持等，以鼓励导师持续关注学生的成长和发展。

（5）反馈机制：建立学生对导师的评价和反馈机制，使导师能够及时了解学生的需求和问题，并进行改进和调整。政府可以组织学生对导师进行匿名评价，为导师提供改进的机会，确保导师的指导质量和学生的满意度。

二、高校实践育人创新的政策保障

（一）制定政策文件

（1）强调重要性：政府可以在政策文件中明确指出高校实践育人创新的重要性和价值，强调其对学生综合素质培养和社会发展的积极作用。这样可以提高相关部门和高校对实践育人创新的重视程度，为其发展提供支持和保障。

（2）政策措施：政府可以明确具体的政策措施，包括资金支持、项目评审、导师培养、资源共享等方面。例如，设立专项经费用于支持实践育人创新项目的开展，建立科学的评审机制来认可优秀项目，组织导师培训班提升导师的指导能力等。

（3）目标任务：政府可以设定明确的目标任务，如鼓励高校开展一定数量的实践育人创新项目，推动一定比例的学生参与实践活动等。这样有助于明确高校的发展方向，提高实践育人创新活动的规模和质量。

（4）责任分工：政府可以明确相关部门和高校的责任分工，确保政策文件的贯彻执行。各部门要积极协作，形成合力推动高校实践育人创新的发展。同时，高校也应落实责任，加强组织和管理，为学生提供良好的实践创新环境。

（5）监督与评估：政府可以建立监督与评估机制，定期对高校实践育人创新的发展进行评估和监督。这样可以及时了解进展情况，发现问题并及时解决，不断完善政策文件和措施。

（二）激励机制

（1）奖项和荣誉称号：政府可以设立奖项，如实践创新优秀项目奖、学生创新创业大赛奖等，以表彰在实践育人创新方面取得杰出成绩的高校和学生团队。同时，评选荣誉称号，如创新团队、优秀导师等，以鼓励和认可在实践育人创新领域有突出贡献的个人和团队。

（2）资金支持：政府可以提供专项经费用于支持高校实践育人创新活动。这些资金可以用于项目的研发、设备的购置、实验室的建设等方面，帮助高校改善实践条件，提升创新能力。

（3）成果转化和应用：政府可以建立技术转移中心或科技孵化基地，为高校将实践创新成果转化为实际应用提供支持。通过提供技术转移服务、专家指导和市场对接等支持，促进高校实践育人创新成果的转化和商业化。

（4）合作机会：政府可以促进高校与企业、行业组织等的合作，为高校提供更多的合作机会。通过建立合作平台、推动产学研用的深度融合，为高校提供更多实践育人创新活动的资源和支持。

（5）经验分享和交流：政府可以组织经验分享和交流活动，让高校之间互相学习借鉴。可以邀请成功的高校代表分享他们的经验和实践案例，激励其他高校积极推动实践育人创新活动。

（三）法律保护

（1）知识产权教育：政府可以在高校开展知识产权教育，提高学生对知识产权的认识和意识。通过开设相关课程或举办专题讲座，帮助学生了解知识产权的概念、法律法规以及保护方法，培养他们的知识产权意识。

（2）专利申请支持：政府可以设立专项经费，用于资助高校学生进行专利申请。鼓励学生将自己在实践育人创新过程中产生的技术成果进行专利保护，确保其合法权益得到保护。

（3）知识产权保护机制：政府可以建立完善的知识产权保护机制，加强监督和执法力度，打击侵犯知识产权的行为。建立专门的知识产权保护部门或委员会，负责处理侵权纠纷，并提供法律援助和咨询服务。

（4）合同管理：政府可以鼓励高校与学生签订明确的合同或协议，规定知识产权归属和使用权等相关事宜。确保学生在实践育人创新活动中产生的知识成果得到妥善保护，并为学生提供合理的权益回报。

（5）国际交流合作：政府可以加强与国际组织和其他国家的合作，共同推进知识产权保护。通过加强国际合作和信息交流，吸取先进经验和做法，提升我国高校实践育人创新活动的知识产权保护水平。

（四）政策宣传与培训

（1）政策宣传：政府可以组织宣传活动，包括举办政策说明会、发布政策解读文章等，向高校教师和学生介绍实践育人创新政策的内容、目标和重要性。通过各种媒体渠道，如网络平台、校园电视台、学校公告等，广泛传播政策信息。

（2）培训课程：政府可以组织培训课程，针对高校教师和学生的需求，开设相关主题的培训班或研修活动。这些培训课程可以包括实践创新项目管理、创新思维方法、知识产权保护等方面的内容，帮助高校教师和学生提升实践育人创新能力。

（3）经验交流与分享：政府可以组织经验交流和分享会议，邀请成功的高校代表、教育专家和企业代表等进行经验分享，分享实践育人创新工作的成功案例、教学方法和项目管理经验。这样可以促进高校之间的互相学习和借鉴，提升整体水平。

（4）网络平台建设：政府可以建立专门的网络平台，为高校教师和学生提供实践育人创新政策的在线查询、资料下载、交流讨论等功能。通过这样的网络平台，方便教师和学生获取最新政策信息，并进行互动交流，形成良好的政策宣传和培训效果。

（5）奖励激励机制：政府可以结合宣传和培训工作，设立奖项或荣誉称号，表彰在实践育人创新方面取得突出成绩的高校和个人。这样可以激发高校教师和学生参与实践育人创新活动的热情，推动政策的落地和实施。

第四节　高校实践育人创新实务分析及经验总结

实践育人是落实立德树人根本任务的重要抓手。在体系化建设、模式化创新、实效性发挥等方面创新传统模式下的实践育人工作具有重要意义和现实需求。具体内容包括，在实践育人理念上要与时俱进，满足新时代要求，不断提高实践育人的重视化程度；在实践育人的体制机制方面要不断完善优化，逐步建立健全多方联动的运行机制和保障体系；在实践育人效果提升方面，通过不断加强队伍建设保证育人工作的教育引导作用发挥，通过课程体系化建设、实践平台的搭建在实践育人深度和广度上下功夫。此外，在工作中要坚持创新理念，结合各高校自身实际，逐步形成特色化、品牌化的实践育人工作。

一、高校实践育人创新核心要素

（一）理念与时俱进

实施育人理念是将理念转化为实际行动和教育实践的过程。进入新时代，要树立正确的实践观。不断加深对思政实践育人的认识，提高思政实践育人工作的地位，在教育教学中融入实践观，并发展成一种全新的教育观，着力让大学生通过亲历实践的体验改造和实践主体的思维与认知优化，将间接的经验内化为自身的认知。要树立正确的育人观，引导学生主动参与社会实践，使学生在实践过程中正视问题、解决问题，将实践育人贯彻大学生学习和生活的始终。要树立社会实践与大思政课同向同行的教育理念，建立党政领导及学院密切配合的社会实践工作体系，形成齐抓共管的强大合力。

（二）育人机制优化

实践育人是多方参与联动的工作。针对当前实践育人资源整合不够充分、运行机制不够健全等问题，高校要构建思政融入社会实践工作的工作运行机制和保障体系，优化大思政实践教学质量评价和持续改进机制，探索链条化、阶梯化育人机制，建立社会实践全过程质量评价体系。在工作体系上，出台校院两级社会实践管理制度文件，明确实践育人组织协调机构的定位，明确社会实践融入思政教育的目标要求、形式内容、考核评价等。在推进进程中，建立实践育人评价反馈机制、完善实践育人工作体系，从而构建起实践育人的长效机制。

（三）抓好队伍建设

实践育人的教育引导主体是教师队伍。要严格按照要求配齐配强专职思政课教师和辅导员队伍，要联合辅导员、行政人员、思政课教师和专业教师成立实践教师指导团，主动对接实践基地，加强思政教育融入社会实践项目的研究和资源开发。聘请校外专家、科研院所研究人员、企业实践导师等与校内教师共同指导大学生开展社会实践活动。定期邀请科学家、劳动模范、英雄人物、大国工匠、行业专家等来校做讲座报告，实现企业"行家里手"和学校"名师名教"的双向流动。着眼以实践育人的制度化、规范化建设为重点，对各类配套制度进行优化，保障思政教育与社会实践工作相融合，加大对社会实践人财物的投入力度，把教师指导社会实践活动工作量纳入到职称职务晋升考核体系中。多管齐下，拓宽教育培训渠道，不断提高实践育人工作队伍的专业能力和综合素质。

（四）优化实践课程体系

实践教学是实践育人的重要组成部分。针对目前课堂教学与实践教学未做到有机衔接，实践教学有时流于形式，高校要充分利用主题教育、志愿服务、社会调研、理论讲座等实践活动开展实践教学，推动理论与实践教学深度融合，总结推广实践教育经典案例，打造实践教学示范"金课"。要以产学研结合为主线，打造"功能完善、配套齐全、管理良好"的综合性"大思政课"实践教学基地，有效打通理论教学与实践教学的边界。要以新时代中国特色社会主义生动实践为鲜活素材，利用伟大建党精神等红色资源，脱贫攻坚、乡村振兴等实践成果，着力把党的百年奋斗伟大成就转化为优质实践教学资源。

（五）拓展实践育人平台

社会实践是思政小课堂融入社会大课堂的重要途径。高校要坚持开门办思政课，推进校内外育人体系融合贯通，育人资源汇集整合，将思政小课堂与社会大课堂结合，实现第一课堂与第二课堂有效联动。在校内，将实验室开放共享，建立起以勤工俭学、志愿服务、公益活动、社会调查、生产劳动、科技创新等社会实践活动为主体的实践教育体系，引导大学生在实践体验中深刻领会中国道路的成功密码。在校外，持续建设实习实训基地，搭建多方实践育人平台，建立主题明确、功能完善的沉浸式、互动式教育实践体验基地，形成符合高质量人才培养需求的有效实践育人平台体系。校外挖掘"四进社区""三下乡"类实践，开展将知识送进社区、乡村、企业、学校、家庭的志愿服务，引导学生树立服务人民、责任担当的意识。高校思想政治教育要注重特色融入和实践转化相结合，精心打造思政元素融入社会实践品牌项目，打造有特色的高质量实践育人品牌。

二、高校实践育人创新遵循的基本规律

（一）实践导向

实践导向是高校实践育人创新实务的一个重要特点。它强调将理论知识与实际问题相结合，通过开展科研项目、创新竞赛、社会实习等形式，让学生亲身参与到实际问题中，培养他们的创新能力和实践能力，锻炼他们解决问题的能力和创新思维。

在科研项目中，学生可以选择感兴趣的课题进行深入研究，探索未知领域，提出自己的想法和解决方案。这种实践过程不仅能够让学生加深对理论知识的理解，还能培养学生独立思考和解决问题的能力。

创新竞赛是另一种常见的实践导向形式，学生可以通过参加竞赛来展示自己的创新成果和能力。这样的竞赛平台为学生提供了一个实践的舞台，鼓励他们提出创新想法、解决实际问题，并与其他团队进行交流和竞争。

社会实习是将学生置于真实工作环境中的一种实践形式。通过参与社会实习，学生可以接触到真实的工作场景，了解行业发展动态，锻炼职业素养和实践能力。这种实践方式不仅有助于学生将理论知识应用到实际工作中，还能够培养他们的团队合作和沟通能力。

（二）跨学科融合

作为高校教师，在实践育人创新实务中，跨学科融合是我们非常重视的一个方面。通过促进不同学科间的融合与协同，我们可以为学生提供更全面、多元化的教学体验，培养出具备跨学科思维和创新能力的优秀人才。

第一，跨学科团队合作可以激发学生的思维活力和创造力。在传统的学科教学中，学生往往只关注自己专业领域的知识和技能，容易形成狭隘的思维模式。而通过跨学科团队合作，不同专业的学生可以相互交流和合作，共同探讨和解决复杂的问题。这种跨界合作能够打破学科壁垒，拓宽学生的视野，激发他们对知识的兴趣和探索精神，培养出具备跨学科思维的创新人才。

第二，跨学科融合可以促进学科之间的交流与合作。不同学科之间存在着密切的联系，但在传统教学中往往被割裂开来。而通过跨学科融合，我们可以为学生提供一个学习和交流的平台，让他们能够深入了解其他学科的知识和方法，从而在解决问题时能够综合运用多个学科的理论和技巧。这样的交流与合作不仅可以促进学科之间的互补和协同发展，也能够培养出具备跨学科合作精神的创新人才。

第三，跨学科融合也符合现实社会对人才的需求。随着社会的快速发展和变革，许多复杂的问题往往需要跨学科的综合能力来解决。培养具备跨学科思维和创新能力的人才，可以更好地适应社会的需求，并在面临挑战时能够独立思考和解决问题。因此，高校教师应该注重跨学科融合的教学实践，为学生提供更加综合和全面的教育，培养出能够在不同领域中有所作为的优秀人才。

（三）导师指导

在高校实践育人创新实务中，导师的指导和辅导起着至关重要的作用。导师不仅是学生们的知识引路人，更是他们的思想引导者和问题解决者。通过导师的专业知识、经验和指导，学生们能够更好地克服困难，提升创新能力。高校可以凝聚党政干部、思政课教师、专业教师和辅导员四方合力，专业课教师与学工系统充分合作，完善"教辅结合"的工作模式，凝心聚力。

第一，导师提供专业知识的支持。作为教育领域的专家和学科专业人士，导师拥有丰富的学科知识和实践经验。他们可以向学生们传授最前沿的学术理论和实践技巧，帮助学生们建立坚实的学科基础。通过导师的专业知识的支持，学生们可以更加深入地理解和应用学科知识，为实践活动提供强有力的理论支撑。

第二，导师引导学生思考和解决问题的方法。创新实践活动往往面临复杂的问题和挑战，需要学生们具备批判性思维和解决问题的能力。导师在这个过程中扮演着关键的角色，他们能够引导学生们学会提出问题、分析问题和解决问题的方法和思路。通过与导师的密切互动，学生们可以培养批判性思维和创新思维，提升他们的问题解决能力。

第三，导师还能够帮助学生们克服困难和挫折。在实践活动中，学生们可能会遇到各种各样的困难和挑战，感到迷茫和无助。而导师作为学生们的指导者和支持者，可以给予他们鼓励和支持，并提供相应的解决方案和建议。导师的存在和支持能够激发学生们的积极性和自信心，让他们更加坚定地面对困难和挫折，最终克服困难，实现个人和团队的成长与进步。

（四）创新资源支持

在高校实践育人创新实践中，提供充足的创新资源支持是非常重要的。这些资源包括实验室设备、科研经费、创新平台等，为学生们提供了良好的创新环境和条件，可以激发他们的创新热情和积极性。

第一，实验室设备是创新活动不可或缺的资源之一。通过现代化的实验室设备，学生们可以进行各种实验和实践活动，深入理解学科知识，探索未知领域，并将理论知识应用于实际问题的解决上。充足且先进的实验室设备能够提供更多的实验机会和实践体验，帮助学生们培养实际操作技能和创新思维。

第二，科研经费是支持学生创新研究的重要资源。有足够的科研经费，学生们可以开展更具挑战性和前沿性的科研项目，深入研究某一领域，推动学科的发展。科研经费还可以支持学生参加学术会议，发表论文以及申请专利，为他们建立学术声誉和创新成果提供必要的支持。

第三，创新平台也是重要的创新资源。高校可以建设创新实验室、科技园区、孵化器等创新平台，为学生提供一个开放的交流和合作平台。在这些平台上，学生们可以与来自不同专业的同学一起合作，共同解决复杂问题，开展创新研究。创新平台还可以提供创新创业培训、导师指导等支持，帮助学生们将创新成果转化为实际应用或商业价值。

（五）成果转化与应用

（1）技术转移：通过技术转移机构或专业团队的介入，将学生的创新成果转化为可商业化的技术产品或解决方案。这需要对学生的创新成果进行评估和改进，以满足市场需求，并寻找合适的技术合作伙伴或投资者，推动其进入市场。

（2）企业合作：与企业建立合作关系是将学生的创新成果应用到社会实践中的重要途径之一。通过与企业合作，可以共同开展科研项目、技术转让或共享知识产权等形式，实现学生的创新成果在企业中的落地应用。

（3）创业支持：为有创业意愿的学生提供创业支持和资源，帮助他们将创新成果转化为创业项目。高校可以设立创业孵化器或提供创业培训课程，帮助学生了解创业流程、市场营销等相关知识，从而更好地推动创新成果的应用和商业化。

（4）社会服务：将学生的创新成果应用于社会服务中，为解决社会问题提供有效的解决方案。例如，通过与政府机构或非营利组织合作，将学生的科研成果应用于环境保护、健康医疗等领域，推动科技进步和社会发展。

三、高校实践育人创新经验案例

（一）发挥学生主体功能

大学生宣讲团是很多高校在日常教育活动中采取的一种教育形式，其充分发挥了学生自我教育的作用。下面借助大学生宣讲团的案例进行阐述，在青年宣讲实践活动中发挥学生自我教育的作用。

1.创新学习形式，让宣讲者沉浸其中

宣讲团可采取"1+1+10"形式，即为每支宣讲队配备一名指导教师全程指导，每支宣讲队宣讲一个主题，宣讲团设10支宣讲队，由100名优秀学生党员和入党积极分子组成。团队成员每周组织学习会，一起学习研讨，制订宣讲方案。从资料的搜集到革命精神的学习，从讲稿的撰写到PPT和视频的制作，同学们沉浸在百年浩瀚党史中，追溯红色记忆,汲取奋进力量。

"长征精神"宣讲队成员蔡同学说:"在前期的宣讲准备中,我们边学习边讨论,大家劲头很足。因为我们清楚,要想给广大师生做好宣讲,首先就要自己学懂、悟透,这样才能把长征精神的力量讲出来,才能号召更多的同学和我们一起学习、一起传承。"

此外,组织宣讲团成员分赴革命圣地参观学习,宣讲团成员在加深对宣讲内容理解的同时将自己的所学所感融入宣讲中,通过演讲、朗诵、快板等多种形式让宣讲入耳更入心。

2.激发学习热情,让倾听者感同身受

每一支宣讲队不仅要讲革命精神是什么,还要讲作为青年人应如何去传承和发扬。他们讲党史故事、讲经典战例,让同学们从中领悟精神;讲身边的榜样、讲青年人的担当,让同学们从中学习精神、传承精神。正是这些身边事的融入,让宣讲更贴近学生,也更能激发学生产生共鸣。

"脱贫攻坚精神"宣讲队把驻村工作队的事迹融入宣讲内容中,用身边教师扎根贫困地区助力脱贫攻坚的故事,激发青年大学生的责任与担当。"抗疫精神"宣讲队通过讲述师生共抗疫情的典型事迹,号召广大青年学生从点滴做起、同心协力、奋勇前进。高同学听完宣讲后说:"听了同学们的宣讲,我很受教育,也很受启发。我们身边的老师同学们都在为祖国的建设发展贡献力量,他们的做法让我很感动,我从他们的真情怀中感受到了大担当。"

3.提升学习效果,让红色基因赓续传承

让学生成为教育和受教育的主角,激发学生的学习热情,同时让他们在学习过程中也深刻感悟到党在各个历史时期铸就的伟大精神,感悟到共产党人在前进道路上的初心和使命。宣讲队成员傅同学说:"通过这次宣讲,我更加深刻地领悟了实现'脱贫攻坚'这四个字的重量和不易,正是因为有了中国共产党的正确领导和几百万驻村干部的辛勤付出,才有了今日九千余万贫困百姓的脱贫致富奔小康,才有了人民的美好生活。作为一名共产党员,我要更加努力地学习,坚定理想信念,为实现第二个百年奋斗目标奋勇前进!""井冈山精神"宣讲队成员盖同学表示,作为一名宣讲材料的撰写者,自己受益颇深。不仅要学习传承好井冈山精神,接下来还要学习更多的党史知识、革命精神,同时带动身边的同学加入学习行列，努力做一名革命精神的传承者、践行者。听完宣讲，广大同学们也纷纷表示，在聆听的过程中自己的精神受到洗礼，更加坚定了永远跟党走的决心。陈同学说："历史是教科书，也是营养剂。我们要紧扣真学、真信、真懂、真用，以革命先辈和先进典型为'航向标'，坚定信仰，为国家建设贡献自己的力量！"

（二）抓好创新创业教育

建立创新创业教育体系，加强"双创"制度建设和资源投入，引导学生学以致用，以创促学。以专业特色为引领，高校要充分发挥具有专业特色的人才培养模式，依托大学生就业创业基地、创新创业平台、校企校政联合实训基地等平台，开展人才培养与实践教学的全面合作。要坚持学校教育与社会实践相结合，实现产学研有机融合，设计创新创业教育项目，广泛开展与学生专业、就业、创新创业相关的社会实践活动，拓宽学生创新创业渠道，实现互利共赢。

把思政育人拓展到生产劳动和社会实践的第一线。高校发挥专业优势，搭建市集平台，积极鼓励在校生成为"摊主"，通过学生自己动手制作手工艺品，如珠宝首饰、手工艺品、陶瓷工艺、美甲装饰的等，明码标价，提升学生的参与积极性，在丰富校园文化生活的同时，提供大学生创新创业展示实践平台，以年轻人喜闻乐见的新潮概念让"市集"充满活力。

同学们开设的一个个小摊位上，摆放着各类的小物品，或是质量尚好的闲置物品，或是"手艺人"们推出的原创手工作品、有趣的物件，不少同学前来挑选购买。

市集活动吸引了大量的学生和老师代表参加。本次市集活动有四十余个创意团队参加，并都获得收益，不仅提升学生的专业热情，还在校园里将"文化"与"产业"相结合。通过市集，不但孵化出了成熟的文化创意产品，也给青年同学一个充分发挥创意和锻炼自己的机会。未来，我们将继续为有创业梦想的学生搭建创业平台，激发学生的创业热情。

（三）抓好协同育人

要发挥学校特色，加强政府、企业、社会、家庭协同联动，打造校、政、企、社多元协同育人新模式。要广泛寻求社会力量的支持，吸引社会资源参与到实践教育活动中来，通过实践教育领域各要素的相互协调，实现学校与社会在实践育人工作中的联动配合，形成协同育人力量。构建社会化的实践育人组织体系，以建立专业社会实践基地和团队为载体，积极与地方政府、社会组织、企事业单位合作，创新开展沉浸式、情境式、体验式、互动式的教学方式，深入推进社会实践与大学生专业特色相结合的实践育人活动。下面借助"青年志愿服务＋城市发展＋专业特色"模式，分析协同育人。

根据某市创建文明城市工作会议指出：要深入贯彻省委"三统筹三扩大四创建"活动部署，以激情澎湃的昂扬斗志唤起全民参与的万众一心，全力创城、全民创城、全域创城，创出活力、创出魅力、创出软实力，奋力推动现代化品质生活之城绽放新颜值，跑出加速度。

社区文明建设作为城市发展的重要环节，志愿者以环保与创城为主题，致力于城市"换新颜"，提升居民"幸福感"。为了进一步发展专业优势、美育特色，与社区合作，共绘美好社区。

进社区前，师生志愿者与社区负责人多次交流，开展绘制"墙绘""涂鸦""车位线"等活动，大家精心选取以"双争"口号、邻里和谐团结为主题的画稿，提前画出样品审核；为方便人们生活，结合学生所学专业，如人物形象设计、产品艺术设计、服装与服饰设计等，开展社区服务，如募集服装、人物班志愿者到社区开展"裁剪裤边"和"公益美甲"服务。

走进现场后，志愿者们根据分工安排，开始调制颜料、设计底稿、墙体作画和后期补色。

色彩斑斓的墙绘作品成型后，社区居民纷纷表示感受到了温馨与文明。"这些彩绘，让人赏心悦目，也让我们觉得社区环境更加温馨，我为学生志愿者们点个赞。"居民说。

活动现场，志愿者们十人一组，分别进行车位线描画、白色垃圾清理和废旧广告清除工作。整个过程中，志愿者们干劲十足、热情互助，不怕脏、不喊累。

本次活动大力弘扬"全心全意为人民服务"的志愿精神，通过走进社区，得到社区和居民的一致认可，结合专业特色，推动社区发展，今后也将会致力于以专业实践融入志愿服务，用志愿服务推动城市发展。

（四）抓好实践育人转化实效。

实现实践活动成果的转化与运用是社会实践的最终目的。针对目前社会实践和思政教育存在"硬融入""表面化""实效低"等现象，高校要坚持实践育人教育导向，坚持理论引导和实践锻炼相结合，走进农村做表率、走进社区做服务、走进社会做贡献。引导学生将知行合一践行为日常，争做"有理想、敢担当、能吃苦、肯奋斗"的新时代好青年。要善于总结实践化的教学成果，将其融入思政课程和课程思政教学中，不断推进"大思政课"实践教学的系统化和规范化。下面以"志愿服务＋文化传承＋专业特色"展开分析。

坚持以中华优秀传统文化为根脉，不断铸就中华文化新辉煌、为建设中华民族现代文明指明了前进方向，提供了根本遵循。艺术类学校作为文化传承的重要力量，要按照总书记的要求，大力传承中华优秀传统文化，并担负守正创新的使命。某校开展传统节日活动，结合专业打造特色活动，传承文化。

1.清明节

清明节当日由各班代表将纸鸽串起，悬挂在植物园，以此祈祷和平，感恩美好年代。这一过程中，许多路人共同参与，借此抒发自己对英雄的崇拜和对未来和平生活的憧憬。时尚工艺系学生会成员巧制纸鸢，并在上面题字、描菊，以纸鸢寄语形式祭奠先烈、追思英雄。

活动过程中路人驻足观看，同学们为路人讲解清明节背景，引导大家坚定理想信念，继承革命先烈的光荣传统，厚植爱党、爱国、爱社会主义的情怀。

2.红领巾研学启蒙

启蒙教育可以引导他们树立正确的世界观、人生观和价值观，培养出具有社会责任感和集体主义精神的优秀接班人。为发挥职业教育资源优势和办学特色，坚持教育与生产劳动和社会实践相结合，打造特色活动。

红领巾研学活动，通过邀请小学生到学校工坊参观、研学，通过沉浸式讲解、讨论、实践，进一步了解中华优秀传统文化，了解不同工艺的历史及发展趋势，进一步增强他们的民族自豪感，为实现中华民族伟大复兴而努力奋斗的意识和勇气。

专业教师带领参观"互为他山"主题展览。少先队员们观看了雄安非遗文创、武强年画文创、赵州礼物、首饰设计作品、工艺美术品设计作品、服装与服饰设计作品，并讲解作品的创作理念，为少先队员们展示出作品独特的美学和艺术价值。

带领少先队员们来到工艺、首饰工坊，工艺美术品设计教研室老师用通俗易懂的语言详细讲解制作陶艺的重要机器和制作过程。小朋友们聚精会神、认真思考、积极互动，现场气氛十分活跃。

本次活动旨在通过走进实训工坊，发挥职业教育资源优势，推进职普融通创新改革工作，促进各学段普通教育与职业教育渗透融通，激发小学生对艺术的兴趣，培养小朋友们的审美能力与创造力，努力培养德智体美劳全面发展的社会主义建设者和接班人。

四、高校实践育人创新经验总结

（一）提供多样化的实践机会

1.提供多样化的科研项目

高校可以通过设立科研项目、科研竞赛等形式，为学生提供多样化的科研机会。这些科研项目可以与学科专业紧密结合，有针对性地培养学生的创新能力和科研素养。例如，开展科研导师制度，让学生能够与导师深入合作，参与到科研项目中，亲身体验科学探索的过程。此外，还可以鼓励学生参加国内外的学术会议和交流活动，拓宽他们的学术视野，激发他们的科研兴趣。

2.鼓励创业实践

创业实践是实践育人创新中的重要组成部分。高校可以通过创业孵化器、创业大赛等方式，为有创业意愿的学生提供支持和指导。创业孵化器可以提供场地、资金和导师资源，帮助学生将创意转化为商业项目，并给予孵化期的指导和辅导。创业大赛可以为学生提供展示自己创新成果的平台，同时也是学生交流合作的机会。通过鼓励创业实践，可以培养学生的创业精神、团队合作能力和市场意识。

3.加强社会实习

高校可以与企事业单位建立紧密合作关系，为学生提供丰富的社会实习机会。社会实习可以让学生接触真实的工作环境和问题，提升他们的实际操作能力和解决问题的能力。同时，社会实习还可以帮助学生了解行业发展动态、掌握最新的技术和理论知识。通过与企事业单位的合作，高校可以更好地满足实习需求，提供更具挑战性和有意义的实习机会。

4.强化实践教学环节

在课程设置中，高校应该加强实践教学环节，使学生能够将所学的理论知识应用到实际问题中去。例如，在工程类专业中，可以设立实验课程或工程实训项目，让学生进行实际操作和工程设计，锻炼他们的实践能力。在文科类专业中，可以开设案例分析课程或社会调研课程，让学生参与到真实的案例和问题中，培养他们的分析思考和解决问题的能力。通过强化实践教学环节，可以提高学生的实践动手能力和创新思维能力。

5.激发学生的创新热情

除了提供多样化的实践机会，激发学生的创新热情也是至关重要的。高校可以通过开展创新创业讲座、科技论坛等形式，邀请成功的企业家、学术专家等来校分享经验，激发学生的创新思维和创业激情。此外，还可以组织创新创业比赛、科技成果展示等活动，为学生提供展示自己创新成果的平台，增强他们的自信心和竞争意识。

（二）跨学科融合与团队合作

跨学科融合与团队合作是现代教育中的一种重要理念，它强调不同学科之间的交流与合作，以解决复杂问题并培养学生的创新能力和团队协作能力。在实际教学中，跨学科融合与团队合作可以通过多种方式来实现，并带来诸多益处。

第一，跨学科融合与团队合作鼓励学生从不同学科角度思考问题。传统的学科教育往往使学生局限于某个特定领域的知识和观点，缺乏全面的视野。而跨学科合作可以打破这种限制，让学生能够从多个学科的角度去审视问题，从而更加全面地理解和解决问题。例如，在一个跨学科的科学项目中，学生可能需要运用物理、化学和生物等多个学科的知识来研究和解释现象，这样的综合性思维有助于培养学生的系统思维和批判性思维能力。

第二，跨学科融合与团队合作可以培养学生的创新能力。当学生来自不同学科的背景时，他们的思维方式和解决问题的方法也会有所不同。团队合作可以促使学生之间进行深入的交流与合作，从而激发创新思维和创造力。通过跨学科的团队合作，学生可以从其他学科中汲取灵感和知识，进一步拓宽自己的思维路径，从而提出更加独特和创新性的解决方案。这种培养创新能力的方式对于培养未来社会需要的创新型人才具有重要意义。

第三，跨学科融合与团队合作可以促进学科之间的交流与合作。在传统的学科教育中，不同学科往往是孤立存在的，缺乏有效的交流渠道和合作机会。而通过跨学科融合与团队合作，不同学科的教师和学生可以共同参与到一个项目或任务中，进行深入的合作与探讨。这种交流与合作可以促进学科之间的互相借鉴与学习，打破学科之间的壁垒，产生更具创新性的成果。例如，在一个跨学科的艺术项目中，美术老师可以与音乐老师、舞蹈老师等进行合作，创造出更加丰富多样的艺术作品。

第四，跨学科融合与团队合作可以培养学生的团队协作能力。在一个跨学科的团队中，每个成员都有自己的专长和责任，需要相互配合和协作才能完成任务。通过这样的合作模式，学生可以学会倾听他人意见、尊重他人观点、有效沟通和协调冲突等重要的团队协作技能。这些技能对于学生未来的职业发展和社会交往都至关重要。

（三）提供创新资源支持

创新资源的提供对于高校教育来说至关重要。为了培养具有创新能力和创业精神的学生，高校应该致力于提供充足的创新资源支持，包括实验室设备、科研经费和创新平台等。这些资源的充足提供可以为学生创新提供良好的环境和条件，激发他们的创新热情和积极性。

第一，实验室设备是创新教育中不可或缺的一部分。通过实验室实践，学生可以将课堂上所学的理论知识应用到实际操作中，培养他们的动手能力和问题解决能力。然而，许多高校实验室设备过于陈旧或者数量不足，难以满足学生的实践需求。因此，高校需要投入更多的资金来更新实验室设备，确保学生能够在现代化的实验室环境中进行实践探索。

第二，科研经费也是创新资源的重要组成部分。科研经费的充足与否直接影响着高校的科研水平和创新能力。只有拥有足够的科研经费，教师和学生才能开展深入的科研项目，并进行前沿技术和学术领域的探索。因此，高校应该积极争取各种科研资助机会，为教师和学生提供充足的科研经费支持。

第三，创新平台的建设也是非常重要的。创新平台可以为学生提供一个交流合作的平台，促进不同专业、不同学院之间的跨学科合作。例如，学生创业孵化器可以为学生提供创业指导、资源对接和市场推广等支持，帮助他们将创意转化为实际的产品或服务。另外，高校还可以建立创新实践基地，为学生提供参与社会实践、企业实习等机会，培养学生的实际操作能力和创新思维。

除了以上所述的创新资源，高校还应该注重教师队伍的建设。优秀的教师团队是创新教育的核心力量，他们应该具备丰富的学科知识和实践经验，并能够引导学生进行创新思考和实践探索。因此，高校应该加强对教师的培训和发展，提供更多的专业发展机会和学术交流平台，激发教师的创新潜能，提升他们的教学水平。

（四）强调成果转化与应用

高校实践育人创新的目标之一是将学生的创新成果转化为实际应用，以推动科技进步和社会发展。为了实现这一目标，高校应该注重培养学生的实践能力和创业意识，同时积极开展技术转移和企业合作，促进学生的创新成果在社会实践中得到应用。

第一，高校应该加强对学生的实践教育。通过实践教学，学生可以将课堂上所学的理论知识与实际问题相结合，培养解决问题的能力和创新思维。高校可以组织各类实践活动，如社会调研、项目实训、竞赛参与等，让学生亲身参与到真实的项目中，锻炼他们的实践能力和团队合作精神。通过实践教育，学生可以更好地理解和应用所学的知识，为创新成果的转化奠定基础。

第二，高校应该积极开展技术转移工作。技术转移是将科研成果转化为实际应用的过程，是实现科技创新与产业融合的重要环节。高校可以与企业、科研机构等建立合作关系，共享科研资源和技术成果。通过技术转移，学生的创新成果可以得到有效的推广和应用，为社会经济发展带来实际效益。同时，高校还可以设立技术转移中心，提供专业的技术咨询和服务，帮助学生将创新成果转化为商业价值。

第三，高校应该积极推动与企业的合作。与企业合作是将学生的创新成果应用于实际问题的重要途径之一。高校可以与企业签订合作协议，共同开展科研项目和技术开发，实现产学研的有机结合。通过与企业的合作，学生可以接触到真实的市场需求和行业发展趋势，将创新成果与实际需求相匹配，增强其应用性和可操作性。同时，企业合作也可以为学生提供实习机会和就业渠道，促进学生的创新创业意识和能力的培养。

除了技术转移和企业合作，高校还应该加强知识产权的保护和管理。学生的创新成果往往涉及知识产权的问题，包括专利、商标、版权等。高校可以设立知识产权管理部门，为学生提供专业的知识产权服务和咨询，帮助他们保护创新成果的合法权益。同时，高校还可以引导学生了解知识产权的重要性，培养他们的知识产权意识，提高其自主创新和自主创业的能力。

（五）加强政策宣传与培训

加强政策宣传与培训对于实践育人创新的推进具有重要意义。政府和高校应该共同努力，加强对实践育人创新政策的宣传和培训，以提高教师和学生对政策的了解和认知，增强高校的政策意识和创新能力，从而推动实践育人创新工作的深入开展。

第一，政府和高校应该积极宣传实践育人创新政策。通过各种渠道，如官方网站、政府公告、高校通知等，将政策内容清晰地传达给广大师生。政府可以组织专门的宣传活动，如政策说明会、研讨会等，向高校教师和学生详细介绍政策的背景、目标和具体实施方式。同时，高校可以利用校园媒体、学生社团等平台，开展宣传活动，增强师生对政策的关注度和参与度。通过全面系统的政策宣传，可以让师生们更好地了解政策的意义和作用，激发他们参与实践育人创新工作的积极性和热情。

第二，政府和高校应该开展相关的培训活动。教师是实践育人创新的主要推动力量，因此，他们需要接受相关政策培训，提升自身的政策意识和创新能力。政府可以组织专门的培训班或研讨会，邀请相关专家和学者就实践育人创新政策进行深入解读和讲解。高校也可以利用教师培训平台、学术交流会等形式，开展针对性的培训活动，帮助教师了解政策的具体要求和操作流程。同时，高校还可以建立教师培训机制，鼓励教师参与各类培训项目，不断提升自己的教学水平和创新能力。

第三，学生也需要接受相关的政策培训。政府和高校可以将政策培训纳入课程体系，设置专门的选修课或研讨会，让学生系统地学习和了解实践育人创新政策。培训内容可以包括政策背景、政策目标、政策操作流程等方面的知识。同时，高校还可以组织学生参与一些实践项目和竞赛活动，让他们亲身体验实践育人创新的过程，培养他们的创新意识和实践能力。通过政策培训，可以增强他们主动参与的意愿和能力。

第四，政府和高校应该建立健全政策落地机制。政策宣传和培训只是初步工作，更重要的是将政策落实到实际行动中。政府可以加大对高校的政策支持和资金投入，为实践育人创新提供有力保障。高校应该建立相应的管理体系和评估机制，完善政策执行过程中的各项规范和流程，确保政策的有效执行和效果的达成。同时，高校还应该鼓励教师和学生积极参与政策实施过程中的反馈和改进，为政府提供有益的政策建议和意见。

第六章 新时代高校实践育人的
评价与质量保障

第一节 高校实践育人评价体系的建立与优化

一、高校实践育人评价体系的概述

（一）高校实践育人评价体系的含义

高校实践育人评价体系是指用于衡量和评估高校在学生实践教育方面的成效和质量的一套系统化的评价体系。实践育人评价体系旨在客观、全面地评估高校在培养学生实践能力、解决问题的能力、创新精神、团队合作能力、社会责任感等方面所取得的成果，并为高校提供改进和优化实践育人工作的依据。

该评价体系通常包括多个层面和指标，如学生实践项目的设计与实施情况、实践教学环境与资源的支持程度、学生实践成果的质量与影响力等。通过对这些指标的评估，可以客观地了解高校实践育人工作的状况，发现存在的问题并提出相应的改进措施。

高校实践育人评价体系的建立和运用，有助于推动高校加强对学生实践教育的重视，促进学生全面发展和综合素质的提升。同时，它也为高校之间的比较和竞争提供了参考依据，有利于提高整体教育质量。

（二）高校实践育人评价体系内容

（1）制度保障与政策支持：高校是否有完善的实践育人规章制度，以及相应的激励和约束机制。学校高层对实践育人的重视程度和支持力度，体现在资源配置、政策倾斜等方面。

（2）完善人才培养方案：制定高校实践育人培养方案及达成目标，根据实施情况考核是否实现了实践育人的总体目标，可通过学生社会责任感、创新能力、实践能力和团队协作精神等来体现。

（3）过程管理与监控：评估高校开展的各类实践项目的设计质量、教学方法与手段的科学性和适应性，以及实施过程中的组织管理和指导支持等情况。如详细评价高校提供给学生实践教学的场所、设备、材料、技术支持等硬件条件，以及师资力量、指导团队的专业素养和教学水平等软件条件。

（4）学生实践成果评价：评估学生在实践项目中所取得的成果，包括学术研究成果、创新设计成果、社会实践成果等，以及这些成果对学生个人发展和社会影响的贡献程度。

（5）学生实践能力评价：评估学生在实践活动中所表现出的综合能力，如创新能力、问题解决能力、团队协作能力、沟通表达能力等。

（6）教师实践指导与评价：评估高校教师在实践育人工作中的指导与辅导水平，包括教师的指导方法、教学效果评价和反馈机制等。

（7）社会影响力评价：评估高校实践育人工作对社会的贡献和影响，如学生实践成果的应用和转化情况、与社会各界的合作与交流等。

（三）高校实践育人评价体系的意义

（1）促进高校实践育人工作的发展：评价体系可以客观、全面地评估高校在实践育人方面的成效和质量。通过评价体系，高校可以了解自身在实践育人方面的优势和不足，有针对性地进行改进和优化，提高实践育人工作的质量和水平。

（2）提供科学依据支持决策：评价体系为高校提供了科学、客观的评估工具，帮助高校制定发展战略和决策。基于评价结果，高校可以调整资源配置、优化教学设计、改进指导方法等，提升实践育人工作的效果和影响力。

（3）培养学生综合素质和就业竞争力：实践育人评价体系能够全面评估学生的实践能力、创新精神、团队合作能力等综合素质。通过评价体系，高校可以鼓励学生积极参与实践活动，并对他们在实践过程中的表现进行评估和反馈，有助于培养学生的实践能力和综合素质，提高他们的就业竞争力。

（4）促进高校之间的比较与竞争：评价体系为高校之间的比较和竞争提供

了参考依据。通过评价体系的结果，高校可以了解自身在实践育人方面的优势和劣势，并与其他高校进行比较。这有助于高校借鉴他校的成功经验，吸取教训，推动整个高校教育水平的提升。

（5）适应社会需求，培养社会所需人才：评价体系能够反映学生实践成果对社会的贡献和影响力。通过评价体系，高校可以了解学生实践成果的应用和转化情况，发现并培养更加适应社会需求的人才，为社会的发展和进步提供有力支持。

（四）高校实践育人评价体系的现状

高校实践育人评价体系是指通过对学生参与社会实践、创新创业、实习实训等活动的评估，来评价学生的实践能力和综合素质发展情况。目前，高校实践育人评价体系已经初步建立，并在不断完善和发展。

在实践育人评价体系的建设中，许多高校已经制定了相应的评价指标和标准。这些指标和标准一般包括学生实践活动的数量、质量、成果、影响等方面的考核要求。例如，增加实践课程比重，增设实践课程学分等，也同时考察学生参与的社会实践项目是否具有一定的社会影响力，学生在创新创业活动中是否有独特的创意和商业价值等。这些指标和标准旨在全面评价学生的实践能力和综合素质水平。

为了对学生的实践能力进行评估，高校采用了多种评价方法。常见的方法包括问卷调查、实地考察、综合测评等。问卷调查可以收集学生参与实践活动的意愿、满意度和反馈意见，从而了解学生的实践体验和感受。实地考察可以观察学生在实践中的表现和能力展示，例如参观学生创业团队、实习单位等。综合测评是通过对学生实践活动的成果和评价指标进行综合评估，得出学生的实践能力得分和综合素质评级。

除了评价指标和评价方法外，高校还与企业、社会组织等建立了紧密的合作关系。这些合作关系为学生提供了更多的实践机会和资源支持。高校与企业合作可以让学生参与真实的商业项目，锻炼实践能力；与社会组织合作可以让学生参与公益活动，培养社会责任感。通过与外部机构的合作，高校能够更好地满足学生的实践需求，并促进学生的全面发展。

（五）高校实践育人评价体系存在的问题

（1）评价指标单一化：目前的实践育人评价体系主要关注学生的实践活动参与度和成果产出，忽视了实践活动对学生综合素养的培养作用。评价指标应该更加全面，包括学生在实践过程中的解决问题的能力、创新能力、团队合作能力等。

（2）评价方法不够科学准确：现有的实践育人评价方法主要依靠问卷调查和报告书评审等方式进行，这种方式容易受到主观因素的影响，结果可能不够客观准确。需要引入更加科学的评价方法，如基于数据分析的评估工具，结合实际表现进行定量评价。

（3）缺乏长期跟踪评估机制：实践育人是一个长期过程，需要对学生的实践活动进行长期跟踪评估。然而，目前的评价体系往往只关注短期的成果，缺乏对学生在实践过程中的成长和变化进行有效评估的机制。

（4）忽视个性化发展需求：学生的实践活动需求和兴趣可能存在差异，但目前的评价体系往往没有考虑到这一点。评价指标应该更加灵活，允许学生根据自身特点选择适合自己的实践活动，并将其纳入评价体系中。

（5）缺乏对社会影响力的评估：实践育人不仅仅是为了提升学生的个人能力，还应该培养学生的社会责任感和影响力。然而，现有的评价体系往往忽视了学生的社会影响力，缺乏对学生在实践活动中对社会做出的贡献进行评估的机制。

二、高校实践育人评价指标的选择与设计

（一）高校实践育人评价指标的选择

1.目标定位与规划

育人目标明确性：是否针对不同专业和层次的学生，确立了具有针对性和可操作性的实践育人目标。

教育规划合理性：实践教学计划与人才培养方案的契合度，以及实践环节在整个培养过程中的布局和时序安排。

2.课程体系与教学内容建设

（1）实践课程设置：统计实践课程门类、学时、学分占总课程的比例，评价课程内容的前沿性、实用性与学科专业相结合的程度。

（2）课程衔接与融合：考察实践课程与理论课程之间的衔接配合，以及跨学科交叉融合的情况。

3.学生参与成效

（1）实践参与度：评估学生参与实践活动的主动性和积极性，包括参与的频率、范围和深度等。

（2）实践成果产出：评估学生在实践活动中所取得的具体成果，如科研论文、项目报告、作品展示等。

（3）实践能力培养：评估学生在实践活动中培养的各项能力，如创新能力、实践操作能力、团队合作能力等。

（4）社会责任感：评估学生对社会问题的关注和承担责任的程度，如参与公益活动、关注社会热点等。

（5）自我反思能力：评估学生对自己实践活动的反思和总结能力，包括对经验教训的总结、自我评估和改进能力等。

4.师资力量与指导

（1）实践教学师资队伍：专兼职教师的数量、资质、实践经验与指导效果。

（2）教师指导与学生比例：确保实践教学中的个性化指导与关注。

6.质量控制与反馈机制

（1）过程评价：对实践教学各阶段的实时监测与评价，包括作业、报告、考核等环节。

（2）结果评价：实践活动结束后的总结性评价，包含自评、互评、他评等多种评价方式。

（3）反馈与改进：根据评价结果及时调整实践教学策略，实现动态优化。

7.管理制度与政策保障

（1）制度建设：是否有完善且运行良好的实践教学管理制度和质量监控体系。

（2）政策支持：对于实践育人提供的经费支持、激励措施、安全保障等政策落实情况。

8.合作与服务社会评价指标

（1）校企合作深度：评估与企业的产学研合作程度，如共建实践基地、共同开发课程、联合培养等。

（2）社会服务贡献：考察实践活动对地方经济发展、社区建设、公益事业等方面的实际贡献度。

（二）高校实践育人学生评价指标

1.参与度与广度

（1）实践活动参与频率：评估学生参与实践活动的频率和持续时间，反映学生对实践的主动参与程度。

（2）实践活动范围：评估学生参与的实践活动的多样性和广度，包括科研项目、社会实践、志愿者服务等。

（3）实践活动深度：评估学生在实践活动中的角色和责任，包括是否担任重要职务、是否参与决策等。

2.实践成果与质量

（1）实践项目产出：评估学生在实践活动中所取得的具体成果，如科研论文、项目报告、作品展示等。

（2）实践项目影响力：评估学生的实践项目对社会、行业或学术界的影响程度，如是否被引用、是否获得奖项等。

3.能力培养与提升

（1）创新能力：评估学生在实践活动中的创新思维和解决问题的能力，包括创意产出、独立思考、灵活应变等。

（2）实践操作能力：评估学生在实践活动中所需的具体技能和操作能力，如实验操作、技术应用等。

（3）团队合作能力：评估学生在团队合作中的表现和贡献程度，包括沟通协作、分工合作、共同目标达成等。

（4）跨学科能力：评估学生在实践活动中跨学科知识和技能的应用能力，

如综合分析、跨领域合作等。

（5）个人发展规划能力：评估学生对自身实践活动的规划和目标设定能力，包括长期发展规划和短期目标设定等。

4.社会责任与影响力

（1）社会责任感：评估学生对社会问题的关注和承担责任的程度，如参与公益活动、关注社会热点等。

（2）社会影响力：评估学生在实践活动中对社会产生的积极影响，如解决实际问题、推动社会进步等。

5.自我反思与学习能力

（1）自我反思能力：评估学生对自己实践活动的反思和总结能力，包括对经验教训的总结、自我评估和改进能力等。

（2）学习能力提升：评估学生在实践活动中的学习成长和能力提升情况，包括知识更新、技能提高等。

以上指标设计是一个初步框架，具体的评价指标和权重可以根据不同学校和专业的特点进行调整和衡量。同时，在评价指标的设计过程中，应充分考虑指标的可操作性和客观性，确保评价结果准确有效，为学生提供有针对性的发展反馈和指导。

三、高校实践育人评价体系的建立

高校实践育人评价体系的建立是一个综合性的工程，需要考虑到多个方面的因素和因素的相互关系。以下是一个可能的高校实践育人评价体系的建立过程，包括目标设定、指标选择、评价方法设计、数据收集与分析以及反馈与改进等环节。

（一）目标设定

（1）明确实践育人的目标：首先，高校需要明确实践育人的目标，如培养学生的创新能力、实践操作能力、团队合作能力等。这些目标将为后续的评价指标选择提供指导。

（2）确定评价范围和层次：在目标设定的基础上，明确评价的范围和层次。

评价范围可以包括不同类型的实践活动，如科研项目、社会实践、志愿者服务等；评价层次可以涵盖个人水平、团队水平和学校水平等。

（二）指标选择

（1）综合考虑评价指标：根据实践育人的目标和评价范围，结合相关研究和经验，综合考虑不同层次和维度的评价指标。例如，参与度与广度、实践成果与质量、能力培养与提升、社会责任与影响力、自我反思与学习能力等。

（2）确保指标的可操作性和客观性：评价指标应具备可操作性，即能够被准确测量和评估；同时应具备客观性，避免主观判断和偏见。为了确保可操作性和客观性，可以采用多样化的评估方法，如问卷调查、实地观察、专家评审等。

（3）灵活调整和持续改进：评价指标的选择应灵活调整，并随着实践育人的发展和变化进行持续改进。学校可以组织相关专家和教师进行讨论和研究，根据实际情况进行调整和优化，以确保评价指标体系的有效性和适应性。

（三）评价方法设计

（1）确定评价方法：根据所选的评价指标，确定相应的评价方法。评价方法可以包括问卷调查、实地观察、学生报告书评审、项目展示等。不同的评价方法可以相互补充，确保评价结果的全面性和准确性。

（2）建立评价标准：为了对学生的实践表现进行评价，需要建立相应的评价标准。评价标准可以是定性的，如优秀、良好、一般等；也可以是定量的，如得分、百分比等。评价标准应与所选的评价指标相匹配，并具备明确的度量标准和评判标准。

（四）数据收集与分析

（1）制订数据收集计划：根据评价方法和评价指标，制订相应的数据收集计划。包括确定数据来源、数据采集时间和频率、数据采集工具等。数据收集计划应考虑到数据的全面性和时效性，以及学生隐私的保护。

（2）收集和整理数据：按照数据收集计划，收集相关的实践育人数据。数据可以来自学生填写的问卷调查、实地观察记录、学生报告书、项目展示等。收集到的数据需要进行整理和归档，以便后续的分析和使用。

（3）数据分析与解读：通过合适的数据分析方法，对收集到的数据进行分析和解读。可以使用统计分析、图表展示等手段，对学生的实践表现进行定量或定性的分析。同时，还可以与历史数据和同类学校的数据进行比较和对比，以获得更全面的评价结果。

（五）反馈与改进

（1）提供学生反馈：根据评价结果，向学生提供个性化的反馈和建议。这可以通过个人面谈、成绩单、评价报告等形式进行。反馈应具体明确，帮助学生了解自己的实践表现，并提供改进的方向和建议。

（2）持续改进评价体系：根据评价结果和反馈意见，对评价体系进行持续改进。可以组织专家研讨会、教师培训等活动，收集教师和专家的意见和建议，以优化评价指标、评价方法和评价标准，不断提高评价体系的有效性和准确性。

（3）促进实践育人的发展：评价体系不仅是对学生进行评价，也是促进实践育人的重要工具。通过评价体系的运行和改进，可以为学校提供实践育人的参考和指导，推动实践育人的发展和创新。

四、高校实践育人评价体系的优化方向

（一）评价指标的优化

（1）多维度指标选择：评价指标应从多个维度全面评估学生的实践育人成果。除了关注学生的参与度和成果产出，还应重视学生的思维能力、创新能力、团队合作能力、领导能力等。可以引入更具针对性的指标，如解决复杂问题的能力、跨文化交流能力等。

（2）引入自主选项：为满足学生个性化发展需求，评价体系可以引入学生自主选项。鼓励学生根据个人兴趣和职业目标选择适合自己的实践活动，并将其纳入评价体系中。这样可以激发学生的自主性和创造力，提高他们在实践活动中的投入度和积极性。

（3）考虑社会影响力：实践育人的目标不仅是培养学生的个人能力，还应关注他们对社会的贡献和影响。评价体系可以更加重视学生在实践活动中的社会影响力，如参与社会公益项目、推动社会进步等。可以引入相关指标来评估学生的社会责任感和社会影响力。

（4）灵活调整和持续改进：评价指标应灵活调整，并随着实践育人的发展和变化进行持续改进。学校可以组织专家研讨会、教师培训等活动，收集教师和专家的意见和建议，以优化评价指标、评价方法和评价标准，不断提高评价体系的有效性和准确性。

（二）评价方法的优化

（1）引入基于数据分析的评估工具：传统的评价方法主要依靠问卷调查和报告书评审等方式进行，结果可能受到主观因素的影响。可以考虑引入基于数据分析的评估工具，通过收集和分析学生实践活动的相关数据，以客观准确的方式评估学生的实践表现。这样可以提高评价结果的客观性和可信度。

（2）结合实际表现进行定量评估：除了定性评估，还可以结合实际表现进行定量评估。例如，针对科研项目，可以根据学生的论文被引用次数、发表的SCI/SSCI论文数量等指标进行定量评估；针对社会实践，可以根据学生所参与项目的影响力、持续时间等指标进行定量评估。这样可以更加直观地了解学生的实践成果和能力水平。

（3）考虑多种评估方法的综合应用：评价体系可以采用多种评估方法的综合应用。例如，可以结合问卷调查、实地观察、学生报告书评审和项目展示等方法，以获取更全面和准确的评价结果。不同的评估方法可以相互补充，提供不同层次和角度的评估信息。

（三）数据收集与分析的优化

（1）加强数据质量管理：在数据收集过程中，需要加强数据质量的管理。包括明确数据来源、规范数据采集流程、确保数据的准确性和完整性等。同时，要保护学生的隐私权，合法、公正、透明地处理和使用学生的个人信息。

（2）提高数据分析能力：为了更好地利用收集到的数据，评价体系需要提高数据分析的能力。这涉及培养相关人员的数据分析技能，如数据清洗、数据挖掘、统计分析等。同时，可以考虑借助先进的数据分析工具和技术，提高数据分析的效率和准确性。

（四）反馈与改进的优化

（1）提供个性化反馈：评价体系应该提供个性化的反馈给学生。除了总体评价结果，还应向学生提供具体的建议和改进方向，帮助他们了解自己的实践表现，并指导他们进行个人发展规划。

（2）加强师生互动与沟通：评价体系应促进师生之间的互动和沟通。教师可以与学生进行面谈，深入了解他们在实践活动中的困惑和需求，并根据评价结果给予针对性的指导和支持。同时，学生也应被鼓励积极参与反馈过程，提出自己的意见和建议。

（3）持续改进评价体系：评价体系是一个动态的过程，需要不断改进和完善。学校可以定期开展评价体系的评估和调研，收集师生的意见和建议，以优化评价指标、评价方法和评价标准。同时，也要关注国内外实践育人的最新研究成果和经验，进行借鉴和学习，推动评价体系的不断发展和创新。

（4）深化企业间的反馈机制：校企合作深度评估，与企业的产学研合作程度，如共建实践基地、共同开发课程、联合培养等，通过实践进行反馈，

（5）社会服务贡献反馈：考察实践活动对地方经济发展、社区建设、公益事业等方面的实际贡献度，通过实践活动效果，来进一步优化提升社会影响力。

（五）促进实践育人的深化与创新

（1）强化实践育人的整合性：评价体系应促进实践育人与学校教育目标的有效整合。要将实践育人纳入到课程体系、教学计划和教师培训中，加强实践环节的设计和组织，提高实践活动的质量和效果。

（2）鼓励创新实践模式：评价体系应鼓励和支持创新的实践育人模式。学校可以探索与企业、社会组织等合作，开展项目式实践活动；还可以鼓励学生参与创新创业实践，培养他们的创新精神和创业能力。

（3）加强国际交流与合作：评价体系应鼓励学生参与国际交流与合作的实践活动。通过与国外大学、机构的合作项目，扩展学生的国际视野和跨文化交流能力，提升他们的全球竞争力。

（4）推动实践成果应用与转化：评价体系应鼓励和支持学生将实践成果应用于实际问题的解决和社会发展中。可以建立技术转移和创新创业平台，帮助学生将科研成果、项目成果等转化为实际应用或商业化的机会。

第二节　高校实践育人效果的评估与反馈机制

一、高校实践育人效果评估的概述

（一）高校实践育人效果评估的含义

高校实践育人效果评估是指对高校实践育人活动的成效和影响进行系统性评估和分析的过程。它旨在通过定量和定性方法，对学生在实践活动中所获得的知识、技能、态度等方面的发展情况进行评价，以判断实践育人活动是否达到预期的目标，并为进一步改进和优化实践育人提供参考和依据。

（二）高校实践育人效果评估的目标

（1）评估学生的综合素质发展：实践育人活动旨在培养学生的综合素质，包括专业能力、创新能力、领导能力、团队协作能力、社会责任感等。评估目标是了解学生在这些方面的发展情况，评估他们的综合素质水平。

（2）评估实践育人活动的有效性：高校开展实践育人活动是为了促进学生的全面发展和职业能力提升。评估目标是判断实践育人活动是否达到预期的目标，评估活动的有效性和可持续性。这有助于学校调整和改进实践育人的策略和方法，提升活动的质量和影响力。

（3）优化实践育人活动的设计和组织：评估目标是为了帮助高校优化实践育人活动的设计和组织。通过评估结果，可以发现活动中存在的问题和不足，并提出相应的改进措施。这有助于学校提高实践育人活动的针对性、科学性和可操作性。

（4）提供决策支持和资源分配依据：高校实践育人效果评估是一种基于数据和证据的决策支持工具。评估目标是为学校决策者提供有关实践育人活动的详尽信息和分析，为决策提供依据。同时，评估结果还可以用于合理分配实践育人资源，将资源投入到最具影响力和效益的方面。

（5）促进实践育人的持续改进和创新：实践育人是一个不断发展和创新的过程，需要不断地进行改进和优化。评估目标是为了发现改进的空间和机会，并为实践育人活动的创新提供支持和方向。评估结果可以促进学校不断改善实践育人策略、方法和措施，推动实践育人的持续发展和创新。

（三）高校实践育人效果评估的的意义

（1）优化实践育人策略和方法：通过评估实践育人效果，可以了解实践活动对学生的影响和效果如何。这有助于高校更好地理解学生的需求和发展方向，优化实践育人的策略和方法，提供更加有效和有针对性的实践教育。

（2）提升实践育人活动的质量和影响力：实践育人效果评估为高校提供了检验实践育人活动的质量和影响力的机会。通过评估结果，高校可以了解活动的成果和不足之处，并进行改进和提升，进一步提高实践育人活动的质量和影响力。

（3）促进学生个人能力和综合素质的发展：实践育人活动旨在培养学生的综合素质和职业能力。通过评估实践育人效果，可以全面了解学生在专业能力、创新能力、领导能力、团队合作能力等方面的发展情况，帮助学生更好地认识自己的优势和不足，并在实践活动中得到全面提升。

（4）为学生个人发展规划提供指导：实践育人效果评估结果可以为学生个人发展规划提供重要的参考和指导。通过了解自身在实践活动中的表现和发展情况，学生可以明确自己的职业目标和发展方向，制订相应的学习和实践计划，促进个人成长和职业发展。

（5）为用人单位提供人才选拔依据：实践育人活动是培养高素质人才的重要途径。评估实践育人效果可以为用人单位提供有关学生综合素质和能力的信息，为招聘和选拔提供参考依据，帮助企业更准确地评估学生的能力和潜力，选择适合的人才。

（6）推动实践育人研究与改革：实践育人效果评估可以推动实践育人研究和改革的深入开展。通过评估结果的分析和总结，可以为实践育人理论和实践经验的积累提供依据，促进实践育人的创新和改革，推动高校实践育人工作的发展和进步。

（四）高校实践育人效果评估的现状及存在的问题

（1）评估指标的选择和衡量：评估指标的选择和衡量是一个复杂的任务。

目前，一些高校在评估指标的选择上存在着局限性，过于侧重于学生的参与度和成果产出，忽视了学生的综合素质和能力发展。同时，在指标的衡量方法上也存在一定的主观性和局限性，难以全面客观地评估学生的实践育人效果。

（2）数据收集和分析的不足：数据收集和分析是实践育人效果评估的基础。然而，一些高校在数据收集方面存在困难，无法获得全面、准确的数据。同时，对于收集到的数据的分析和利用还存在一定的不足，缺乏有效的数据分析手段和技术支持。

（3）反馈和改进的不充分：一些高校在实践育人效果评估中未能充分提供个性化的反馈给学生。除了总体评价结果，个别学生往往无法获得具体的建议和改进方向，以帮助他们更好地发展。同时，对于评估结果的改进和优化也还需要加强，以确保评估的有效性和可持续性。

（4）缺乏统一的评估标准和体系：由于缺乏统一的评估标准和体系，不同高校之间的评估方法和指标存在差异，难以进行跨学校、跨地区的比较和借鉴。这使得实践育人效果评估的结果和意义有时受到质疑，影响了评估工作的有效性和可信度。

（5）缺乏专业人才支持和培训：实践育人效果评估需要具备一定的专业知识和技能。然而，目前一些高校缺乏专门的评估人员和专业团队，难以开展系统的评估工作。同时，对于教师和相关人员的培训和支持也还不够充分，导致评估工作的质量和效果受到限制。

（6）缺乏持续改进和创新的机制：实践育人是一个不断发展和创新的过程，需要高校建立起持续改进和创新的机制。然而，一些高校在实践育人效果评估中缺乏持续改进的意识和机制，评估工作往往只是一个例行的程序，难以推动实践育人的持续发展和创新。

二、高校实践育人效果评估的方法与工具

（一）问卷调查

通过设计问卷，收集学生对实践活动的参与程度、成果产出、学习收获等方面的主观评价。问卷可以采用定量和定性混合的方式，以便全面了解学生的

感受和体验。

（二）访谈和小组讨论

通过与学生进行个别访谈或组织小组讨论，深入了解他们对实践活动的看法、体验和反馈。这种方法能够获取更加详细和深入的信息，有助于把握学生的个体差异和发展需求。

（三）学生作品和报告书评审

通过评审学生的实践作品、报告书等文档资料，评估他们在实践活动中的成果产出和学术表达能力。可以结合专家评审和同行评议的方式进行，确保评价的客观性和权威性。

（四）实地观察和记录

通过实地观察学生在实践活动中的表现、互动和团队合作情况，进行评估和记录。这种方法能够直接观察学生在实践环境中的行为和态度，获取客观的评价信息。

（五）数据分析工具

采用统计分析软件、数据挖掘技术等工具，对收集到的数据进行定量分析。通过数据分析，可以发现关联性和趋势，提取出有意义的结论，为评估结果的解释和应用提供支持。

（六）学生档案和绩效考核

结合学生的学业成绩、获奖情况、社会活动参与等方面的综合信息，对实践育人效果进行评估。这种方法可以综合考虑学生在不同领域的表现和成就，更全面地评估学生的综合素质发展。

（七）反馈报告和结果呈现

将评估结果整理成反馈报告，并以可视化的方式呈现给相关的教师、学生和决策者。通过清晰、简洁的结果呈现，可以帮助他们更好地理解评估结果，做出相应的改进和决策。

三、高校实践育人效果评估结果的反馈与运用

（一）高校实践育人效果评估结果的反馈

（1）反馈会议或座谈会：组织评估结果的反馈会议或座谈会，邀请相关教

师、辅导员和管理者参与讨论。在会上，评估结果可以通过图表、数据分析和案例分享等形式进行展示和解读，让参与者了解实践育人的整体情况和存在的问题，并就改进措施展开讨论。

（2）个别反馈和辅导：针对评估结果中的个别教师或辅导员，进行个别的反馈和辅导。通过与他们进行一对一的沟通和交流，指出存在的问题，并提供具体的改进建议和支持，帮助他们提升实践育人能力。

（3）教学团队或班级讨论：组织教学团队或班级讨论，就评估结果进行深入的研究和交流。通过共同分析评估结果，教师和学生可以相互借鉴经验，分享成功实践，并共同探讨改进实践育人的策略和方法。

（4）线上平台和资源共享：建立线上平台或教学资源库，将评估结果和相关的改进措施进行归档和共享。教师和管理者可以通过浏览平台和资源库，了解其他学校或院系在实践育人方面的经验和做法，互相启发和借鉴，促进实践育人工作的不断改进。

（5）定期报告和更新：定期向学校领导、教育行政部门和利益相关方提交评估结果的报告，并随时更新实践育人的进展情况。这样可以让相关人员及时了解实践育人工作的效果和存在的问题，为后续的决策和改进提供参考依据。

（二）高校实践育人效果评估结果的运用

（1）教育政策制定：高校实践育人评估结果可以为教育政策制定提供参考。政府部门和相关机构可以借鉴评估结果，制定相应的政策措施，支持高校开展实践育人工作，并提升整个教育系统的实践育人能力。

（2）课程改革及优化：评估结果可以为课程设计和优化提供依据。通过分析评估结果中不同课程或模块的实践育人表现，学校可以有针对性地进行课程改革，加强实践环节的设置和教学资源的支持，提升学生的实践能力。

（3）教学方法改进：评估结果可以为教师提供有针对性的反馈和改进建议，帮助他们了解自己在实践育人方面的优势和不足之处。教师可以根据评估结果调整课程设置、教学方法和评估方式，提升实践育人的效果和教学质量。

（3）学生发展指导：评估结果可以为学生个体发展提供指导。学校可以根据评估结果，为学生提供个性化的发展建议和指导，帮助他们更好地规划自己的职业发展路径。通过提供实践机会和支持，学校可以培养学生的创新能力、领导力和团队合作精神。

（4）深化校企合作：与企业之间建立更为紧密、深度的合作关系，以实现资源共享、优势互补、共同发展。提升学生的实践能力和创新能力，满足社会和企业对人才的需求，同时也有助于企业获取符合自身发展需要的高素质人才，推动技术研发和产业升级。

（5）社会认可和适应需求：优秀的评估结果可以增加社会对高校的认可度，提高毕业生就业竞争力，满足用人单位对高素质人才的需求。评估结果可以作为学校发展和提升声誉的重要依据，吸引更多优秀的学生和教师加入到实践育人工作中。

四、高校实践育人效果评估的持续改进

（1）定期评估回顾：定期回顾评估过程和结果，总结经验教训，找出评估中存在的问题和不足之处。根据反馈意见和建议，及时修订评估方案和流程，以提高评估的可靠性和有效性。

（2）引入多元评估方法：将多元化的评估方法融入实践育人评估中，如问卷调查、面试访谈、实地考察等。采用多种方法进行综合评估，可以更全面地了解实践育人的效果和影响，并减少单一评估方法的局限性。

（3）定制化评估指标：根据高校的实际情况和实践育人目标，设计和制定符合学校特色的评估指标。这样可以更加精准地评估实践育人的效果，并更好地衡量学生的综合素质和能力发展。

（4）引入外部评估机构和专家：邀请外部的评估机构或专家参与评估工作，可以提供独立、客观的评估意见和建议。他们具有丰富的评估经验和专业知识，能够为高校实践育人评估的改进提供宝贵的指导和支持。

（5）加强数据分析和利用：对评估结果进行深入的数据分析，挖掘出更多有价值的信息和结论。同时，将评估结果与其他数据进行关联和比较，如学生就业情况、综合素质评价等，以更好地理解实践育人的效果和影响。

（6）建立反馈机制和交流平台：与教师、学生和管理者建立良好的反馈机

制和交流平台，鼓励他们提出意见和建议，分享实践育人的成功经验和创新做法。通过充分倾听和吸收各方的声音，可以不断优化评估方法和流程，推动实践育人效果评估的持续改进。

第三节 高校实践育人质量保障的策略与方法

一、高校实践育人质量保障的概述

（一）高校实践育人质量保障层面

（1）规划与组织：通过制定明确的实践育人目标和计划，设定清晰的实践育人目标，包括职业技能训练、创新思维培养、社会责任感教育、团队合作精神锻炼等多元发展目标。结合学校的特色和发展需求，合理安排实践活动的内容、形式和时间。同时，建立健全的组织机构和管理流程，确保实践育人工作有序进行。

（2）制度化建设：建立和完善实践育人相关的规章制度，包括实践课程体系、教学大纲、实践教学管理办法等，形成规范化的实践教学流程。

（3）师资队伍建设：培养具备实践育人能力的教师和辅导员队伍。学校可以通过专业培训、经验分享和互助学习等方式提升教师和辅导员的实践育人水平，使其具备丰富的实践经验、良好的指导能力和创新意识。

（4）资源保障：提供充足的资源支持，包括实践场所、设备、资金等。高校可以建立实践基地、实验室、创新创业中心等，为学生提供实践实训的场所和设施。同时，增加实践育人经费的投入，确保实践活动的顺利开展和活动的质量，与行业发展趋势和市场需求紧密接轨。

（5）过程监控与评估：实施有效的实践教学过程监控，定期评估实践教学效果，运用定量与定性相结合的评价方法，确保实践育人全过程的质量可控与持续改进。

（6）质量评估与反馈：建立科学有效的评估体系，对实践育人的过程和效果进行全面评估。通过问卷调查、面试访谈、学生作品展示等方式收集相关数据，并及时对评估结果进行分析和反馈。基于评估结果，及时调整实践育人策略和方法，不断改进工作质量。

（7）协同育人与交流机制：与社会各界、各行业企业等建立合作关系，开展校企合作、实践项目合作等形式，提供更多的实践机会和资源支持。同时，加强高校之间的经验交流与共享，借鉴优秀的实践育人经验和方法，促进互相学习和成长。

（二）高校实践育人质量保障的内容

（1）育人体系构建：高校需要明确实践育人的目标，建立完整的实践育人体系。体系设计应包括实践育人的理念、教学计划、课程设置、实践环节等，确保实践教育与学科教育相互融合、相互促进。

（2）校企协同建设：高校需要积极构建实践教育资源体系，包括实验室、实训基地、科研平台、社会实践基地等。同时，还需加强与企业、社会组织等外部资源的合作，为学生提供丰富多样的实践机会和资源支持。

（3）教师队伍建设：高校需要注重培养实践育人能力强、经验丰富的教师队伍。通过教师培训、交流与合作等方式，提升教师的实践教学水平和指导能力，使其能够有效引导学生参与实践活动并取得成果。

（4）评价与考核机制：高校需要建立科学合理的实践育人评价与考核机制，对学生的实践成果、实践能力进行全面评价。评价指标可以包括实践报告、实践项目成果、社会实践经历、实践技能等方面，通过综合评价来反映学生的实践能力和综合素质。

（5）成果展示与分享：高校应提供相应的平台，让学生能够展示和分享他们在实践中取得的成果和经验。这包括举办学术交流会、实践成果展览、创新创业比赛等，以促进学生之间的互相学习和交流，并增强他们的实践能力和创新精神。

（三）高校实践育人质量保障的目标

（1）服务国家战略和社会需求：实践育人应紧密对接国家发展战略和社会经济发展需求，培养具有国际视野和家国情怀，能够在各行各业发挥重要作用的高级专门人才。

（2）确保人才培养质量：实践育人是高等教育人才培养中的重要组成部分，首要目标是确保通过系统的实践教学活动，培养出具备扎实专业知识、较强实践能力和创新能力的高素质人才。

（3）创新驱动发展：鼓励和支持学生参与科研实践、创新创业活动，通过实践激发创新思维，培养敢于挑战、善于创新的精神风貌，为国家创新驱动发展战略输送源源不断的新生力量。

（4）健全保障体系：建立完善的实践育人质量监控与评价机制，包括师资队伍建设、实践教学资源投入、实践基地建设、课程体系建设、考核评价标准等方面的制度化建设和规范化运作。

（5）提升实践能力：目标在于通过专业实习、实训、实验、科技创新、创业实践等多种形式，显著提升大学生的专业实践技能，使之能够理论联系实际，解决实际问题。

（6）完善人格塑造：通过实践育人，引导学生树立正确的世界观、人生观、价值观，培养良好的职业道德和社会责任感，以及团队协作和沟通能力，促进学生人格的全面成长与发展。

（7）提升学生的综合能力：实践教育不仅仅关注学生的专业技能，还注重培养学生的综合素质。通过实践活动，学生可以提升自己的创新思维、问题解决能力、社会责任感等，使其具备更全面的素质和能力。

（四）高校实践育人质量保障的现状

（1）实践育人理念不断普及：高校对于实践育人的理念和重要性有了更深入的认识，并将其纳入到教育教学改革的议程中。越来越多的高校开始意识到实践育人对于学生综合素质和职业发展的重要性。

（2）实践教育资源建设的不断完善：高校在实践教育资源方面投入了更多的精力和资源。实验室、实训基地、科研平台等实践场所得到了改善和扩充，为学生提供了更好的实践环境和设施条件。

（3）加强实践育人教师队伍建设：高校注重培养实践育人能力强的教师队伍。通过开展教师培训和交流活动，提高教师的实践教学水平和指导能力。同时，高校也鼓励教师参与实践项目和社会实践活动，以提升他们的实践经验和能力。

（4）创新实践育人评价与考核机制：高校正逐渐建立起科学合理的实践育人评价与考核机制。除了传统的考试和论文，越来越多的实践成果、项目报告、社会实践经历等被纳入到学生综合评价中，全面反映学生的实践能力和综合素质。

（5）实践育人成果展示与分享的平台建设：高校为学生提供了更多展示和分享实践成果的机会和平台。举办各类学术交流会、实践成果展览、创新创业比赛等活动，让学生有机会展示他们在实践中的成果和经验，促进学生之间的互相学习和交流。

（五）高校实践育人质量保障存在的问题

（1）实践教学资源不足：一些高校在实践教学方面的资源投入不够充分，导致实践环节的质量无法得到有效保障。缺乏先进的实验设备、实践基地和专业指导师资等，限制了学生的实践能力培养。

（2）实践教学内容与需求脱节：一些高校实践教学内容与社会需求脱节，无法满足学生实际就业和创新创业的需要。缺乏与行业接轨的实践项目和任务，使学生在实践中难以应对真实的职场挑战。

（3）实践教学评价体系不完善：现有的实践教学评价体系过于注重学生表面的成果展示，忽视了实践过程的反思与总结。只注重结果而不关注学生的实践经验和能力提升，使得实践教学的效果无法全面评估。

（4）实践教学组织管理不规范：一些高校在实践教学的组织管理方面存在问题。例如，实践教学计划和安排不合理，导致学生难以充分参与实践活动；指导教师的指导能力和时间投入不足，影响了学生的实践效果。

（5）学校与企业合作机制不完善：高校与企业之间的合作机制不够紧密，导致实践教学缺乏真实性和针对性。学校应该积极与企业进行深入合作，建立双向沟通的渠道，更好地将实践环节与实际就业需求相结合。

二、高校实践育人质量保障的机制

（一）制定完善的实践教学政策

高校应制定相关政策，明确实践教学的目标、要求和评价标准，为实践教学提供明确的指导和支持。

（二）建立实践教学管理机构

设立专门的实践教学管理机构或部门，负责协调和组织实践教学活动，统筹资源配置和评估监督等工作。

（三）设立实践教学指导委员会

成立由教师、学生、企业代表等多方参与的实践教学指导委员会，负责制定实践教学的发展规划和重要决策，并进行评估和改进。

（四）加强师资队伍建设

培养一支专业素质高、具有丰富实践经验的指导教师队伍。通过培训、引进外部专家等方式，提高教师在实践教学中的指导能力。

（五）配备先进的实践教学设施和资源

投入资金和资源，建设现代化的实验室、实践基地等设施，提供学生进行实践活动所需的先进设备和环境。

（六）建立与企业合作的机制

与企业建立紧密的合作关系，开展校企合作项目、实习实训基地等，使实践教学更加贴近实际需求，提高学生的职业素养和就业竞争力。

（七）完善实践教学评价体系

建立全面、科学的实践教学评价体系，注重对学生实践能力、创新能力和团队合作能力的评估，通过定期评估和反馈，不断改进和提升实践教学质量。

（八）加强信息化支持

借助现代化的信息技术手段，构建实践教学管理平台，实现对实践活动的全程监控和管理，提供学生实践经验记录和交流的平台。

三、高校实践育人质量保障的优化策略

（一）制定明确的实践教学目标和要求

（1）确定实践教学目标：高校应明确实践教学的目标，如提升学生的实际应用能力、培养创新创业精神、加强团队合作等。这些目标应与学校的教育理念和专业特点相匹配，并体现社会需求和行业发展趋势。

（2）设定具体的实践教学要求：基于实践教学目标，高校应制定具体的实践教学要求。例如，要求学生参与实践项目或实习实训，完成实际任务或解决实际问题，积累实践经验并形成实践报告或成果展示等。

（3）细化能力培养指标：为了达到实践教学目标，高校可以细化相关能力培养指标。例如，针对实际应用能力，可以强调学生的技术操作能力、问题分析与解决能力；针对创新创业能力，可以注重学生的创意思维和市场营销能力；针对团队合作能力，可以关注学生的沟通协作和领导能力等。

（4）强调综合素质培养：除了专业技能，高校实践教学要求还应强调综合素质的培养。这包括学生的创新思维、问题解决能力、职业道德和社会责任感等。通过实践活动，培养学生的综合素质，使其具备适应未来发展和社会需求的能力。

（5）提供明确的评价标准：高校应为实践教学制定明确的评价标准。评价标准应涵盖实践成果、实践过程和个人能力等方面，并与实践教学目标和要求相一致。同时，评价应具有客观性、公正性和可操作性，为学生提供清晰的学习目标和反馈。

（二）加强实践教学资源建设

（1）投入资金和资源：高校应投入足够的资金和资源，用于建设先进的实验室、实践基地和实践场所等设施。这些设施应符合最新的技术标准和行业需求，为学生提供良好的实践环境。

（2）更新实践设备：定期更新实践设备，确保其与最新的技术和行业发展相匹配。同时，保持设备的正常运行和维护，提供学生进行实践活动所需的先进设备和工具。

（3）建立实践基地：与企业合作，建立实习实训基地，提供学生进行实际操作和实践任务的机会。通过与企业的合作，学生可以接触到真实的工作环境和项目需求，提高他们的实践能力和就业竞争力。

（4）扩大校企合作：加强与企业的合作，开展校企合作项目，如联合研究、产学研合作等。通过与企业的合作，学生可以参与实际项目，并获得实践经验和职业导向的指导，增强实践教学的实用性和针对性。

（5）提供实践资源支持：为学生提供实践资源支持，如开放实验室、实践场所等。学生可以在这些资源中进行实践活动，积累实践经验和技能。

（6）建立校内合作网络：建立校内合作网络，整合各学院、专业的实践资源，共享设备、场地和教师等资源。通过校内合作网络，学生可以更便利地获取实践资源，促进跨学科的实践合作。

（7）引入行业专家和顾问：邀请行业专家和顾问参与实践教学，为学生提供专业指导和行业知识。他们可以分享实践经验和最新的行业动态，使学生更加了解行业实际需求和发展状况。

（三）提升指导教师的专业水平

（1）培训计划：高校可以制订专门的培训计划，针对指导教师的实践教学进行培训。这些培训可以包括教学方法、案例分析、实践项目管理等方面的内容，以提升指导教师的实践教学水平。

（2）交流平台：为指导教师提供交流平台，使他们能够与同行分享实践经验和教学方法。可以组织定期的教学研讨会、学术论坛或工作坊，促进指导教师之间的互动和交流。

（3）实践项目参与：鼓励指导教师积极参与实践项目，通过实际操作来提升他们的实践能力。这可以是与企业合作的项目、社会服务项目或科研项目等，让指导教师能够将理论知识应用到实践中，并与学生共同参与实践活动。

（4）教育资源保障：高校应给予指导教师足够的资源支持，包括实验室设备、实践教学场地等。这样可以为指导教师提供更好的条件，提高他们在实践教学中的能力和效果。

（四）优化实践教学内容与方法

（1）适应时代需求：根据社会需求和行业趋势进行调整，了解社会的需求和行业的发展趋势，及时更新实践教学内容。确保实践教学与现实世界紧密联系，使学生能够掌握最新的知识和技能，以适应未来的职业发展。

（2）引入实践项目及任务：将真实的实践项目和任务引入实践教学中。这样可以让学生面对真实的问题和挑战，在实践中锻炼解决问题的能力和实际操作的技能。例如，与企业合作开展实践项目，参与社区服务等。

（3）实践教学方法探索：采用多种实践教学方法，如案例教学、项目驱动教学和团队合作等。案例教学可以通过分析真实案例，让学生理解问题的本质和解决方法。项目驱动教学可以让学生在实际项目中进行实践，并通过团队合作来完成任务。

（4）激发学生的主动性：提升学生的学习兴趣和积极参与度，通过设定具有挑战性和吸引力的实践任务，激发学生的学习兴趣和主动性。同时，鼓励学生积极参与实践活动，培养他们的团队合作能力、解决问题的能力和创新思维。

（五）建立完善的实践教学评价体系

（1）多维度评价：评价体系应该从多个角度来考量学生的实践成果和过程。除了关注学生的实践成果，还要考虑他们在实践过程中的反思、团队合作能力、问题解决能力等方面的表现。可以采用多种评价方法，如实践报告、项目展示、口头演讲、同行评议等。

（2）定期评估和反馈：定期进行评估，及时了解实践教学的效果和存在的问题。可以通过问卷调查、访谈等方式收集学生和指导教师的反馈意见。同时，也可以邀请专家或行业人士参与评估，以获取更客观的评价结果。

（3）不断改进和提升：根据评估结果，及时发现问题并进行改进。高校可以组织教师交流会议，让指导教师分享经验和教学方法，相互学习和借鉴。同时，可以为指导教师提供培训和支持，帮助他们不断提升实践教学能力。

（4）扩大评价范围：让学生参与评价，鼓励学生参与实践教学的评价过程。可以组织学生代表参与评估工作，听取他们对实践教学的意见和建议。这样可以增加学生的参与感和归属感，同时也能够更好地了解学生的需求和反馈。

（六）强化学生的实践能力培养

（1）开设实践课程：高校可以设计和开设与专业相关的实践课程，让学生在实际操作中学习和掌握实践技能。这些课程可以包括实验课、实训课、实地考察等，通过亲身参与和实践，提高学生的实践能力。

（2）组织实践项目：高校可以组织学生参与实践项目，如社会调研、社区服务、科研项目等。这样可以让学生在真实的环境中应用所学知识，锻炼解决问题的能力和实际操作的技能。

（3）参与竞赛和挑战：鼓励学生积极参加各类实践性竞赛和挑战活动，如创新创业比赛、科技竞赛等。这些竞赛和挑战可以激发学生的创新思维、实践动力和团队合作能力，并提供实践能力展示的机会。

（4）实践导师指导：为学生配备实践导师，提供个性化指导和支持。实践导师可以是校内教师、企业导师或行业专家，他们可以指导学生的实践活动，提供专业知识和经验，帮助学生发展实践能力。

（5）学习资源支持：高校应提供丰富的学习资源，如实验室设备、创客空间等，以支持学生进行实践活动。同时，还可以建立与企业、社会机构等的合作关系，为学生提供更多的实践机会和资源支持。

（七）加强学校与企业的合作机制

（1）产学研合作：高校可以与企业进行产学研合作，常态化进行访问企业，深度开展合作，共同开展科研项目、技术创新和产品开发等。通过与企业的合作，学生可以接触到最新的技术和行业动态，到企业去参观并真正参与到企业项目，增强实操能力，提高他们的专业素养和实践能力。

（2）搭建实践平台：建立并丰富实习实训基地，为学生提供在企业实习和实训的机会。通过在真实的职业环境中实践，学生可以更好地了解行业需求和工作要求，提高他们的职业素养和实际操作能力。

（3）企业导师指导：与企业合作时，安排企业导师对学生进行指导和支持。设立企业导师，与学校专业老师协同育人，企业导师可以为学生提供实际项目的指导和经验分享，帮助他们理解职业要求，培养解决问题和团队合作的能力。

（4）职业拓展活动：组织职业拓展活动，如企业参观、行业讲座、校园招聘等，加强学校与企业之间的交流和合作。这样可以让学生更好地了解就业市场需求，拓宽就业渠道，增加就业机会。

（5）行业研学计划：引入研学计划，通过研学让学生深入了解所学专业的现状及发展前景，邀请行业专家和成功人士担任学生的导师，为他们提供职业指导和发展建议。通过与行业导师的接触和交流，学生可以获取实际工作经验和行业内部信息，增加就业竞争力。

（八）加强实践教学管理和监督

（1）建立管理机制：建立健全的实践教学管理机制，明确责任分工和流程。

设立专门的实践教学管理部门或委员会，负责实践教学计划的制订、实施和评估，协调各相关部门和教师的合作。

（2）指导教师培训和支持：为指导教师提供培训和支持，提高他们在实践教学中的能力和水平。培训内容可以包括实践教学方法、案例教学、团队合作等方面的知识和技能。同时，建立定期交流和反馈机制，促进指导教师之间的互动和经验分享。

（3）质量检查和评估：定期进行实践教学的质量检查和评估，确保教学过程的有效进行和质量保障。可以通过教学观摩、实践报告、学生评价等方式来评估实践教学的效果和质量。同时，根据评估结果，及时发现问题并采取改进措施。

（4）学生参与和反馈：鼓励学生参与实践教学管理和监督的过程。可以设立学生代表，参与实践教学计划的制订和评估，提供学生的意见和建议。同时，建立学生反馈机制，收集学生对实践教学的评价和反馈，以不断提升实践教学质量。

（5）学校与行业的合作：与行业建立密切的合作关系，借鉴行业的最佳实践和经验，提升实践教学水平。可以与企业、行业协会等进行合作，共同开展实践项目、实习实训等活动，确保学生接触到真实的职业环境和项目需求。

第七章 新时代高校实践育人的研究展望

第一节 新时代高校实践育人的发展趋势

一、教育与产业融合

教育与产业融合是一种将高校教育系统尤其是职业教育与产业经济系统密切结合起来的发展模式和教育改革方向。这种融合旨在通过建立学校教育与产业间的紧密联系，打破传统的教育壁垒，使得教育更加贴近社会需求和产业发展趋势，实现教育链、人才链与产业链、创新链的有效对接和协同发展。

第一，高校需要积极响应产业的需求，将产业动态和技术变革纳入课程设计和实践教学中。通过与企业合作开展实践项目、行业讲座和工作坊等活动，使学生能够直接接触到真实的职业环境和问题，提升他们的实践能力和就业竞争力。同时，高校还可以邀请企业专家来校进行授课，增加学生对产业发展的了解和洞察。

第二，高校需要创新实践教学模式，使之更符合产业需求和学生发展的要求。传统的课堂教学已经不能满足学生全面成长的需要，因此，高校可以探索项目驱动教学、案例教学和团队合作等多样化的实践教学方法。这些方法强调学生的主动参与和实际操作，培养学生的问题解决能力、创新思维和团队协作精神。

第三，高校还应加强师资队伍的培养和引进，确保教师具备产业背景和实践经验。高校可以鼓励教师参与企业实习或在产业界开展研究项目，提升他们的实践能力和行业洞察力。同时，高校还可以与企业合作进行教师培训和交流，让教师了解最新的产业发展动态和技术趋势，使他们能够更好地指导学生的实践学习。

271

第四，高校可以积极推动学生创新创业教育，为学生提供创新创业的平台和资源。通过创业实践基地、创新创业竞赛和创业导师制度等方式，引导学生将所学知识应用到实践中去，培养他们的创新精神和创业能力。

第五，高校需要加强与产业界的合作与交流，建立起产、学、研、用结合的长效机制。高校可以与企业签订合作协议，共同开展科研项目和技术转移，促进科技成果的转化和产业的升级。同时，高校还可以组织产业参观和实地考察，让学生深入了解产业发展的现状和趋势，拓宽他们的视野和就业选择。

二、个性化学习和定制化培养的需求

随着教育理念的转变和技术的发展，高校实践育人对个性化学习和定制化培养的需求日益增加。传统的一刀切教学模式已经不能满足学生多样化的学习需求和个体差异。因此，高校需要注重个性化学习和定制化培养，以满足学生的不同需求和潜能。

第一，高校应该提供丰富多样的学习资源和学习方式，以满足学生的个性化学习需求。通过引入在线学习平台、教育软件和移动学习工具等，学生可以根据自身的兴趣、学习节奏和学习风格选择适合自己的学习资源和学习路径。同时，高校还可以借助智能化学习系统和学习分析工具，对学生的学习情况进行跟踪和评估，及时调整教学策略，为学生提供个性化的学习支持和指导。

第二，高校需要注重培养学生的综合素质和能力，而不仅仅局限于学科知识的传授。通过开设跨学科的实践课程和项目，学生可以在实际问题中进行探索和解决，培养跨学科的思维能力和创新能力。高校还可以提供多样化的实践机会，如社区服务、实习项目和创新创业活动，让学生在实践中获得更全面的发展和锻炼。

第三，高校应该建立起学生导师制度，为学生提供个别指导和辅导。导师可以与学生建立紧密的师生关系，了解学生的兴趣、优势和发展需求，并给予相应的指导和支持。导师制度可以帮助学生更好地规划学习路径和职业发展，并提供个性化的学术和职业建议。

第四，高校需要加强教师的专业发展和能力提升，以更好地满足个性化学习和定制化培养的需求。教师需要具备对学生个体差异的敏感性和理解力，能够灵活调整教学策略，为学生提供个性化的学习支持。高校可以组织教师培训和交流活动，分享个性化学习和定制化培养的经验和教学方法，促进教师专业发展和教学水平的提升。

三、跨学科和综合能力培养的重要性

在当今社会，随着社会的发展和知识的爆炸式增长，传统的学科知识已经无法满足日益复杂和快速变化的职业需求。新时代对人才的要求不仅仅关注专业知识，更强调综合能力和跨学科的综合素质。因此，高校实践育人需要打破传统的学科壁垒，培养学生的综合能力和跨学科思维。

第一，开设综合性的实践项目和课程是培养学生综合能力和跨学科思维的重要途径。高校可以通过与企业、社会组织等合作，开展跨学科的实践项目，让学生在解决实际问题的过程中融会多个学科的知识和技能。这样的实践项目可以帮助学生培养综合分析和综合应用的能力，提升他们的问题解决和创新能力。同时，高校还可以开设综合性的课程，将不同学科的知识进行整合和交叉，激发学生的学习兴趣和跨学科思维。

第二，注重培养学生的创新思维、沟通表达能力和领导才能也是跨学科和综合能力培养的重要方面。创新能力已经成为一个人才必备的核心素质。高校应该通过创新教育，培养学生的创新思维和创新意识，使他们具备发现问题、解决问题和学习新知识的能力。同时，沟通表达能力也是跨学科合作的关键。高校可以通过开设演讲课程、组织团队项目等方式培养学生的沟通表达能力，让他们能够清晰地传达自己的想法和观点。此外，领导才能也是未来社会所需要的重要能力之一。高校应该通过开设领导力培养课程和组织实践活动，帮助学生发展领导才能，培养他们的团队合作和领导能力。

第三，综合能力和跨学科思维的培养使得学生具备适应未来社会发展的能力。在信息爆炸和技术革命的时代，单一学科的专业知识已经无法适应快速变化的社会环境。跨学科思维可以帮助学生在面对复杂问题时，从多个角度进行思考和解决，培养他们的综合分析能力和创新能力。综合能力使得学生具备适应不同领域、跨界合作的能力，更好地适应未来社会的发展需求。

四、科技创新和社会责任意识的培养

科技创新和社会责任意识的培养是高校实践育人的重要任务之一。在当前信息技术快速发展的背景下，培养学生的科技创新能力和社会责任意识对于他们未来的职业发展和社会参与具有重要意义。为此，高校可以采取一系列措施来引导学生进行科技创新和实际问题的解决，并培养他们的社会责任感。

第一，高校可以开设创新创业课程，为学生提供系统性的科技创新培训。这些课程可以包括创新思维方法、市场调研、产品设计与开发等内容，帮助学生培养创新意识和实践能力。通过课程中的案例分析和实践项目，学生可以了解到科技创新的过程和要素，从而激发他们的创新潜力。

第二，高校可以鼓励学生积极参与科研项目和实践基地的活动。通过与教师合作开展科研项目，学生可以深入了解某一领域的前沿问题，并通过实践探索解决方案。实践基地则可以为学生提供实践技能和团队协作的机会，让他们在真实环境中面对挑战并解决问题。这些活动不仅可以培养学生的科技创新能力，还可以提升他们的实际操作能力和团队合作精神。

第三，高校还应该注重培养学生的社会责任感。学校可以组织社会实践活动，引导学生关注社会问题，并通过实际行动来解决这些问题。例如，组织学生参与公益活动、社区服务等，让他们亲身体验社会的需求和挑战，从而培养他们的社会责任感和人文关怀。同时，学校也可以邀请社会企业家或相关专家来开展讲座和交流活动，让学生了解企业的社会责任，进一步激发他们的社会责任意识。

第四，高校可以为学生提供创新创业的支持和平台。学校可以设立创新创业孵化器，为有创业意向的学生提供资金、场地和指导等资源支持，帮助他们将创新成果转化为实际项目。同时，学校也可以与企业、科研机构等建立合作关系，为学生提供更广阔的创新创业机会和资源。这样的支持和平台可以激发学生的创新热情，同时也为他们的社会责任实践提供更多可能性。

五、国际化视野和跨文化交流

新时代高校实践育人趋向于培养具有国际化视野和跨文化交流能力的学生。随着全球化的发展，不同国家和地区之间的联系越来越紧密，国际合作与跨文化交流已成为重要的发展方向。

为了培养学生的国际化视野，高校积极开设国际合作项目，与其他国家的高校建立合作关系。这些合作项目为学生提供了与来自不同国家和地区的学生进行互动的机会。通过参与跨国团队合作、共同研究和项目实施，学生可以更好地了解不同国家的文化、价值观和工作方式。这种跨文化交流不仅扩宽了学生的眼界，还提升了他们思想的包容性、沟通能力和全球竞争力。

此外，高校也积极提供留学交流机会，让学生有机会前往其他国家的高校学习和生活。通过留学经历，学生能够深入了解其他国家的教育体系、文化差异和社会环境，加强对国际事务的理解和洞察力。在与不同背景的学生交流互动中，他们也能够提高自己的跨文化沟通能力和解决问题的能力。

国际化视野和跨文化交流的培养不仅有助于学生个人的发展，也符合社会的需求。在全球化背景下，企业和组织更加需要具备国际视野和跨文化交流能力的人才，能够灵活应对不同文化环境并进行有效合作。因此，新时代高校实践育人积极推动国际化教育，为学生提供广阔的国际交流平台，培养他们成为具有国际竞争力的优秀人才。

六、社会创新和可持续发展的关注

在新时代，高校实践育人更加全面和深入地注重培养学生的社会创新意识和可持续发展意识。面对日益复杂的社会问题和环境的挑战，高校教育致力于培养学生的社会责任感和可持续发展思维，以应对未来的挑战。

为了提高学生的社会创新意识，高校采取了一系列措施。首先，他们积极组织各种形式的社会实践活动，包括实地考察、社区服务、企业实习等。通过这些活动，学生能够亲身体验社会现实，深入了解社会问题，并通过团队合作尝试提出创新的解决方案。此外，高校还鼓励学生参与社会创新项目，为学生提供创业孵化器、科技园区等平台，帮助他们将创新想法转化为实际项目并解决社会问题。这些实践活动不仅激发了学生的创新意识，还培养了他们的实践能力和解决问题的能力。

同时，高校也非常重视培养学生的可持续发展意识。他们通过开设相关课程、举办讲座和研讨会等方式，向学生传授可持续发展的理念和实践经验。高校还鼓励学生参与环境保护、资源节约和社会公益等活动，引导他们在日常生活和职业发展中注重可持续性。这种教育模式有助于学生认识到自身行为对环境和社会的影响，并激发他们积极探索可持续发展的解决方案。

七、多元评价和终身学习

多元评价体系和终身学习在新时代高校实践育人中扮演着重要的角色。传统的教育评价主要侧重于学生的学术成绩，但随着社会的发展和需求的变化，仅凭学术成绩已经不能全面评价一个人的能力和潜力。因此，为了培养全面发展的人才，高校开始倡导多元评价体系，除了关注学生的学术成绩外，还关注他们的实践能力、创新能力和团队合作能力等。

多元评价体系旨在更全面地了解学生的整体素质和能力，帮助他们发现自己的优势和不足，并有针对性地提供支持和指导。通过引入多种评价方法和工具，如学业成绩、实践项目、科研成果、论文写作、口头表达等，可以更准确地评估学生在不同领域的能力表现。这样一来，学生就有机会展示自己的特长和潜力，而非局限于纸上谈兵。

多元评价体系的引入也有助于鼓励学生全面发展和多元发展。通过不同领域的评价，学生可以更好地认识自己的兴趣和潜力，并积极参与各种实践活动和项目。例如，学生可以参加社会实践、志愿服务、创新创业项目等，以拓宽自己的视野、提升实践能力和培养团队合作精神。这些实践经历不仅可以为学生的个人成长提供支持，还可以增强他们就业的竞争力和适应能力。

除了多元评价体系，高校还重视培养学生终身学习的习惯和能力。随着社会的快速变化和知识更新的速度加快，传统的教育模式已经不能满足学生终身学习的需求。因此，高校倡导学生持续学习和自我提升，培养他们主动学习的意识和能力，以适应未来职业发展的需要。

终身学习强调学生在毕业后仍然保持学习的态度和习惯。这包括通过自主学习、在线学习、继续教育等方式不断充实自己的知识和技能。高校可以通过开设终身学习课程，提供在线学习资源和培训机会等方式，帮助学生建立起终身学习的意识，并提供支持和指导。

终身学习对于学生的个人发展和职业发展都具有重要意义。在快速变化的社会中，只有具备终身学习的能力，才能不断适应新的需求和挑战。通过终身学习，学生可以不断更新自己的知识和技能，提高自身的竞争力，并获得更广阔的职业发展空间。

第二节　新时代背景下高校实践育人的未来愿景

随着新时代的到来，高校实践育人在教育领域扮演着越来越重要的角色。实践教育不仅能够为学生提供与真实社会接触的机会，还能培养他们的创新创业精神、社会责任感以及自主学习能力，从而为他们未来的发展奠定坚实基础。在这样的背景下，高校应积极探索和实践，将实践育人作为主流教育模式，并与企业、社会进行深度合作，以培养具有全面发展能力的学生。

一、实践教育成为主流教育模式

实践教育成为主流教育模式的意义重大。传统的课堂教育注重理论知识的传授和学生的被动接受，缺乏与实际应用结合的环节。而实践教育则强调学以致用，通过将理论知识应用于实际场景中，帮助学生培养解决问题的能力、创新精神和团队合作能力。未来，高校应当将实践教育置于教学体系的核心位置，让学生在实践中发现问题、思考问题、解决问题，以达到更好的学习效果。

在未来，高校应加大对实践教育的投入和支持，开设各类实践课程和项目，如实验课程、实地调研、社会实践、创新创业项目等，为学生提供广泛的实践机会。这些实践活动既可以是课程的一部分，也可以是额外的拓展项目，使学生在实践中得到真实的锻炼和经验积累。同时，高校还应鼓励学生参与竞赛、科研项目、实习实训等实践活动，提供更多的平台和机会，培养他们的实践能力和创新意识。

为了推动实践教育成为主流，高校需要进行一系列的改革和创新。首先，高校应当调整教学体系，将实践教育融入课程设置和教学计划中，确保每位学生都能有机会参与实践活动。其次，高校应加强师资队伍建设，提供专业的指导和辅导，引导学生在实践中探索和成长。同时，高校还应加强与企业、社会组织的合作，建立起稳定的合作关系，为学生提供更多的实践机会和资源支持。

实践教育能够有效提升学生的综合素质和就业竞争力。通过实践活动，学生能够将所学知识应用于实际问题中，培养解决问题的能力和创新思维。同时，实践教育也能够帮助学生发现自己的兴趣和潜力，确定未来的职业方向，并通过实习实训等方式提前适应工作环境。这些实践经验和能力的积累将使学生在就业市场中更具竞争力，更容易找到理想的工作岗位。

实践教育不仅对学生个人发展有益，也对社会发展起到积极的推动作用。通过与企业、社会组织的深度合作，高校能够将学术研究成果转化为实际应用，促进科技创新和产业升级。同时，高校培养出的具有实践能力和创新精神的人才，将为社会的发展带来新的动力和活力。

二、高校与企业、社会的深度合作

高校与企业之间的合作可以通过多种方式来实现，包括签订合作协议、开展联合实践项目、利用社会资源以及产学研结合。这些合作方式都旨在为学生提供更多实践机会和实习岗位，从而使他们能够在真实的工作环境中学习和实践，提升他们的实践能力和职业素养。

第一，高校可以与企业签订合作协议，建立长期合作关系。通过这种方式，高校可以为学生提供更多实践机会和实习岗位，让他们能够接触到真实的工作环境，学习和实践相关知识和技能。

第二，高校与企业可以开展联合实践项目，将理论知识与实践技能相结合。通过参与这些项目，学生可以接触到实际问题，并与企业、专业人士合作解决这些问题，培养学生的团队合作能力和解决问题的能力。

第三，高校还可以加强与社会组织的合作，利用社会资源为学生提供实践平台。例如，与非营利组织合作开展公益活动，让学生参与其中，培养他们的社会责任感和公民意识；与政府部门合作开展社会调研，让学生了解社会现象和问题，培养他们的社会调查和分析能力。

第四，高校可以与企业合作进行科研项目，将理论研究与实际应用相结合。通过这种方式，高校可以为企业提供专业知识和技术支持，同时学生也能够参与到真实的科研项目中，锻炼他们的科研能力和创新精神。

三、学生全面发展和自主学习能力的培养

（1）多样化的选修课程：高校可以开设丰富多彩的选修课程，涵盖不同领域和兴趣爱好，让学生有更多选择的机会。这些选修课程可以包括人文社科、艺术、体育等方面的内容，帮助学生拓宽眼界，培养综合素质。

（2）丰富第二课堂：高校可以设立学生社团、志愿者团队、科技创新团队等，鼓励学生参与其中，丰富校园生活。通过参与课外活动，学生可以培养领导力、组织能力、沟通能力等社会交往能力，提升自己的综合素质。

（3）综合性培养项目：高校可以引导学生参与各类综合性培养项目，如社会实践、创新创业项目、学科竞赛等。这些项目可以帮助学生将专业知识应用于实践中，锻炼解决问题的能力和团队合作能力。

（4）探究式学习：高校可以倡导并推行探究式学习，鼓励学生主动提出问题、寻找答案，并进行实践探索。这种学习方式可以培养学生的独立思考能力、创新能力和解决问题的能力。

（5）项目驱动学习：高校可以通过开设项目驱动学习课程或组织实践项目，让学生在实际项目中学习和应用知识。通过参与项目，学生可以培养自主学习的能力，提升解决问题和团队合作的能力。

四、创新创业精神和社会责任感的培养

（1）创新创业课程：高校可以开设创新创业相关的课程，教授学生创新思维、市场营销、商业模式等知识。通过这些课程，学生可以了解创新创业的基

本理念和实践技巧，培养他们的创业意识和能力。

（2）实践项目：高校可以组织创新创业实践项目，让学生有机会参与真实的商业项目或科技创新项目。通过实践项目，学生可以亲身体验创新创业的过程，锻炼解决问题的能力和团队合作能力。

（3）提倡创新创业：高校可以建立创新创业导师制度，为学生指导和支持。导师可以是具有创业经验的企业家、行业专家或学校教师，他们可以提供指导、分享经验，并帮助学生实现创新创业目标。

（4）创业孵化平台：高校可以建立创业孵化平台，为有创业想法的学生提供资源和支持。通过这样的平台，学生可以得到导师指导、资金支持、市场推广等帮助，促进他们的创新创业发展。

（5）社会实践和公益活动：高校可以鼓励学生积极参与社会实践和公益活动。通过参与社会实践和公益活动，学生可以了解社会问题，培养关爱他人、服务社会的意识，提升自己的社会责任感和使命感。

五、跨学科合作和综合能力培养

在新时代背景下，高校实践育人的未来愿景还包括跨学科合作和综合能力培养。随着社会的快速发展和知识的不断更新，单一学科的知识已经不能满足复杂问题的解决需求。因此，高校应鼓励跨学科的合作，搭建跨学科的实践平台，让学生能够跨越学科边界，融汇各个学科的知识和方法，解决复杂的现实问题。

跨学科合作不仅可以培养学生的综合能力，还可以培养他们的团队合作能力和沟通协作能力。通过与不同学科背景的同学合作，学生可以学会倾听和尊重他人的意见，学会在团队中发挥自己的优势，共同完成任务。这种跨学科合作的经验将有助于学生在未来面对复杂问题时更好地进行合作和创新。

（1）跨学科课程：高校可以开设跨学科的课程，将不同学科的知识和方法进行整合。通过这样的课程，学生可以学习到多个学科的知识，了解它们之间的关联，并学会在实际问题中综合运用不同学科的思维方式和解决方法。

（2）跨学科实践项目：高校可以组织跨学科的实践项目，让不同学科背景的学生一起参与。这些实践项目可以是科研项目、社会调查、创新设计等。通过与其他学科的同学合作，学生可以互相借鉴、交流经验，共同解决复杂问题。

（3）跨学科研究中心或实验室：高校可以建立跨学科研究中心或实验室，提供一个跨学科合作的平台。这样的中心或实验室可以汇集来自不同学科的专家和学者，为学生提供机会参与跨学科的研究项目，并与其他学科的同学展开深入合作。

（4）学科交叉交流活动：高校可以组织学科交叉交流活动，如学术讲座、研讨会等。通过这样的活动，学生可以了解其他学科的最新研究成果和发展趋势，拓宽自己的学科视野，促进跨学科合作与交流。

（5）跨学科导师制度：高校可以建立跨学科导师制度，为学生提供跨学科的指导和支持。导师可以是来自不同学科的教师或专家，他们可以帮助学生整合不同学科的知识，引导学生进行跨学科研究和实践。

六、国际交流与合作

1.建立国际合作伙伴关系

建立国际合作伙伴关系是高校推动教育和科研水平提升的重要举措。通过与国外的高校、研究机构建立合作伙伴关系，双方可以共享知识和技术，加强教育和科研合作。签署合作协议后，可以开展学生交流项目、教师交流项目，以及共同进行科研合作等。

2.跨国科研合作项目

高校与国外的高校、研究机构合作开展科研项目，可以共同解决全球性的问题。通过跨国科研合作，双方可以共享资源和技术，互相促进科研的创新和发展。这样的合作有助于提高科研成果的质量和影响力，并为解决全球性的挑战提供更有效的解决方案。

3.国际化课程设置

高校开设国际化的课程，引入国外先进的教材和教学资源。这样的课程可以让学生接触到国际前沿的知识和发展趋势，培养跨文化视野和全球意识。通过学习国际化课程，学生可以拓宽自己的学术视野，并为将来在全球化的社会发展中做好准备。此外，高校还可以与国外的高校合作开设双学位项目或联合培养项目，让学生获得更广泛的教育经历和国际认可的学位。

4.教师交流项目

高校组织教师参加国际交流项目，如访问学者计划、国际学术会议等。教师可以与国外的学者进行学术交流和合作研究，借鉴先进的教育理念和教学方法。这种教师交流项目有助于提升教师的学术水平和教学质量。同时，教师还可以通过参加国际学术会议，分享自己的研究成果并获得反馈，推动自身的科研发展。

5.学生交流项目

高校组织学生参加国际交流项目，如交换学生计划、暑期学校等。这些项目为学生提供了与来自不同国家的学生交流学习的机会。在与国际学生互动的过程中，他们可以了解不同文化背景下的教育和社会制度，增强跨文化沟通能力和适应能力。此外，通过在海外学习的经历，学生还可以扩大自己的人际网络，并培养全球视野和国际竞争力。

七、社会创新和可持续发展

1.创新思维培养

（1）课程设置：高校可以设计创新思维培养的专门课程，涵盖创新理论、方法和实践案例等内容。这些课程可以包括创新思维的概念介绍、创意产生与发展、问题解决方法、团队合作和项目管理等方面的教学。

（2）工作坊活动：高校可以组织创新思维的工作坊活动，通过实践性的训练和案例分析，激发学生的创造力和解决问题的能力。这些工作坊可以采用小组讨论、角色扮演、设计竞赛等形式，培养学生的创新思维和团队合作能力。

（3）激励机制：为了鼓励学生参与创新思维培养活动，高校可以设立奖励机制，如设立创新创业奖学金、优秀创新项目评选等，给予学生实质性的回报和认可。

（4）跨学科合作：高校可以鼓励跨学科合作，将不同专业领域的学生组成团队，通过交流和协作，促进创新思维的碰撞与交流。这种跨学科的合作有助于激发学生的多元思维,拓宽解决问题的视角。

（5）实践机会:高校可以提供丰富的实践机会,如创新创业实训基地、创客空间等,让学生能够将创新思维应用到实际项目中。通过参与实践项目,学生可以锻炼创新思维和解决问题的能力,并且获得实际经验和反馈。

2.社会创新项目

社会创新项目是高校组织的一种活动形式,旨在引导学生将所学知识应用于社会实践中,解决现实问题。这些项目涵盖了多个领域,包括环境保护、社会公益、教育改革等。

首先,通过参与社会创新项目,学生能够将课堂上学到的理论知识应用于实际情境中,加深对知识的理解和运用能力。例如,在环境保护方面,学生可以通过开展垃圾分类宣传活动、植树造林等方式,提高公众对环境保护的意识,推动环境可持续发展。

其次,社会创新项目为学生提供了锻炼自身能力的机会。通过参与社会创新项目,学生可以培养创新思维、团队合作、沟通协调等实践能力。例如,在教育改革项目中,学生可以设计并实施教育课程改革方案,提升教育质量和学生的学习效果。

此外,社会创新项目还能够促进社会的变革和发展。学生的参与和努力可以为社会带来积极的影响,推动社会问题的解决和社会进步的实现。例如,在社会公益项目中,学生可以组织志愿者活动、筹集善款等方式,关注弱势群体的权益,提升社会公平和福利水平。

因此,高校组织社会创新项目对于学生的个人成长和社会发展都具有重要意义。通过这些项目,学生能够实践所学知识,培养实践能力,并为社会变革和发展做出贡献。

3.可持续发展教育

（1）开设跨学科课程:高校可以设计跨学科的可持续发展课程,涵盖环境科学、社会学、经济学等多个学科的内容。这些课程可以介绍可持续发展的基本概念、原则和实践案例,帮助学生全面了解可持续发展的各个方面。

（2）强调实践与案例分析:课程中可以加入实践活动和案例分析,让学生亲身参与可持续发展项目或研究,并通过分析真实案例来了解可持续发展的挑战和解决方案。这样的教学方式能够培养学生的问题解决能力和创新思维。

(3)鼓励研究和创新:高校可以鼓励学生在可持续发展领域进行研究和创新。提供研究项目的支持和导师的指导,让学生能够深入研究特定的可持续发展议题,并提出解决方案。这样的实践经验能够培养学生的批判性思维和科研能力。

(4)进行教育宣传活动:高校可以组织可持续发展教育宣传活动,例如举办讲座、研讨会、展览等,向学生普及可持续发展的知识和理念。通过多种形式的教育宣传,引导学生关注并参与可持续发展实践。

(5)提供实践机会和实习项目:高校可以与社会企业、非营利组织等合作,为学生提供可持续发展实践机会和实习项目。学生可以在真实环境中应用所学的知识和技能,增强他们的实践能力和职业竞争力。

4.实践项目与合作伙伴

(1)实地考察和研究项目:高校可以与环境保护组织、可持续发展研究机构等合作,组织学生进行实地考察和研究项目。例如,学生可以调查某个地区的环境问题,研究其原因和解决方案,并提出相关政策建议。

(2)社会实践和志愿服务:高校可以与社会企业、非营利组织合作,组织学生参与环境保护、资源回收、植树造林等志愿服务活动。这些活动可以增强学生的责任感和参与意识,并让他们亲身体验可持续发展工作的重要性和挑战。

(3)创新创业项目:高校可以与社会企业合作,支持学生开展与可持续发展相关的创新创业项目。例如,学生可以开发环保科技产品、推广可再生能源利用等,通过商业模式的创新来解决环境和社会问题。

(4)学术研究合作:高校可以与研究机构、企业合作,开展可持续发展领域的学术研究。这种合作可以促进知识交流和技术创新,为解决可持续发展问题提供科学依据和解决方案。

5.倡导和推广可持续生活方式

(1)开设相关课程:高校可以开设环境科学、可持续发展等课程,教授学生关于可持续生活方式的知识和技能。这些课程可以涵盖节能减排、资源循环利用、健康饮食等方面的内容，帮助学生深入了解可持续发展的重要性。

（2）组织宣传活动：高校可以组织各种宣传活动，例如举办讲座、研讨会、展览等，向学生介绍可持续生活方式的概念和实践。这些活动可以邀请专家学者和业界人士分享他们的经验和见解，激发学生的兴趣和参与度。

（3）建立可持续生活示范区：高校可以建立可持续生活示范区，展示可持续发展的实际应用和效果。这个区域可以包括节能灯具、太阳能发电设备、垃圾分类回收站等，为学生提供实际操作和体验的机会。

（4）提供资源回收与利用设施：高校可以在校园内设置资源回收与利用设施，例如纸张、塑料瓶、电子废弃物等的回收箱。同时，鼓励学生积极参与回收行动，并提供相应的奖励或激励措施。

（5）培养健康饮食意识：高校食堂可以提供健康、环保的食品供学生选择，推广素食和有机食品。此外，可以组织健康饮食讲座和烹饪比赛，增加学生对健康饮食的认知和兴趣。

参考文献

[1] 孙向群,江寰.系统论视域下新时代高校思政课教师理论素养培育探析[J].鲁东大学学报(哲学社会科学版),2024,41(01):54-61.

[2] 陈茜.助学育人导向下的高校图书馆空间改造策略探索——评《高校图书馆创客空间建设理论与实践》[J].中国高校科技,2024,(01):141

[3] 苏伟刚.高校共青团社会实践育人"沉浸式"发展的形态与路径[J].齐齐哈尔大学学报(哲学社会科学版),2024,(01):164-167.

[4] 马立杰,张豪,许涛等.产教融合视域下研究型大学创新人才培养共同体探索——以同济大学科技产业育人实践为例[J].科技创业月刊,2024,37(01):154-160.

[5] 刘磊.基于立德树人的高职院校"三全育人"平台建设[J].西部素质教育,2024,10(02):49-52.

[6] 张连云.应用技术大学贯彻"三全育人"模式研究——以南宁学院为例[J].大众文艺,2024,(02):204-207.

[7] 李鹏飞.党建带团建理念下高校实践育人品牌 IP 创建——以广西幼师"暖阳行动"为例[J].大众文艺,2024,(02):211-213.

[8] 任晨晨,虞满华."以文化人":高校思想政治教育工作的实践困境与路径优化[J].南阳理工学院学报,2024,16(01):102-105.

[9] 王艺.高校心理健康教育家校协同育人机制的困境与策略[J].教育理论与实践,2024,44(03):34-37.

[10] 王丽,李理.高校实践育人视域下红色文化传播的路径研究[J].学校党建与思想教育,2024,(02):57-59.

[11] 朱向福.产学研融合人才培养模式下高校思政课教学方法改革路径研究[J].才智,2024,(03):165-168.

［12］卢裕钊,蔡锐群.以立德树人为目标的高校文化思政研究——以韩山师范学院实践探索为例［J］.韩山师范学院学报,2024,45(01):62-66

［13］吕宏军,蒙瑾.新文科背景下面向多学科交叉融合的地方高校财经类人才培养模式探索与实践［J］.河南教育(高教),2024,(01):58-60.

［14］黄乐远,束凯,梅陈龙等.新时代"大思政"格局下的高校志愿服务与思政课实践教学融合机制探究［N］.科学导报,2024-01-19(B04).

［15］孙文明,姚艳杰,杜娟."传统文化+互联网思维"视域下经管类课程思政改革实践研究［J］.西安文理学院学报(社会科学版),2024,27(01):22-27.

287

［16］张子莹.依托茶文化强化高校思想政治教育工作的创新路径［J］.福建茶叶,2024,46(01):106-108.

［17］郭世俊,张志斌,赵垒等.高校"党建+学生管理工作"融合模式的实践与探索［J］.珠江水运,2024,(01):52-54.

［18］韦金红.互联网时代高校网络思政育人的探索与实践——评《高校思政教育工作理论创新研究》［J］.科技管理研究,2024,44(01):229.

［19］杨闯."三全育人"视野下高校思政课程改革路径探索——评《新时代高校思政育人理论研究与实践探索》［J］.中国高校科技,2023,(12):116.

［20］付琳.新时代高校"三全育人"体制机制的理论与实践融合共进探索——以首都经济贸易大学为例［J］.北京教育(高教),2023,(12):61-63.

［21］郭鸿飞,刘丽云,吉家苇.新时代高校后勤劳动育人路径的探索与实践［J］.高校后勤研究,2023,(11):78-80.

［22］储雅珩.新时代高校"三下乡"实践育人项目化管理创新探索——以"寻路"红色实践团队为例［J］.教育信息化论坛,2023,(11):105-107.

［23］朱春花.新时代高校"三维"党建共建发挥组织育人功能的探索与实践——以南京铁道职业技术学院为例［J］.现代职业教育,2023,(28):25-28.

［24］曹姝婧.新时代背景下外语类高校就业育人工作的实践与探索——以上海外国语大学为例［J］.高校学生工作研究,2023,(01):31-38.

［25］王春艳,刘天目.高校推进新时代廉洁文化建设构建良好育人生态的探索与实践［J］.现代交际,2023,(08):96-101+124.

［26］韩露,林君荫,沈欣榆.应用型高校乡村振兴实践育人提升路径探析——基于 PDCA 理论的视角［J］.高教学刊,2023,9(S1):168-172+176

［27］张瑞,秦婕."大思政课"视域下高校实践育人的路径探析［J］.山东干部函授大学学报(理论学习),2023,(06):58-62.

［28］陈国锋,王超,马德生.新时代高校"支部党建+课程思政"育人模式的探索与实践——以河北大学化学与环境科学学院"有机化学"课程为例［J］.黑龙江教育(理论与实践),2023,(06):83-85.

［29］杨王辉.实践育人推动大学生"政治三力"提升的路径与对策研究［D］.杭州电子科技大学,2023

［30］李青,张晓玲,张硕.后疫情时代高校管理服务育人模式探索与实践——以电子科技大学计算机科学与工程学院为例［J］.科教文汇,2023,(07):30-33.

［31］吴敏,杨柳艺.新时代高校发展型资助育人创新机制研究——基于"书香励志"的探索实践［J］.太原城市职业技术学院学报,2023,(02):69-71.

［32］杨淮."三全育人"理念下高校管理育人工作探索——评《不忘初心砥砺前行——新时代高校管理育人的实践与探索》［J］.中国高校科技,2023,(Z1):131.

［33］郭刚.实践育人理念下高校学生管理工作创新探索——评《新时代大学生管理工作的探索与实践路径》［J］.中国高校科技,2022,(11):101.

［34］教思政〔2012〕1 号《教育部等部门关于进一步加强高校实践育人工作的若干意见》http://www.moe.gov.cn/srcsite/A12/moe_1407/s6870/201201/t20120110_142870.html

［35］郑茸,融合创新推动新时代高校实践育人工作走深走实,光明网,党建频道 https://dangjian.gmw.cn/2023-08/27/content_36790938.htm

［36］中华人民共和国教育部官网,新闻《北京科技大学探索构建"2+3+4"机制着力推进实践育人》http://www.moe.gov.cn/jyb_xwfb/s6192/s133/s137/202108/t20210818_552100.html

［37］李国泉."习近平新时代中国特色社会主义思想概论"课程建设的回顾与展望［J］.思想理论教育,2024(03):11-16.

附 录

教育部认可的84项全国大学生学科竞赛名单（2023版）

序号	赛事名称	时间及赛制安排	主办单位	竞赛官网	备注
1	中国国际"互联网+"大学生创新创业大赛	报名时间：4~8月 三级赛制：校级初赛（6~8月）、省级复赛（各地自行安排，8月底前完成）、总决赛（9~10月）	教育部	全国大学生创业服务网（https:// cy.ncss.cn/）	
2	"挑战杯"全国大学生课外学术科技作品竞赛（简称"大挑"）	报名时间：9~10月 省赛时间：3~5月 国赛时间：11月	共青团中央、中国科协、教育部,中国社会科学院、全国学联	挑战杯全国大学生课外学术科技作品竞赛和创业计划大赛官方网站（https://www.tiaozhanbei.net/）	每两年举办一届，与"小挑"交叉轮流开展
3	"挑战杯"中国大学生创业计划竞赛（简称"小挑"）	报名时间：9~10月 省赛时间：3~5月 国赛时间：11月	共青团中央、中国科协、教育部,中国社会科学院、全国学联	挑战杯全国大学生课外学术科技作品竞赛和创业计划大赛官方网址（https://www.tiaozhanbei.net/）	每两年举办一届，与"大挑"交叉轮流开展
4	ACM-ICPC 国际大学生程序设计竞赛	报名时间：8~9月	美国计算机协会	The ICPC International Collegiate Programming Contest（https://icpc. global/）	
5	全国大学生数学建模竞赛	报名时间：5~6月 省赛时间：9月	中国工业与应用数学学会	http://www.mcm.edu.cn/	目前大部分省、市、自治区、特别行政区均已成立了赛区；境内尚未成立赛区的区域组成联合赛区；其他境外/国外大学的参赛学生组成国际赛区，单独成评奖。

序号	赛事名称	时间及赛制安排	主办单位	竞赛官网	备注
6	全国大学生电子设计竞赛	报名时间: 高校组织; 省赛时间: 8月	教育部、工业和信息化部	全国大学生电子设计竞赛培训网 (https://www.nuedc-training.com.cn/)	
7	中国大学生医学技术技能大赛	赛制: 分区赛预选赛(4月中旬前完成); 总决赛: 5月	教育部	中国大学生医学技术技能大赛 (http://medu.bjmu.edu.cn/jnds/)	
8	全国大学生机械创新设计大赛	一般为下半年,具体时间以官网通知为准	中国机械工程学会、教育部高等学校机械类专业教学指导委员会	全国大学生机械创新设计大赛网站 (http://11umic.hust.edu.cn/)	每两年举办一次
9	全国大学生结构设计竞赛	赛制: 全国总决赛和省区(市、自治区)分区赛; 时间以官网通知为准	国高等教育学会工程教育专业委员会	全国大学生结构设计竞赛 (http://www.structurecontest.com/)	
10	全国大学生广告艺术大赛	报名时间: 5~6; 赛制: 各赛区评选(6~7月)全国总评审(7~8月)复活赛(8~9月)现场决赛(9月)	中国高等教育学会和中国传媒大学	http://www.sun-ada.net/wjhgs17.html	
11	全国大学生智能汽车竞赛	全国8个(省)赛区预赛(7月),全国总决赛(8月)	中国自动化学会	http://www.smartcarrace.com/	
12	全国大学生电子商务"创新、创意及创业"挑战赛(简称三创赛)	报名时间: 9~12月; 校级选拔赛(3月); 省级选拔赛(4~6月); 全国总决赛(7~8月)	教育部高校电子商务类专业教学指导委员会主办	三创赛 (http://www.3chuang.net/)	
13	中国大学生工程实践与创新能力大赛	比赛分为校、省、国家三级; 校赛时间: 每年10月左右; 省赛时间: 每年11月左右; 全国决赛: 每年12月左右进行	教育部高等教育司	http://www.gcxl.edu.cn/	每两年一届

序号	赛事名称	时间及赛制安排	主办单位	竞赛官网	备注
14	全国大学生物流设计大赛	时间以官网为准	教育部高等学校物流类专业教学指导委员会	全国大学生物流设计大赛·物流与采购教育认证网（http://clpp.org.cn/html/competition/）	每两年举办一次
15	外研社全国大学生英语系列赛·英语演讲、英语辩论、英语写作、英语阅读	报名时间：6月 初赛（9~10月）省级决赛（10~11月）全国决赛（12月）	外研社、教育部高等学校大学	Uchallenge（https://uchallenge.unipus.cn/）	
16	两岸新锐设计竞赛·华灿奖	作品征集时间：7月至次年2月 校赛（2月）赛区赛（3月）全国赛（4月）三级赛制	中国高等教育学会、中华中山文化交流协会、北京歌华文化发展集团	两岸新锐设计竞赛·华灿奖—设计竞赛网（http://www.huacanjiang.com/home）	
17	全国大学生创新创业训练计划年会展示	具体时间以通知为准	教育部高等教育司	国家级大学生创新创业训练计划平台（http://gjcxcy.bjtu.edu.cn /Index.aspx）	
18	全国大学生化工设计竞赛	报名时间：3~4月。各赛区赛（7月）全国总决赛（8月）	中国化工学会化学工程专业委员会、教育部以及中国化工教育协会	全国大学生化工设计竞赛（http://iche.zju.edu.cn/）	
19	全国大学生机器人大赛-RoboMaster、RoboCon	RoboMaster每年的4月和9月份举办不同阶段比赛，RoboCon每年5月底举办分区赛，7月份举办总决赛	共青团中央、中国科协、教育部、全国学联	www.cnrobocon.net	
20	全国大学生市场调查与分析大赛	赛事在9月份启动，具体时间以通知为准	中国商业统计学会	http://www.china-cssc.org/list-57-1.html	
21	全国大学生先进成图技术与产品信息建模创新大赛	报名时间：4月 参赛时间：7~8月	教育部高等学校	http://www.chengtudasai.com/index/index/index.html	

序号	赛事名称	时间及赛制安排	主办单位	竞赛官网	备注
22	全国三维数字化创新设计大赛	报名时间：4~7月 初赛：报名结束后至9月 省赛区域赛：10~11月 国家总决赛：11~12月	国家制造业信息化培训中心、全国三维数字化技术推广服务与教育培训联盟（3D动力）、光华设计发展基金会	https://3dds.3ddl.net/	
23	"西门子杯"中国智能制造挑战赛	报名时间：3~6月 比赛时间：6月	中国仿真学会和西门子（中国）有限公司联合主办	http://www.siemenscup-cimc.org.cn/	
24	中国大学生服务外包创新创业大赛	报名时间：12月至次年3月。比赛时间同以官网为准	教育部办公厅	http://www.fwwb.org.cn/	
25	中国大学生计算机设计大赛	报名时间：4月左右，比赛时间：7~8月	中国教育电视台等	https://jsjds.blcu.edu.cn/index.htm	
26	中国高校计算机大赛	分赛项时间有所不同，具体时间以官网通知为准	全国高等学校计算机教育研究会	http://www.c4best.cn/	
27	蓝桥杯全国软件和信息技术专业人才大赛	具体时间以官网通知为准	中华人民共和国工业和信息化部人才交流中心	https://dasai.lanqiao.cn/	
28	米兰设计周——中国高校设计学科师生优秀作品展	报名时间：10月至次年3月 省赛时间：4~5月 国赛时间：6~8月	中国教育国际交流协会和中国高等教育学会	https://dandad.cn/	
29	全国大学生地质技能竞赛	不同届次时间不同，比赛时间以官网通知为准	地质教育研究分会、中国地质调查局、中国高等学校地质学类专业教学指导委员会、教育部高等学校地质类专业教学指导委员会	https://yuanxi.cugb.edu.cn/competition/	每两年一届

序号	赛事名称	时间及赛制安排	主办单位	竞赛官网	备注
30	全国大学生光电设计竞赛	报名时间：8月，比赛时间以官网通知为准	中国光学学会	http://gd.p.moocollege.com/home	
31	全国大学生集成电路创新创业大赛	报名时间：3月 比赛时间：6月	工业和信息化部人才交流中心	http://univ.ciciec.com/	
32	全国大学生金相技能大赛	报名时间：每年上半年。比赛时间：不同届次有所不同，具体时间以官网通知为准	教育部高等学校材料类专业教学指导委员会	http://www.cnzjjx.cn/	
33	全国大学生信息安全竞赛	报名时间：4月 比赛时间：4~7月	中国互联网发展基金会	http://www.ciscn.cn/	
34	未来设计师·全国高校数字艺术设计大赛	报名时间：3~6月 省赛时间：6~8月	工信部人才交流中心	https://www.ncda.org.cn/	
35	全国周培源大学生力学竞赛	比赛时间以官网通知为准	教育部高等教育司、中国力学学会、周培源基金会	http://zpy.cstam.org.cn/index.aspx	
36	中国大学生机械工程创新创意大赛	比赛时间以官网通知为准	中国机械工程学会	http://meicc-pic.hust.edu.cn/	
37	中国机器人大赛暨RoboCup机器人世界赛中国赛	报名时间：9~10月 比赛时间：10月	中国自动化学会	http://crc.drct-caa.org.cn/	
38	"中国软件杯"大学生软件设计大赛	报名时间：3月 省赛时间：4~6月	工业和信息化部、教育部和江苏省人民政府	https://www.cnsoftbei.com/	
39	中美青年创客大赛	报名时间：每年春季学期初	中华人民共和国教育部	https://chinaus-maker.cscse.edu.cn/	
40	睿康机器人开发者大赛（RAICOM）	报名时间：6月 参赛时间：6~9月	工业和信息化部人才交流中心	https://www.raicom.com.cn/	
41	"大唐杯"全国大学生新一代信息通信技术大赛	比赛时间以官网通知为准	工信部人才交流中心与中国通信企业协会主办	http://121.196.61.97:5052/HomePage	

序号	赛事名称	时间及赛制安排	主办单位	竞赛官网	备注
42	华为 ICT 大赛	国内初赛/区域赛：3 月	华为技术有限公司	https://e-campaign.huawei.com/cn/rcfz/ICT2022/index.html	
43	全国大学生嵌入式芯片与系统设计竞赛	报名：9 月 初赛评审：11 月 决赛：12 月	中国电子学会	http://www.socchina.net/	
44	全国大学生生命科学竞赛（CULSC）	报名时间：7～10 月 省赛时间：6～7 月 决赛时间：7 月	全国大学生生命科学竞赛委员会、高等学校国家级实验教学示范中心联席会	http://www.culsc.cn/	
45	全国大学生物理实验竞赛	报名时间：5～9 月 提交作品：9 月 预赛评审：10 月 决赛：11 月	国家级示范中心联席会物理学科组、全国高等学校实验物理教学研究会、教育部大学物理课程教学指导委员会、大物理实验专项委员会、中国物理学会、中国物理教学委员会	http://wlsycx.moocollege.com/	每两年举办一次
46	全国高校 BIM 毕业设计创新大赛	报名时间：10 月至次年 2 月 作品上传时间：3～4 月 网络竞赛评审时间：4～5 月 全国总决赛时间：6 月	中国土木工程学会建筑市场与招标投标研究分会、广联达科技股份有限公司	http://gxbsxs.glodonedu.com/	
47	全国高校商业精英挑战赛	竞赛时间：1 月～11 月	中国国际贸易促进委员会商业行业委员会	http://cubec.org.cn/	
48	"学创杯"全国大学生创业综合模拟大赛	省赛时间：5～10 月；全国演训：10 月	教育部高等学校国家级实验教学示范中心联席会、经济与管理学科组、中国陶行知研究会	http://www.xcbds.com/cyds/index	
49	中国高校智能机器人创意大赛	区域赛时间：7 月 全国赛时间：8 月	中国高等教育学会	www.robotcontest.cn	

序号	赛事名称	时间及赛制安排	主办单位	竞赛官网	备注
50	中国好创意暨全国数字艺术设计大赛	报名及截稿时间：11月至次年6月	中国电子视像行业协会、大赛组委会	https://www.cdec.org.cn/	
51	中国机器人及人工智能大赛	报名时间：3月 省赛、区域赛、全国初赛时间：6月 全国决赛时间：8月	中国人工智能学会	https://craic.yuntop.com/	
52	全国大学生节能减排社会实践与科技竞赛	报名时间：4月 决赛时间：8月	教育部高等教育司	http://www.jienengjianpai.org/	
53	"21世纪杯"全国英语演讲比赛	校赛时间：4月 省赛时间：5月 国赛时间：6月	中国日报社	https://contest.i21st.cn/	
54	iCAN大学生创新创业大赛	报名时间：5~7月 校赛时间：8月 分赛区选拔赛时间：9月 全国总决赛时间：11月	国际iCAN联盟	http://www.g-ican.com/	
55	"工行杯"全国大学生金融科技创新大赛	报名及提交作品时间：10月 省赛复赛、半决赛时间：11月 全国总决赛时间：12月	中国工商银行股份有限公司	https://www.gonghangbei.com/	
56	中华经典诵写讲大赛	初赛时间：4~7月 复赛及决赛时间：7~9月	教育部、国家语委	https://www.jingdiansxj.cn	
57	"外教社杯"全国高校学生跨文化能力大赛	校赛（初赛）时间：5~9月 省赛（复赛、决赛）时间：10月 全国总赛（决赛、总决赛）时间：11月	上海外国语大学	https://ict.sflep.com/	

序号	赛事名称	时间及赛制安排	主办单位	竞赛官网	备注
58	百度之星·程序设计大赛	报名时间：5~6月 总决赛时间：7~8月	百度在线网络技术（北京）有限公司	https://star.baidu.com/	
59	全国大学生工业设计大赛	报名时间：5~6月 初赛时间：7月 复赛时间：9月 终赛时间：10月	全国工业设计一流专业建设协同创新平台、广东省教育厅、广东省工业和信息化厅、广东省本科高校工业设计专业教学指导委员会	https://www.cuidc.net	
60	全国大学生水利创新设计大赛	报名时间：5月	中国水利教育协会主办、郑州大学	https://sljzw.hhu.edu.cn/	
61	全国大学生化工实验大赛	报名时间：3~5月 省赛时间：7月 总决赛时间：8月	中国化工教育协会	http://iche.zju.edu.cn/	
62	全国大学生化学实验创新设计大赛	具体时间不定，以官网通知为准	中国化学会和教育部高等学校国家级实验教学示范中心联席会	https://cid.nju.edu.cn/	
63	全国大学生计算机系统能力大赛	报名时间：2~5月	全国高等学校计算机教育研究会	https://os.educg.net/	
64	全国大学生花园设计建造竞赛	报名时间：前一年12月设计方案提交时间：1月 方案评选时间：3月 方案细化时间：4月 完成现场建造时间：5月	深圳市城市管理和综合执法局、中国风景园林学会风景园林规划设计分会、广东园林学会	www.lalavision.com	
65	全国大学生物联网设计竞赛	报名时间：4~6月	全国高等学校计算机教育研究会	https://iot.sjtu.edu.cn/	
66	全国大学生信息安全与对抗技术竞赛	竞赛时间：10月	中国兵工学会、中国兵工学会信息安全与对抗专业委员会	http://www.ciscm.cn/	

序号	赛事名称	时间及赛制安排	主办单位	竞赛官网	备注
67	全国大学生测绘学科创新创业智能大赛	报名时间：截止至 6 月	中国测绘学会教育工作委员会	https://smt.whu.edu.cn	
68	全国大学生统计建模大赛	报名截止时间：3 月 省赛时间：6 月 全国赛时间：7~8 月	中国统计教育学会	http://tjmds.ai-learning.net/	
69	全国大学生能源经济学术创意大赛	报名时间：10~11 月	中国"双法"研究会低碳发展管理专业委员会	http://energy.qibebt.ac.cn/	
70	全国大学生基础医学创新研究暨实验设计论坛（大赛）	报名时间：每年春季学期初	中国高等教育学会、高等学校国家级实验教学示范中心	http://www.jcyxds.com/home	
71	全国大学生数字媒体科技作品及创意竞赛	报名截止时间：9 月	中国人工智能学会	http://mit.caai.cn/	
72	全国本科院校税收风险管控案例大赛	报名截止时间：10 月 预赛时间：10 月 决赛时间：12 月	中国高等教育学会高等财经教育分会、相关政府部门、行业协会以及部分高校联合主办	http://ssfkds.moocollege.com/	
73	全国企业竞争模拟大赛	全国赛时间：3~5 月	中国管理现代化研究会决策模拟专业委员会、高等学校国家级实验教学示范中心联席会经管学科组	http://www.ibizsim.cn	
74	全国高等院校数智化企业经营沙盘大赛	决赛报名截止时间：9 月 省赛时间：5~9 月 全国总决赛时间：10 月	中国高等教育学会	https://spbk22.seentao.com/#nav	

序号	赛事名称	时间及赛制安排	主办单位	竞赛官网	备注
75	全国数字建筑创新应用大赛	报名时间：8月 学习备赛时间：8月 师资培训时间：10月 模拟测试赛时间：11月 线上总决赛时间：12月	中国建设教育协会	http://bisai.ccen.com.cn/	
76	全国校园人工智能算法精英大赛	报名时间：9~11月 比赛时间：11月	江苏省人工智能学会、全球校园人工智能算法精英大赛组委会	http://composition.tsingbot.com/	
77	国际大学生智能农业装备创新大赛	大赛原则上每年举办一届，上半年启动，下半年举行决赛	中国农业机械学会、中国农业工程学会、教育部高等学校农业工程类专业教学指导委员会和江苏省现代农业装备与技术协同创新中心主办	https://uiaec.ujs.edu.cn/	
78	"科云杯"全国大学生财务职业能力大赛	报名时间：9月初	中国商业会计学会	http://match.xmkeyun.com.cn	
79	全国职业院校技能大赛	比赛时间一般为7~8月，具体时间以官网通知为准	中国教育部发起并牵头，联合国务院有关部门、相关行业组织、学术团体以及地方教育行政部门共同举办。	https://www.vcsc.org.cn/	
80	全国大学生机器人大赛-RoboTac	决赛时间：6月	全国大学生机器人大赛组委会	https://robotac.cn/	
81	世界技能大赛	比赛时间一般为下半年，具体时间以官网通知为准	世界技能组织	http://worldskillschina.mohrss.gov.cn/	
82	世界技能大赛中国选拔赛	比赛时间一般为下半年，具体时间以官网通知为准	世界技能组织	http://worldskillschina.mohrss.gov.cn/	

序号	赛事名称	时间及赛制安排	主办单位	竞赛官网	备注
83	一带一路暨金砖国家技能发展与技术创新大赛	竞赛时间：5～12月	金砖国家工商理事会中方理事会、一带一路暨金砖国家技能发展国际联盟和中国科协"一带一路"	http://www.brskills.com/	
84	码蹄杯全国职业院校程序设计大赛	具体时间以官网通知为准	全国高等学校计算机教育研究会	https://matiji.net/matibei